JOURNÉES

DE L'INSURRECTION

DE JUIN 1848

PAR UN GARDE NATIONAL

PRÉCÉDÉES

DES MURS DE PARIS

Journal de la Rue,

COLLECTION DES PRINCIPALES AFFICHES

apposées de février à juin 1848.

PARIS

Mme Ve LOUIS JANET, LIBRAIRE-ÉDITEUR

59, rue Saint-Jacques.

1848

JOURNÉES

DE L'INSURRECTION

DE JUIN 1848.

Paris. — Imprimerie Bonaventure et Ducessois, 55, quai des Grands-Augustins près le Pont-Neuf.

JOURNÉES

DE L'INSURRECTION

DE JUIN 1848

PAR UN GARDE NATIONAL

PRÉCÉDÉES

DES MURS DE PARIS

Journal de la Rue,

COLLECTION DES PRINCIPALES AFFICHES
apposées de février à juin 1848.

PARIS

Mme Ve LOUIS JANET, LIBRAIRE-ÉDITEUR

59, rue Saint-Jacques.

TABLE.

INTRODUCTION. Considérations générales sur l'Insurrection de Juin. — Physionomie de Paris. 13

PRÉFACE. Un mot sur l'Ouvrage. Son but.—Opinion de M. de Lamartine sur la question de l'organisation du travail.—Liste officielle des Journaux politiques publiés depuis le 24 février jusqu'au mois de juin 1848. 19

LIVRE I.

Les Murs de Paris.

PREMIÈRE PARTIE. *Affiches apposées du 24 février au 24 mars* 1848.

I. Au Gouvernement. *Page* 27.—II. Aux Ouvriers. 28.—III. Appel à l'opinion publique et demande d'une enquête, par Warnery. 28. —IV. Sur le rétablissement du divorce. 32.—V. Vœux du peuple. Réformes pour tous. 32.—VI. Aux Ouvriers typographes. Emprunt des travailleurs. 33.— VII. Subsistances publiques. La vie à bon marché. 34.—VIII. Des Armes! pour les Allemands. 35.—IX. Allemands, nobles frères. G. S. 35.—X. A tous les Tonneliers. 37. — XI. La Garde nationale à ses nouveaux Camarades. 38.— XII. Aux Employés et Ouvriers de la Compagnie du chemin de fer d'Orléans. 39.—XIII. Association des Employés comptables. 40. —XIV. Projet relatif à l'habillement gratuit des gardes nationales par le Gouvernement. 40.—XV. Club des Droits civiques. 42.— XVI. Projet de loi pour l'Institution d'une famille des Laborieux. 42.—XVII. Organisation du travail de manière qu'il n'y ait pas un ouvrier ou une ouvrière à rien faire. 46.—XVIII. Club de la Révolution sociale. 46.—XIX. Société des Droits de l'Homme et du Citoyen. 47.—XX. Projet financier adressé aux Membres du Gouvernement provisoire. 49.—XXI. Appel à une réunion dans le douzième arrondissement. 50. — XXII. Offrande à la République. 51.—XXIII. Extrait de la Constitution du 14 juin 1793 concernant le droit de propriété. 53. — XXIV. Appel à une réunion place de la Révolution. 54.—XXV. Grand Appel aux Clubs. 55.—XXVI. La France riche en huit jours. 56.—XXVII. M. Alexandre Thierry aux Electeurs du département de la Seine. 58. —XXVIII. M. Léon Rostan à ses Concitoyens. 59.—XXIX. De l'argent sans emprunt. Banque fraternelle. 60.—XXX. Club patriotique et républicain de l'Alliance. 62.

SECONDE PARTIE. *Affiches apposées depuis le* 24 *mars* 1848.

I. Au Peuple français les Emigrés polonais. 65.—II. Le Club de la Garde nationale à la Garde nationale. 66.—III. Club de la Montagne. 68. — IV. Club républicain des Travailleurs libres. 69.——V. La Pologne à la Nation française, à ses Electeurs, à sa Garde nationale. 7. — VI. Comité révolutionnaire pour les Elections à l'Assemblée nationale. 74.—VII. De la nécessité d'une prompte organisation du travail agricole. 75.—VIII. Club des Devoirs et Droits de l'Homme. 76.—IX. Club des Ouvriers de la fraternité. 78. —X. La véritable République. 79. — XI. Aux Gens de maison. 80. —XII. Association du travail et du capital. 82.—XIII. Société républicaine démocratique du premier arrondissement. 83. — XIV. Comité électoral des libertés politiques, civiles et religieuses. 85. — XV. Au Commerce. Consolidation du crédit. 87. — XVI. Les Hommes de la veille et ceux du lendemain (Poésie). 88. — XVII. Proclamation aux Démocrates des Etats autrichiens. 90.—XVIII. Candidature de M. P. Dumesnil-Michelet. Lettres de MM. Michelet, Quinet, Lamartine et Béranger. 91. — XIX. Société démocratique centrale. 95. — XX. Convocation des Travailleurs et des Commerçants. 98. — XXI. Appel aux Elections par le Club de la Révolution. 98.—XXII. Avis aux Alsaciens. 99.—XXIII. Aux Citoyens français et aux Allemands habitant Paris. 99.—XXIV. Appel aux Enfants de Paris et aux vieux Soldats qui ont servi sous le maréchal Ney. 100. — XXV. Du travail pour cent mille citoyens. 101.—XXVI. Riches, pensez à ceux qui manquent du nécessaire, par Sobrier. 101.—XXVII. Club de la Révolution lyonnaise. 102. —XXVIII. Conseils aux Ouvriers, par Moriot, ouvrier. — XXIX. Appel aux Riches par un riche. 106.—XXX. Pétition au Gouvernement provisoire dans l'intérêt des propriétaires et des locataires. 109. — XXXI. Commission pour appeler à la défense de la Répu-

TABLE.

blique tous les patriotes éprouvés. 109.—XXXII. On massacre la Pologne et on vous invite à nos fêtes. 110. — XXXIII. Auguste Dupoty à ses Concitoyens. 111.—XXXIV. Moyens de réalisation de l'association du travail et du capital. 113.— XXXV. La Peur et les Elections, par Chénier, 115.—XXXVI. Extrait d'une Lettre du citoyen Sobrier. 118. — XXXVII. Extrait d'une Note du citoyen Cahaigne. 118.—XXXVIII. Service funèbre en mémoire des Espagnols morts pour la cause de la liberté. 119.—XXXIX. Les Démocrates espagnols au peuple de Paris. 120. — XL. Edmond Adam aux Electeurs du département de l'Eure. 121. — XLI. Au Peuple souverain. 123. — XLII. Le Comité révolutionnaire. Club des clubs. 124.—XLIII. L'Esprit du Peuple, par Charles Desolmes. 125.—XLIV. Au Peuple, par Sobrier. 126.—XLV. Les Délégués des diverses corporations de la Seine à leurs frères les Travailleurs. 127.—XLVI. Lettre aux Membres du Gouvernement provisoire, par Cabet. 128.—XLVII. Protestation présentée aux Membres du Gouvernement provisoire par les Délégués des Ouvriers, siégeant au Luxembourg. 131. — XLVIII. Réponse à tous les Calomniateurs de l'Association fraternelle des Tailleurs de la maison de Clichy. 134.—XLIX. Paroles d'un mort. 136.—L. Protestation du Comité radical des Travailleurs du nord. 137.—LI. Réponse à une Affiche calomnieuse, par Sobrier. 140. — LII. Au citoyen Cormenin. Lettre signée G. C. 140.—LIII. Infamies cumulatives. 142. — LIV. Lettre du citoyen Caussidière aux Electeurs de la Seine. 143. — LV. Protestation des Ouvriers des Ateliers nationaux. 145.—LVI. Lettre de M. Emile Thomas aux Ouvriers embrigadés du bureau central. 146.—LVII. Caisse philanthropique-fraternelle des Gardes nationales de France. 147. — LVIII. Aux Ouvriers de toutes les corporations. 148. — LIX. Vous qui aimez votre patrie, lisez! 149. — LX. Vous qui aimez votre patrie, lisez encore!!!— LXI. Massacre de Cracovie. 152. — LXII. Bulletin de Posen. Au Peuple français. 153.—LXIII. Lettre de M. Juste Vincent aux Ouvriers des ateliers nationaux. 155.—LXIV. Lettre du citoyen Emile Thomas à tous les Ouvriers de Paris. 157. — LXV. Projet de constitution populaire pour la République française. 157.—LXVI. Aux ouvriers Boulangers de Paris et du département de la Seine. 159.—LXVII. Lettre d'un Chef des ateliers nationaux. 160.—LXVIII. A la Commission exécutive, à l'Assemblée nationale et au brave et juste Peuple français. 161.—LXIX. Pétition nationale pour l'abolition des décorations civiles. 163. — LXX. Profession de foi de M. Emile de Girardin. 164. — LXXI. Profession de foi de Victor Hugo. — *Nota* relatif à l'Election du prince Louis-Napoléon et du prince de Joinville. 165.—LXXII. Les 115,000 ouvriers des ateliers nationaux à Mᵉ Dupin. 166. — LXXIII. Aux Habitants de Paris un de leurs Concitoyens, combattant de juin. 167.

LIVRE II.

Journées de l'Insurrection de Juin 1848.

JOURNÉE DU VENDREDI 23 JUIN.— Préambule.—Discours du citoyen Caussidière. — Origine de l'Insurrection. — Barricades de la porte Saint-Martin.— Barricades de la porte Saint-Denis.— Combat rue du Faubourg-Poissonnière.—Aspect de la Rive Gauche. — Premières hostilités dans ce quartier. — *Faits divers de la journée.—Assemblée nationale.—Actes officiels.*   Page 171

JOURNÉE DU SAMEDI 24 JUIN.—Préparatifs des Insurgés.— Coup d'œil sur le centre de Paris. — Barricade du Petit-Pont. — Attaque de la rue Saint-Jacques. — Barricade du faubourg Poissonnière.—Le faubourg Saint-Denis, le clos Saint-Lazare, le Chemin de fer du Nord et le faubourg Saint-Antoine. — Physionomie lugubre de Paris. — *Faits divers de la journée.—Suite du compte-rendu de l'Assemblée nationale restée en permanence. — Actes officiels.*   Page 198

JOURNÉE DU DIMANCHE 25 JUIN. — Reprise des hostilités. — Points occupés par l'Insurrection. — Dispositions militaires et moyens d'attaque.—Convois de morts et de blessés.—Ligne défensive du faubourg Saint-Antoine. — Le général Lamoricière à la Douane.—Attaque du faubourg Saint-Antoine.—Mort du général Négrier. — *Faits divers de la journée. — Suite du compte-rendu de l'Assemblée nationale restée en permanence.—Actes officiels.* Page 247

JOURNÉE DU LUNDI 26 JUIN. — L'Insurrection est refoulée sur tous les points.—Prise du faubourg Saint-Antoine.—Récit de la mort de l'Archevêque de Paris.—Comment MM. Larabit, Galy-Cazalat et Drouet-Desvaux tombèrent au pouvoir des Insurgés. — Destruction des Barricades du quartier Popincourt.—Cessation des hostilités.—*Faits divers de la journée et des jours suivants.*—Attaque d'un convoi de prisonniers. — Troubles à Marseille.—*Suite et fin du compte-rendu de l'Assemblée nationale restée en permanence.— Actes officiels et Proclamations de la journée et des jours suivants.*   Page 284

INTRODUCTION.

Pendant quatre jours Paris a été en état de blocus. Non-seulement les citoyens ont essuyé tous les dangers d'une longue bataille, ils ont encore été exposés à toutes les horreurs d'une guerre civile acharnée. La fusillade et le canon ont retenti sans relâche, et des hommes qui auraient dû vivre en frères se sont égorgés en ennemis implacables. Pour expliquer des faits aussi extraordinaires, il faut supposer que, semblable au cerveau humain, la masse collective d'une nation peut également ressentir des accès de vertige et de folie.

Comme en juillet 1830, un soleil radieux a éclairé presque constamment ces scènes de désolation, mais, grand Dieu, combien le nombre des victimes a été plus considérable !

En publiant ce volume, notre but fut surtout de résumer la marche des événements, travail que n'avaient pu accomplir les journaux. Chaque quartier ayant vécu dans l'isolement, chaque feuille était forcée de ne reproduire que des épisodes et des faits isolés. Pour relier ces faits entre eux il a fallu consulter tous ces journaux à la fois; il a fallu souvent les rectifier en interrogeant des témoins oculaires, et il est certain que notre travail contiendra encore des inexactitudes de détail.

C'est pourquoi nous avons passé sous silence un grand nombre de traits de férocité dont les feuilles publiques ont été remplies. Jamais insurrection ne fut plus terrible et plus désespérée. Nous voudrions qu'on pût oublier les actes de barbarie au moment de la lutte et les actes de vengeance après la défaite. La mutilation des prisonniers, les balles dont la blessure est mortelle, le poignard et le poison ne doivent pas être des armes françaises. Il faudrait pouvoir effacer cette page de notre histoire. Ce fut la nation, ce fut le peuple qui fit la révolution de 1830 au cri de *Vive la Charte!* Ce fut encore le peuple qui fit la révolution de février au cri de *Vive la Réforme!* Ce ne fut pas le peuple qui fit l'insurrection de Juin. Le peuple n'inscrira jamais sur son drapeau les mots de *meurtre*, *pillage* ou *incendie*. Ne cherchons pas à lever le voile qui cache des menées criminelles et un désespoir aveugle.

La vérité ne pourra luire dans tout son éclat que le jour où aura été provoquée la grande enquête qui, en révélant les coupables, indiquera toute la gravité de ce drame sans exemple dans le passé, comme il faut espérer qu'il le sera également pour l'avenir.

Nous aurions voulu reproduire tous les actes de courage de l'armée, de la garde nationale et de cette jeune garde mobile dont l'intrépidité a si bien justifié la réputation des enfants de Paris, mais tout le monde a lu dans les journaux l'anecdote touchante de Martin, décoré par la main du général Cavaignac et dont la première pensée est un souvenir de reconnaissance pour son père; tout le monde a lu le trait héroïque de ces jeunes soldats traversant le canal à la nage pour aller délivrer des dragons retenus prisonniers dans l'Entrepôt.

Nous n'avons pas cité les bataillons de gardes nationaux accourus à la défense de leurs frères de Paris. Tous les départements sont venus protester de leur amour pour l'ordre et le salut de la patrie. Certains départements ont même songé à nous envoyer des provisions de bouche. En un mot, comme l'a dit le général Cavaignac, *la France entière a battu d'un seul cœur*.

Et maintenant que ces faits ont eu lieu, en se promenant dans Paris on remarque avec étonnement que la ville a repris son activité ordinaire; seulement cette fois, point de chants, point de bruit. Le recueillement est sur tous les visages. On parcourt silencieusement tous les quartiers qui furent le théâtre de ces scènes terribles. L'entrée du faubourg St-Antoine est en ruine, le toit d'une maison brûle enfoui dans les décombres de la cave.

La rue du Temple, la rue St-Martin, les rues qui entourent l'église St-Paul près l'Hôtel-de-Ville, la rue St-Jacques et cent autres rues présentent de toutes parts l'empreinte du boulet et des balles. Sous chaque porte cochères les femmes sont occupées à préparer de la charpie, des blessés passent encore sur des civières, les soldats campent sur les places publiques. On se trouve réellement dans une ville qui a subi un siége. On croit sortir d'un rêve.

A certains coins de rues, des emblèmes moins tristes reposent le regard : ce sont des bouquets offerts aux jeunes gardes mobiles; ils les ont appendus à la porte de leurs corps de garde. Mais s'ils peuvent être fiers de leur victoire, vous voyez qu'ils n'ont pas oublié leurs frères morts à leurs côtés, ils portent tous le crêpe au bras.

Le deuil est également dans le cœur de tous les citoyens. Nous avons tous à déplorer la perte de quelque parent ou de quelque ami.

Après avoir obtenu le suffrage universel, qui est l'expression la plus large de la volonté populaire, toute insurrection à main armée devient un acte de folie puisque l'urne électorale offre incessamment à la majorité le moyen d'accomplir des révolutions pacifiques.

La France se relèvera-t-elle promptement de cette commotion? Telle est la question que l'on s'adresse généralement.

« Quand la France est au plus bas, disait le cardinal de
« Richelieu, c'est le moment où elle va être élevée au plus

« haut degré. Plongez-la dans l'abîme, elle remontera jus-
« qu'au ciel. »

Nous avons assurément touché le plus bas degré de
l'abîme, nous n'avons plus qu'à attendre la seconde partie
des prévisions du cardinal.

PRÉFACE.

Lorsque sont arrivés les événements de Juin, nous allions publier un volume ayant pour titre LES MURS DE PARIS, *Journal de la Rue*. Sous ce titre nous avions recueilli un grand nombre de placards politiques, qui depuis la Révolution de Février avaient été imprimés par des particuliers.

Comme la plupart de ces affiches avaient été apposées au moment des diverses agitations qui ont précédé la grande insurrection dont nous publions le récit, il nous a semblé que ce travail pouvait en quelque sorte devenir le préambule des *Journées de Juin*.

Nous ne prétendons pas assurément que ces placards aient un rapport direct avec le déplorable événement que nous retraçons, mais ils indiquent les diverses questions qui ont ému l'opinion publique depuis le mois de février jusqu'à ce jour.

Nous avons écarté de notre collection les différentes affiches qui auraient formé des répétitions fatigantes et monotones : 1° celles relatives à l'organisation du travail, et les convocations successives de tous les corps d'état, toutes dictées par la même pensée, augmentation du salaire et diminution des heures de travail ; 2° celles qui ne contenaient qu'un appel aux armes, appel pour les Polonais, appel pour les Belges, appel pour les Allemands, appel pour les Savoisiens ; 3° des économies à procurer au budget 50 millions en supprimant le traitement du clergé, et 225,000 fr. de ressources à procurer au trésor en exigeant par les propriétaires le versement des loyers payés par avance ; 4° un milliard, en faisant restituer l'indemnité des émigrés ; 5° un déluge de professions de foi et de projets de constitutions ; 6° la mobilisation de la propriété reproduite sous vingt formes différentes. Tels sont en effet les divers thèmes qui ont été reproduits à satiété. Nous avons seulement imprimé quelques-unes de ces affiches, afin de bien préciser la tendance des questions qui ont été agitées.

Nous avons aussi écarté de notre collection les affiches qui avaient déjà été imprimées dans le volume des *Journées de Février* 1848, et toutes les proclamations du Gouvernement reproduites par le *Moniteur* et les journaux. Nous avons voulu conserver à notre ouvrage un intérêt réel et un caractère original.

La question de l'organisation du travail ayant été de toutes les questions celle qui a motivé les discussions les plus vives, nous avons pensé que ce serait un document fort précieux pour le lecteur de lui remettre sous les yeux un admirable article publié en 1844 par M. de Lamartine.

Opinion de M. de Lamartine
sur la question de l'organisation du travail.

Entendez-vous par organisation du travail ce *communisme* politique et savant qui consiste à s'emparer, au nom de l'Etat, de la propriété et de la souveraineté des industries et du travail ; à supprimer tout libre arbitre dans les citoyens qui possèdent, qui vendent, qui achètent, qui consomment ; à créer ou à distribuer arbitrairement les produits, à établir des *maximum*, à régler les salaires, à discipliner le travail, en un mot, à substituer en tout l'*Etat* propriétaire industriel aux citoyens dépossédés ? Nous concevons que des jeunes gens à idées hardies et à caractère énergique se laissent séduire quelques jours par cette illusion qui fait paraître grand ce qui est gigantesque, et fort ce qui n'est qu'audacieux. Ce système n'est autre chose que la *Convention appliquée au travail*, et tranchant les fortunes au lieu de couper des têtes pour démocratiser le revenu. Ces jeunes théoriciens, frappés des difficultés et des inconvénients de la liberté des industries, la suppriment au lieu de la régler, ils rêvent le 18 *brumaire des travailleurs*. Ils ont le sentiment, on pourrait même dire ils ont l'idée fixe du gouvernementalisme ; ce sont les ultra-gouvernementaux du temps. Ils veulent que le gouvernement, pourvu qu'il soit démocratique, ose tout, fasse tout, tienne tout. La tyrannie, qui leur paraît exécrable en haut, leur paraît excellente en bas ; ils oublient que l'arbitraire ne change pas de nature en se déplaçant, et que si l'arbitraire des rois ou des aristocrates est insolent, l'arbitraire du peuple est odieux. Nous ne nous étonnons que d'une chose, c'est que ces *fermes penseurs* ne poussent pas leurs principes d'ultra-gouvernement jusqu'à ses conséquences, et qu'ils ne suppriment pas la faculté des discussions, la liberté de penser et d'écrire.

Cela serait logique ; car puisqu'ils veulent que le gouvernement démocratique possède, instruise, adore, travaille, produise, vende et achète pour tous les citoyens, pourquoi ne le chargeraient-ils pas aussi de parler, d'écrire et de penser pour tout le monde ? L'unité serait plus complète, et la servitude mieux assurée ! Nous venons de dire le mot, ce système serait la servitude. Voilà pourquoi il ne séduira pas longtemps les âmes élevées et mâles qui le formulent aujourd'hui. Ces jeunes hommes reculeront devant leur ouvrage quand, au lieu de la liberté et de l'organisation du travail, ils auront trouvé au fond de la révolution et de la démocratie le monopole du gouvernement, la dépossession des citoyens et la servitude du travailleur. Une idée fausse peut séduire un moment leur esprit ; un système dégradant ne séduira jamais leur cœur. C'est la propriété qui, des esclaves de l'antiquité et des serfs du moyen-âge, a fait des citoyens. En rendant l'État seul propriétaire, que feraient-ils ? Avec des citoyens, ils feraient en réalité des serfs et des esclaves de l'Etat. L'Etat seul serait libre, les individus seraient tous prolétaires. Quel progrès ! Ce ne serait pas là le triomphe, ce serait le vertige de la démocratie !

Quant à l'organisation du travail par la fixation des salaires, comme le salaire n'est lui-même fixé que par le prix du produit, et que le prix du produit dépend exclusivement de l'offre et de la demande, aussi variables de leur nature que le besoin et le caprice du consommateur, à moins d'ordonner la consommation par autorité, comment fixer le salaire sans ruiner le producteur et sans tuer à l'instant le travail ? Il faudrait donc aussi fixer la valeur des éléments de travail, des denrées premières qui servent aux manufactures, le coton de soie, le brin de coton, la laine du troupeau, la récolte du chanvre, de l'indigo, du lin, du blé, de la vigne, commander aux intempéries, gouverner les saisons, le ciel, la terre, les lois de la population ! Le taux des salaires dépend de tout cela. Quelle main infaillible se chargera de faire tous les jours cette terrible équation entre la faim de l'ouvrier, la circulation du numéraire, la demande du consommateur, les produits des saisons ! Celui-là seul cependant pourrait fixer le prix des salaires et organiser le travail !

Et d'ailleurs, où s'arrêterait ce que vous appelez travail, et par conséquent l'organisation du travail ? Et qui donc ne travaille pas et n'aurait pas, selon vous, le même droit de demander que la société réglât, fixât, assurât le prix de son travail ou de son salaire ? Depuis le fonctionnaire jusqu'au manœuvre, la société n'est-elle pas une échelle non-interrompue de travailleurs ? Processions intellectuelles, avocats, médecins, artistes, agriculteurs, écrivains, vous !

moi! qui donc ne travaille pas pour sa part de salaire social? Faudrait-il assurer à l'avocat des causes, au médecin des malades, au laboureur des récoltes, à l'artiste des acheteurs, à l'écrivain des lecteurs? Mais régler tous les travaux et tous les salaires de tout ce qui, à un titre ou à un autre, travaille pour un salaire incertain, ce serait régler la société tout entière, depuis le balayeur de vos rues jusqu'au ministre de vos autels ; ce serait tarifer le monde.

L'absurdité des conséquences prouve l'absurdité du principe. Il n'y a d'autre organisation du travail que sa liberté, il n'y a d'autre distribution des salaires que le travail lui-même, se rétribuant par ses œuvres et se faisant à lui-même une justice que vos systèmes arbitraires ne lui feraient pas. Le libre arbitre du travail dans le producteur, dans le consommateur, dans le salaire, dans l'ouvrier, est aussi sacré que le libre arbitre de la conscience dans l'homme. En touchant à l'une, on tue le mouvement; en touchant à l'autre, on tue la moralité. Les meilleurs gouvernements sont ceux qui n'y touchent pas. Chaque fois qu'on y a touché, une catastrophe industrielle a frappé à la fois les gouvernements, les capitalistes et les ouvriers. La loi qui les gouverne est invisible; du moment qu'on l'écrit, elle disparait sous la main.

Cessons donc de chercher l'introuvable, cessons d'agiter ces idées vides devant les yeux et aux oreilles des masses! Ces idées ne sont si sonores que parce qu'il n'y a rien dedans, si ce n'est du vent et des tempêtes. Elles crèveront dans toutes les mains qui voudront les presser. Ne donnez pas aux ouvriers ces espérances d'organisation forcée du travail qui les trompent et qui leur font trouver plus cruelles les réalités contre lesquelles ils luttent, par le contraste avec les chimères que vous faites resplendir devant eux! Ne faites pas semblant d'avoir un secret quand vous n'avez qu'un problème ; ne donnez pas la soif, quand vous n'avez pas l'eau ; ne donnez pas la faim, quand vous n'avez pas l'aliment!

. En résumé, nous voulons que la société reconnaisse le droit au travail pour les cas extrêmes et dans les conditions définies.

Nous ne connaissons d'autre organisation possible du travail, dans un pays libre, que la liberté se rétribuant elle-même par la concurrence, par la capacité et par la moralité!

Enfin, pour compléter notre travail, nous avons extrait de *la Presse* et *du Journal de la Librairie* le relevé des journaux politiques publiés depuis le 24 février.

Liste officielle des Journaux publiés depuis le 24 février jusqu'au mois de juin 1848.

Affiches républicaines. — L'Assemblée nationale, signée Lavalette. — Le Peuple; rédacteur, M. Esquiros (n'a paru qu'en prospectus). — Le Peuple constituant; rédacteurs MM. de Lamenais et P. Duprat. — La République; rédacteur, M. Bareste. — La République française. — Le Réveil du Peuple. — Sentinelle du Peuple. — La Voix du Peuple. — Le Salut public: rédacteurs, MM. Champfleury, Beaudelaire et Toubin (n'a eu que deux numéros). —Le Salut public; rédacteurs, M. Loudun (n'a eu qu'un numéro).—Le Salut public.—La Constitution; rédacteur, M. Dunoyer.—Le Girondin (ne paraît plus).—La Liberté ; rédacteur, M. Lerminier (a paru seulement en prospectus). — La Liberté; rédacteur M. Lepoitevin-Saint-Alme. — La République des Arts, rédacteur, M. Mantz (n'a eu qu'un numéro). — La Vérité. — L'Ami du Peuple en 1848 ; rédacteur, M. Raspail.—Bulletin de la République, publié tous les deux jours par le ministère de l'intérieur.—La Commune de Paris; rédacteur, M. Sobrier. — Le Drapeau républicain. — L'Electeur. — Le Garde national. — La Tribune de 1848; rédacteur, feu Champin (n'a eu que trois numéros). — La Tribune nationale. — La Voix des Clubs. — Le Courrier du soir. — La Dépêche. — L'ordre. — Le Bon Conseil ; rédacteur, M. Plée (ne paraît plus). — L'Etendard des Droits du Peuple. — Journal des Eglises de Paris et de la Banlieue. — Journal du 5e arrondissement; rédacteur, M. Ch. de Mossas.—Journal officiel des Gardes nationales.—La Propagande ; rédacteur, M. Danduran.—La Véritable République ; rédacteur, M. Desolmes. — La Voix des Femmes; rédacteur, Mme Eugénie Niboyet.—L'Accusateur révolutionnaire ; rédacteur, M. Douhen.—Le Banquet social, journal du 12e arrondissement ; rédacteur, M. G. Olivier. — Le Monde de 1848; rédacteur, M. Magiaty. — Le Tribun du Peuple ; rédacteur, l'abbé Constant (n'a eu que trois numéros).—La Vraie République ; rédacteur, M. Thoré.—Le Bonheur puplic en général, ou les Concessions du Montagnard ; rédacteur, M. Béjot.—Le Bon Sens du Peuple, journal des honnêtes gens ; rédacteur, M. Paul Féval.—Le Conseil républicain.—L'Echo du soir.—L'Election populaire.—L'Esprit du Peuple, courrier des rues. — L'Eventail républicain, journal des Théâtres. — Le Fanal républicain, éclaireur français du Peuple souverain ; rédacteur, M. Mauviel. —Le Messager, signé Pellagot. — Le Moniteur des Postes; rédacteur, M. Mauviel.—L'Organisation du Travail ; rédacteur, M. Letellier. — Le Pays, rédacteur, M. Atlante.—La Pologne de 1848 ; rédacteur, M. Ch. Forster.— Le Canard, journal drôlatique ; rédacteur, M. de Montépin.—Charité et Justice, journal de propagande fraternelle. — Le Cri public. — L'Egalité ; rédacteur, M. Lemer. — La Liberté religieuse. — Le Père Duchêne, gazette signée Thuillier.—La Sentinelle des Clubs, signée Bouton.—Le Soir, signé Lefloch.—L'Amour de la Patrie, signé Mme Lefranc.—L'Echo du Peuple, signé Vernet. — Le Minerve, signé capitaine Durand. — Le Représentant du Peuple, par Proudhon.—Le Triomphe du Peuple, signé de Céséna.— La France républicaine, signée Godart.—La Lanterne.—Le Patriote, signé Béthune.—Tribune des Réformes, signée Ledoux Riche.—La Tribune parisienne, signée Brugiliole.—La Voix du Peuple libre, signée Landoin.— L'Assemblée constituante, signée Saint-Edme.—L'Avant-Garde.—Le Courrier de Paris, signé Duckett.—Le Diable boiteux. — Le Figaro. — Le Flâneur.—Le Lampion.—L'Esprit national ; rédacteur en chef, M. Rondy.— L'Indépendant. — L'Unité nationale. — La Tribune des Sans-Culottes ; rédacteur en chef, Constant Hilbey. — Le Drapeau de la République, paraissant chez Frey, imprimeur.—Le Journal des Distractions.—L'Union nationale. — La Carmagnole. — Le Scrutin. — Le Tocsin des Travailleurs. — Le Polichinelle. — L'Aimable Faubourien, journal de la canaille—Le Robespierre.

A cette liste, il faut ajouter les journaux suivants :—Notre Histoire.— La France libre.—Le Magasin politique.—La Revue patriotique.—La Cause du Peuple, de Mme Sand.—Le Bon Dieu, pamphlet républicain, de M. Henri de Kock.—La Foudre, publication hebdomadaire de satires politiques. — Le Journal de Démocrite.—La Cité Nouvelle.

On pourrait encore y ajouter un grand nombre de journaux faisant allusion à l'Empereur, qui parurent lors de l'expulsion du prince Louis, tels que *Le Napoléonien, Napoléon républicain, L'Aigle napoléonien, la Redingote grise*. La grande popularité du *Père Duchêne*, gazette de la Révolution, avait fait naître *Le Vrai Père Duchêne, La Mère Duchêne* et *Le Petit-Fils du Père Duchêne*. D'autres journaux parurent sous les titres les plus sonores : *Le Volcan, le Christ républicain, le Sans-Culotte, le Bonnet rouge, le Pilori, le Vieux Cordelier*. En cherchant à reproduire tous les titres des journaux de la première révolution, on négligea heureusement les plus bizarres et les plus sanglants. Nous citerons l'*Observateur féminin*, par Mme de Verte allure. Sans compter les huit *Amis du Peuple* et celui de Marat, il y avait le *Véritable Ami du Peuple*, par un s.... b..... de sans-culotte, qui ne se mouche pas du pied et qui le fera bien voir : Le *Sans-Quartier*, avec cette épigraphe : « Je me f... de ça, je porte perruque. » l'*Ecouteur aux portes*; le *Tocsin de Richard-sans-Peur*; le *Finissez donc, cher Père*; le *Il n'est pas possible d'en rire*; le *Pendez-moi, mais écoutez-moi*; le *Dom grognon* ou *le Cochon Saint-Antoine*; le *Tout ce qui me passe par la tête*.

En rapportant la liste des journaux relevés sur le journal officiel, nous n'avons cité que ceux déclarés et déposés à la direction de la librairie. Un nombre presque égal a paru sans déclaration et sans dépôt. De tous ces journaux déclarés ou non déclarés, combien n'ont publié qu'un seul numéro ! Combien d'autres ont déjà cessé de paraître !!!

LIVRE I.
LES MURS DE PARIS.

PREMIÈRE PARTIE.

Affiches apposées du 24 Février au 24 Mars 1848.

I.

AU GOUVERNEMENT.

Le Gouvernement, fondé par la volonté du Peuple, veille aux intérêts de la France.

Il est une portion de la France qui ne peut être oubliée ;

C'est l'ALGÉRIE !

Dans ce pays, cent vingt mille citoyens sont privés de toutes les garanties accordées même par les pouvoirs absolus.

Le nouveau Gouvernement devra immédiatement proclamer la réunion de l'Algérie à la France :

Sa formation en départements avec l'assimilation complète à la métropole.

Ces mesures sont compatibles avec les soins qu'exige la défense à l'intérieur et à l'extérieur.

L'Algérie devenue française participera avec empressement aux charges de la France, puisqu'elle jouira de tous ses droits.

Paris, 25 février 1848.

BERTIER DE SAUVIGNY,
Directeur-Propriétaire de la *Revue Algérienne*.

II.

AUX OUVRIERS.

Nous apprenons qu'au milieu de la joie du triomphe, quelques-uns des nôtres, égarés par de perfides conseils, veulent ternir la gloire de notre Révolution par des excès que nous réprouvons de toute notre énergie. Ils veulent briser les presses mécaniques.

Frères, c'est là un tort. Nous souffrons comme eux des perturbations qu'a amenées l'introduction des machines dans l'industrie ; mais au lieu de nous en prendre aux inventions qui abrègent le travail et multiplient la production, n'accusons de nos douleurs que les gouvernements égoïstes et imprévoyants.

Il ne peut plus en être de même à l'avenir.

Respect donc aux machines ! D'ailleurs, s'attaquer aux mécaniques, c'est ralentir, c'est étouffer la voix de la Révolution ; c'est, dans les graves circonstances où nous sommes, faire œuvre de mauvais citoyens.

Les Ouvriers soussignés délégués :

Nougès imprimeur,
Pascal, imprimeur,
Joly, tailleur,
Bérard, tailleur,
Deneau, bouchonnier,
Gillan, serrurier,
Lenoir, tailleur,
Gaumont, horloger-mécanicien,
Bourdin, *id.*
Dejacque, colleur,
Abraham, relieur.
Adrien Delaire, ébéniste,
Gautier, imprimeur,
Pasquier, imprimeur,

Desbrosses, dessinateur,
Danguy, imprimeur,
Chardonnot, menuisier,
Roze, charpentier,
Lambert, teneur de livres,
Gaillard, imprimeur,
Garnier, teneur de livres,
Capron, teneur de livres,
Fornet, bijoutier,
Leroy, bijoutier,
Corbon, marbrier,
Ronce, Viez, Scott, Trapp, imprimeurs.

Lamennais, écrivain ; Schmeltz, id. ; Villiaumé, avocat ; A. Esquiros ; Blaise, écrivain.

III.

APPEL A L'OPINION PUBLIQUE.

Citoyens,

A peine mis en liberté par l'ordre du Gouvernement provisoire, je viens protester contre le jugement qui m'a frappé, et faire appel à l'opinion des hommes de cœur et de conscience.

Le premier j'ai osé prendre corps à corps un Gouvernement corrupteur et corrompu; le premier j'ai appelé, par une protestation adressée à la Chambre des Pairs le 5 août dernier, l'attention du pays sur les actes du Gouvernement en Algérie.

Je demandais une enquête parlementaire. La Chambre des Pairs me répondit par un ordre du jour, malgré les observations de MM. *Dubouchage, de Boissy, d'Althon-Shée.*

J'eus alors la témérité courageuse de provoquer une enquête judiciaire. Je dénonçai à la justice les faits que j'avais vainement dénoncés à la Chambre des Pairs.

On fit un simulacre d'instruction sur ma dénonciation. On entendit les témoins que l'on voulut entendre. On dirigea l'information dans le sens le plus favorable au pouvoir.

En quelques jours, cette prétendue instruction fut terminée, et il fut décidé à huis-clos que l'administration algérienne était pure de toutes les accusations que j'avais portées contre elle.

La loi ne me donnait aucun moyen d'attaquer, devant un tribunal supérieur, cette décision qui avait été rendue hors de ma présence, sans que j'eusse le droit de me défendre. C'était en effet une ordonnance de la chambre du conseil rendue sans débat, sans publicité.

Cette ordonnance donnait au pouvoir le moyen d'intervertir les rôles. J'avais dénoncé l'administration algérienne. On m'accusa à mon tour du délit de dénonciation calomnieuse.

C'était un habile procédé imaginé pour faire juger, avec une apparence de légalité, par la police correctionnelle, un délit de presse attribué par la loi à la justice du pays, au jury!

C'était un artifice pour m'empêcher de faire au grand jour, librement, devant mon pays, la preuve des faits que j'avais imputés au pouvoir.

L'attitude du Gouvernement changea : d'accusateur j'étais devenu accusé, ma liberté me fut enlevée, mes papiers furent saisis, mes moyens de défense et d'existence détruits. Je reconnus, mais trop tard, le piége dans lequel j'étais tombé. Pendant trois mois je déclinai devant trois juridictions différentes la compétence du tribunal correctionnel. Une puissance occulte me poursuivait; je succombai devant la police correctionnelle et devant les cours royale et de cassation, sur la question de compétence.

Le 7 février courant, je parus devant le tribunal correctionnel; tous, vous avez pu suivre les phases de ce procès, vous avez pu voir avec quel acharnement j'étais poursuivi, avec quelle rigueur je fus condamné, on m'appliqua le *maximum*.

Les témoins m'ont tous abandonné à la vengeance du ministre Hébert... Un seul a osé élever la voix en ma faveur... Celui-là se rappelait 1815, celui-là est le fils d'un maréchal illustre par son courage et son martyre... Le prince de la Moskova protesta seul!... Honneur et gratitude à lui!...

Que pouvais-je, hélas! contre tant d'ennemis?

Mes amis avaient fui; quatre mois de détention m'avaient ruiné, anéanti; mes moyens de défense n'étaient plus à ma disposition, mes témoins s'écartaient de moi, me laissant seul contre tous ; ma sincérité était attaquée, mon dévouement calomnié...

On a prétendu que je n'avais pas de preuves !

Mais alors pourquoi m'a-t-on mis au secret ?

Pourquoi m'a-t-on refusé obstinément la cour d'assises ?

Pourquoi a-t-on caché à mes défenseurs les pièces importantes de la procédure ?

Pourquoi ne m'a-t-on pas mis préalablement en présence des témoins ?

Pourquoi a-t-on repoussé ma mise en liberté *sous caution*?

Pourquoi s'est-on obstiné à ne pas entendre trois témoins cités par moi, savoir : M. le maréchal BUGEAUD, M. le général BOURJOLLY et M. FILLIAS fils?

Pourquoi s'est-on attaché à me ruiner matériellement et moralement?

Citoyens, j'avais dit la vérité !

Je n'avais pas attaqué des hommes, j'avais signalé des abus, j'avais demandé une *enquête générale !*

Je la demande encore aujourd'hui ; car je n'accepte pas le jugement d'un tribunal aveugle.

On a écrasé le budget pour implanter en Algérie une armée de dilapidateurs incapables, nés des curées électorales ; on a semé le sable du désert des cadavres de nos braves soldats pour créer à un fils de roi un royaume indépendant. 1,500 millions, cent cinquante mille soldats français ont été engloutis par ordre de l'Angleterre et pour satisfaire les cupidités insatiables de quelques ambitieux.

Citoyens, voilà ce qu'une enquête pouvait seule faire connaître ; voilà ce que je voulais dévoiler !!

Vous avez renversé un pouvoir odieux et tyrannique ; vous avez frappé des traîtres, mais aussi vous êtes cléments dans la victoire, dignes dans la puissance.

C'est à vous que j'en appelle, c'est à vous que je viens demander justice !

Soldat énergique et dévoué de la liberté algérienne, j'ai sacrifié mes veilles, mes ressources, ma liberté à l'accomplissement d'un devoir sacré... J'ai demandé la *réunion de l'Algérie à la France*, et c'est pour cela que j'ai été écrasé... Car l'Angleterre comprend que la France en Afrique c'est la domination française sur la Méditerranée et les Indes!

Citoyens, *j'ai poursuivi le pouvoir corrupteur que vous venez de renverser ; si j'ai attaqué personnellement quelques hommes, alors tout-puissants, ce n'est ni par haine ni par passion, mais parce qu'il n'y avait pas d'autre moyen d'être écouté.*

J'ai demandé au Gouvernement Provisoire, qui travaille si énergiquement pour le pays, la révision de mon jugement ; je demande avec instance que la législation en matière de presse me soit accordée, et alors je confondrai ceux qui m'ont poursuivi et les hommes égarés qui m'ont condamné.

Ce n'est pas ici une affaire personnelle, c'est une question de moralité publique ; il faut que la vérité se fasse ; mais cette vérité ne peut apparaître dans tout son jour qu'avec l'assistance de l'opinion publique et d'une magistrature impartiale et nationale !

JE NE ME SUIS PAS RÉTRACTÉ; mes conseils, auxquels on avait caché une partie des pièces, et qui pouvaient mieux que moi apprécier la difficulté de l'étrange position légale que l'on m'avait faite, mes conseils ont pensé que je n'avais pas de preuves pour *un fait* qui compromettait quelques noms propres, et ils ont rédigé une lettre que j'ai signée, espérant être mis en liberté et pouvoir poursuivre directement le Gouvernement.

Remarquez, citoyens, que sur *trente-deux faits* dénoncés par moi, le ministère n'en a retenu *qu'un seul*, celui des actions industrielles que *l'on m'avait dit avoir été* réparties entre divers fonctionnaires.

Pour un seul fait, pour une seule accusation, j'ai donc été poursuivi, les trente-un autres faits révélés ont été abandonnés par l'accusation : donc j'avais dit vrai !...

Ainsi, j'ai signalé les gaspillages *du port d'Alger*,
De la cathédrale d'Alger,
L'affaire scandaleuse des fourrages,
La vente des offices ministériels par des fonctionnaires de l'administration,
La spoliation de la propriété particulière des colons,
Les déprédations des administrations des subsistances,
Le produit *des razzias* non compris en recettes,
Les échanges d'immeubles domaniaux donnés à des favoris, etc.

Tous ces faits n'ont pas été soumis à une enquête ;... ils sont vrais; c'est pourquoi le ministère n'a pas osé les invoquer.

UNE ENQUÊTE !!!   UNE ENQUÊTE !!!

Citoyens, souvenez-vous des excès des hommes que vous venez de renverser, et songez de quelle importance il était pour eux de m'écraser.

Je ne devais pas appeler du jugement qui m'a frappé, je dus me résigner à subir ce jugement que le ministère eût fait maintenir en appel; enfin, je n'avais plus les ressources nécessaires pour prolonger la lutte.

Citoyens, souvenez-vous qu'un homme isolé, abandonné de tous, ruiné, prisonnier et malade, ne pouvait vaincre un pouvoir lâche et corrompu, qui disposait de toute une armée de fonctionnaires!

Une ENQUÊTE GÉNÉRALE pourra seule faire connaître la vérité; que le Gouvernement Provisoire, que tous nous admirons, me fournisse les moyens de justifier mes assertions; qu'il me permette de reprendre mes pièces saisies; qu'il me laisse pénétrer jusqu'au cœur de cette administration dont j'ai attaqué la moralité, et justice sera rendue à un citoyen dévoué à son pays.

Encore une fois je le dis : je n'ai de haine contre personne, mais je veux avant tout confondre ceux qui m'ont calomnié, et prouver à tous les hommes d'honneur et de dévouement que je n'ai été ni un calomniateur ni un homme ambitieux.

Encore un mot, citoyens : on m'a accusé avec un grand éclat d'avoir été l'agent d'une compagnie industrielle !

J'ai soutenu des hommes énergiques, entreprenants et honorables, qui ont porté, les premiers, sur les rives africaines l'industrie et le travail.

Je n'ai jamais désiré qu'une chose : la prospérité de l'Algérie, sa réunion à la métropole, et la gloire de mon pays si admirablement régénéré.

Concourons tous à la prospérité et à la grandeur nationale ; il ne peut plus y avoir qu'un parti en France ; réunissons-nous autour de lui, consacrons-lui nos forces, notre dévouement et notre vie.

VIVE LA NATION !

Paris, 27 février 1848.

A. WARNERY,
Délégué de la ville de Bône.

IV.

LA MORALE PUBLIQUE

réclame impérieusement

le rétablissement du Divorce.

(Pendant l'espace de plus d'un mois, ce placard, sans cesse renouvelé, est resté affiché sur tous les murs de Paris.)

V.

VOEUX DU PEUPLE.—RÉFORMES POUR TOUS.

Amnistie générale ; les ministres exceptés, et mis en accusation.

Droit de réunion consacré par une manifestation prochaine. Dissolution immédiate de la Chambre, et convocation des assemblées primaires.

Garde urbaine aux ordres de la municipalité. Abolition des lois de septembre. Liberté de la parole, liberté de la presse, liberté de pétition, liberté d'association, liberté d'élection.

Réforme électorale. Tout garde national est électeur éligible. — Réforme parlementaire. Rétribution aux députés ; les fonctionnaires publics à leur poste. — Réforme de la Chambre des pairs. Pas plus de nomination royale que d'hérédité aristocratique. Réforme administrative. Garanties pour tous les fonctionnaires et employés contre l'abus des faveurs et des influences. — LA PROPRIÉTÉ respectée, mais le DROIT AU TRAVAIL garanti. Le travail assuré au peuple.

Union et association fraternelle entre les chefs d'industrie et les travailleurs. — Égalité de droits par l'éducation donnée à tous : Crèches, Salles d'Asile, Écoles rurales, Écoles urbaines. Plus d'oppression et d'exploitation de l'enfance. — Liberté absolue des cultes. Indépendance absolue des consciences. L'Église indépendante de l'État.

— Protection pour tous les faibles, femmes et enfants. — Paix et Sainte-Alliance entre tous les peuples. — Abolition de la guerre, où le peuple sert de chair à canon. — Indépendance pour toutes les nationalités. — La France gardienne des droits des peuples faibles. — L'ORDRE FONDÉ SUR LA LIBERTÉ.

FRATERNITÉ UNIVERSELLE!!
Les rédacteurs de la Démocratie pacifique.

Il est un homme en France qui accepte ces principes... qui les a déjà proclamés : M. DE LAMARTINE.

VI.

AUX OUVRIERS TYPOGRAPHES.

Des camarades ont proposé, dans les termes suivants, d'ouvrir un *Emprunt des Travailleurs* :

Que le Gouvernement crée un emprunt de 50 millions, portant le titre d'Emprunt des Travailleurs.

Cet emprunt devra être rempli du 20 mars au 31 mai, inclusivement, et couvert en bons du Trésor, au porteur, de 20 francs, portant intérêt à 5 0/0, et payables par le tirage en 6, 9, 12, 15 et 18 mois.

Chaque atelier calculera pour combien il peut s'engager dans le laps de temps ci-dessus indiqué. Les versements seront faits chaque semaine entre les mains du délégué nommé à cet effet, et celui-ci remettra à chaque souscripteur son bon de 20 fr. lorsque le versement sera complet.

Les ouvriers qui ne pourraient verser 20 fr. en dix semaines se réuniront à d'autres pour compléter cette somme.

Indépendamment de notre adhésion à ce patriotique projet, nous nous engageons à verser chacun une journée de travail au trésor de la République.

Puisse l'exemple que nous suivons trouver de nombreux imitateurs, et bientôt la confiance ramènera le travail et la prospérité dans notre glorieuse patrie !

Les Ouvriers de l'Imprimerie VINCHON.

VIVE LA REPUBLIQUE!

VII.

Association pour la Liberté des Échanges, r. de Choiseul, 8.

SUBSISTANCES PUBLIQUES.

La Vie a bon marché.

Toute cherté factice des subsistances est un malheur public.

Tout ce qui, dans nos lois fiscales et dans nos lois de douanes, tend à enchérir le pain et la viande doit donc en être effacé sans retard.

Le travailleur, lorsque la viande est exclue de sa nourriture, ne peut réparer ses forces, et il ne produit pas ce qu'il produirait s'il s'alimentait mieux. Il en souffre dans son salaire, il en souffre dans sa santé; la patrie en souffre avec lui. Il y a pourtant en France quinze millions de personnes qui ne mangent de la viande que par hasard; un nombre presque égal n'en a qu'une ration insuffisante. La ration moyenne d'un Anglais est double de celle d'un Français, et celle d'un citoyen libre des Etats-Unis double de celle d'un Anglais.

Les gouvernements qui ont aimé le peuple ont aboli toute espèce de droits à la frontière et à l'intérieur sur les denrées alimentaires. L'Assemblée nationale de 1789 abolit tous les droits de douane sur le bétail et sur les salaisons. La République française corrobora ce système patriotique. Ce fut sous la Restauration qu'une pensée de privilège fit établir des droits sur le bétail et sur les viandes salées. L'ancien régime lui-même s'était constamment abstenu de frapper le blé d'un droit de douane. Cette œuvre d'iniquité, accomplie en 1819, subsiste encore; il est temps qu'elle disparaisse de nos lois. La main d'un législateur des Etats-Unis se sécherait plutôt que de signer une loi qui enchérirait la viande ou le pain. En Angleterre même, des lois semblables viennent de tomber devant le cri unanime de la nation.

La République française ne peut refuser aux travailleurs français ce que l'aristocratie britannique a été forcée d'accorder aux ouvriers de la Grande-Bretagne.

VIII.

APPEL AUX CITOYENS FRANÇAIS.

DES ARMES!

pour les Allemands marchant au secours de leurs Frères qui combattent en ce moment pour la liberté, qui se font égorger pour leurs droits, et qu'on veut tromper de nouveau.

Les Démocrates allemands de Paris se sont formés en légion pour aller proclamer ensemble la RÉPUBLIQUE ALLEMANDE.

IL LEUR FAUT DES ARMES, DES MUNITIONS, DE L'ARGENT, DES OBJETS D'HABILLEMENTS. Prêtez-leur votre assistance; vos dons seront reçus avec gratitude. Ils serviront à délivrer l'Allemagne et en même temps la Pologne.

Démocrates Allemands et Polonais marcheront ensemble à la conquête de la Liberté.

Vive la France!
Vive la Pologne!
Vive l'Allemagne unie et républicaine!
Vive la Fraternité des Peuples!

Que chacun porte ses dons rue Montmartre, 64 (Hôtel d'Angleterre), au bureau central de la Société démocratique Allemande, ou chez M. G. Herwegh, président de la Société, boulevart des Capucines, 13.

DES ARMES CITOYENS! pour mettre en marche nos Soldats de la Liberté.

IX.

ALLEMANDS, NOBLES FRÈRES,

En apprenant de loin les efforts courageux que vous faites pour mériter et conquérir la liberté, mon cœur s'unit au votre et tressaille de bonheur !...

J'appartiens à un peuple qui deux fois reçut dans ses rangs vos pères de la Germanie; et ce sang, qui a régénéré l'Europe entière, a laissé des traces ineffaçables parmi nous.

Ce n'est pas une pensée d'orgueilleuse propagande qui nous fait désirer votre affranchissement c'est l'attente bien naturelle d'une amitié ferme et loyale.

Pensez-vous que nous soyons à connaître et apprécier cette probité germaine, dont le renom court l'univers, et que ce soit avec in-

différence que nous cherchons un concours aussi honorable, aussi glorieux que le vôtre?...

Pour le grand œuvre qui va s'accomplir, on ne saurait être trop bien entouré!... et l'Allemagne n'est pas d'un faible poids dans la balance!...

Longtemps on nous sépara, que dis-je? on nous arma les uns contre les autres... comme des amis, conduits par un traître, s'égorgent dans la nuit noire!

Maintenant, nous avons appris quels sont ces chefs odieux qui font servir un des peuples les plus justes du monde à forger et à maintenir les chaînes d'un despotisme universel... Vous devez être las de ce rôle de geôlier qui va si mal aux fils de Luther!...

Il est des hommes que Dieu a marqués de son sceau, pour d'étranges destinées!... Les Metternich, les Wellington, quoique accablés d'années, n'ont pas assez vécu pour descendre au tombeau sans entendre derrière eux les cris de réprobation dont les chargent cent millions de victimes. Aujourd'hui est le jour de la justice!... Ces misérables se débattent vainement sous le mépris des nations; ce sont les Caïn d'une ère nouvelle qui va s'ouvrir devant nous. Leurs noms serviront de qualification à toutes les lâchetés.

Il faut abandonner sans retour ces âmes réprouvées au sort qui les attend... Venez, Frères, joignez-vous à nous pour fonder la paix générale!...

On vous a longtemps répété que nous voulions conquérir le sol allemand!... Vous qui connaissez la France, dites, n'est-elle pas assez belle?...

Oui, nous voulons conquérir, mais c'est votre amitié généreuse!... Bientôt, si Dieu nous aide, nous n'irons plus chercher que des malheureux à soulager, des faibles à défendre.

A quoi bon établir des priviléges chez les autres, quand nous les brisons chez nous! Riez de ces despotes ivres de peur, de colère et de honte... Fuyez leurs discours empoisonnés!...

Enfants de Kant, écoutons notre maître!... L'immortel philosophe doit être satisfait... sa morale sublime va bientôt trouver des peuples qui comprendront son esprit et sauront l'appliquer.

Répudiant l'exemple de tant d'hommes illustres, resterions-nous froids et indifférents devant la réalisation des vastes théories que tous ils ont prêchées.

Frères, l'étude nous est commune, la tâche doit l'être aussi! Voulez-vous que des nouveaux venus vous enlèvent l'honneur de servir l'humanité, que vous avez si noblement éclairée par vos doctrines? Voulez-vous, par une hésitation funeste, voir compromettre encore et ajourner l'heure sainte où tous les peuples n'auront plus qu'un seul but, qu'un seul titre : Union!...

Il ne restera que trop d'esprits farouches et aveugles pour lesquels cette heure sainte sonnera en vain.

Et cette Espagne, où l'on connaît bien mieux, hélas! le manche d'une guitare, les allures d'un taureau, que les grands principes d'ordre et de justice, n'est-elle par derrière nous?...

L'Angleterre a beau serrer le bâillon de sa sœur l'Irlande, nous entendons son râle à travers le détroit!... Pensez-vous que sitôt elle puisse arrêter la course frénétique qui la pousse vers l'abîme?... Le privilége l'emporte, comme la Lénore de votre poëte Bürger, vers un monde inconnu!...

Voyez l'Italie, qui tend vers vous ses bras endoloris ; c'est un sergent imberbe qui commande chez elle, c'est un conquérant cruel qui nous ferme ses villes, nous défend son beau ciel.

Et la Pologne, qui nous sauva autrefois du cimeterre musulman, la laisserez-vous mourir?... Ce n'est plus une province en pleurs, déchirée, sanglante, à laquelle vous serez unis, c'est un peuple tout entier qui bénira ses frères!...

Allons, Germains, Gaulois, vengeurs des crimes d'un ancien monde, unissons-nous encore pour chasser de la terre le dernier des tyrans!... Qu'il soit César à Rome, ou César de la Sainte-Alliance... n'importe!..

Il faut enfin que le règne de Dieu arrive!... C'est au courage et à la justice à le préparer!...

G. S.

VIVE LA RÉPUBLIQUE DES PEUPLES.

X.

RÉPUBLIQUE FRANÇAISE.

Citoyens,

Les délégués des négociants de l'Entrepôt général des vins s'étant réunis avec les délégués des tonneliers nommés entre nous, le 5 mars, ont résumé ce qui suit :

Art. 1. Que pendant huit mois de l'année qui sont à partir du 1er mars au 31 octobre, les journées seraient de 6 heures du matin à 6 heures du soir, et seraient payées QUATRE FRANCS.

Art. 2. Que pendant les quatre mois d'hiver qui sont à partir du 1er novembre à la fin du mois de février, les journées seraient de 7 heures du matin à 5 heures du soir, et seraient payées TROIS FRANCS et cinquante centimes ; et abolition générale des corvées.

Les Membres :

Gerente,	Bois Cadet,
Yautiez,	Bertrand,
Millot,	Blandel,
Rousseau (Hippolyte),	Grados,
Joly,	Bourgeois,
Claudon (Gustave),	Hobry.

Citoyens,

Des murmures surgissent contre nous; peut-être une personne seule mal intentionnée aura dit ou fait acte de mauvais patriotisme qui se déroule sur nous. Je vous prie de ne pas croire tout propos absurde que l'on pourrait chercher à vous faire entendre.

Le maintien du bon ordre, c'est le salut de la République et le soutien de nos travaux.

Paris, ce 17 mars 1848.

A tous les Tonneliers. HOBRY.

XI.

LA GARDE NATIONALE A SES NOUVEAUX CAMARADES.

Chers concitoyens,

Une circonstance regrettable a suscité avant-hier un malentendu entre la population et une partie de la garde nationale.

Deux mots d'explication à ce sujet.

La fraction de la garde nationale qui se portait avant-hier à l'Hôtel-de-Ville est accusée à tort de vouloir des priviléges. Elle ne les aime et n'en veut pas plus que vous.

Avant sa démarche, elle avait d'elle-même renoncé à toutes les distinctions de titre et d'équipement qu'avaient les compagnies de grenadiers et de voltigeurs, dont les rangs s'ouvraient avec empressement à tout le monde.

Elle ne demandait qu'une chose : c'était de conserver en faisceaux ces compagnies, afin que des milliers de citoyens, habitués à se connaître depuis des années, ne vissent pas se rompre tout-à-coup les liens d'amitié et de camaraderie qui les unissent, en étant disséminés dans tout le bataillon.

En portant, dans l'attitude la plus calme et la plus pacifique, l'expression d'un vœu au gouvernement provisoire, elle usait de son droit.

Les citoyens qui ont cru qu'elle le transgressait, et qui lui ont barré le passage au pont Notre-Dame, n'ont-ils pas outre-passé le leur ?

La garde nationale en députation eût été la première à s'incliner devant la décision du gouvernement provisoire.

Elle s'est retirée sans insister, afin d'éviter toute collision avec des citoyens maintenant gardes nationaux comme elle, en un mot, ses amis, ses frères, malheur sur lequel elle serait la première à gémir.

Ses intentions n'avaient pas été bien comprises.

Elle espère que maintenant elles ne seront plus méconnues.

En fait de privilége, la garde nationale ne demandait qu'à marcher la première contre toute faction qui menacerait le gouvernement de la République.

En un mot, convaincue que ce léger dissentiment est déjà tombé dans l'oubli, elle tend la main fraternellement aux citoyens qui s'étaient mépris à son égard, et dont le concours est nécessaire pour le maintien et la prospérité de notre glorieuse Révolution.

VIVE LA RÉPUBLIQUE !!!

Ce 18 mars 1848.

XII.

Chemin de Fer de Paris à Orléans.

AUX EMPLOYÉS ET OUVRIERS DE LA COMPAGNIE.

Par suite de la crise financière actuelle, la Compagnie se trouve momentanément dans l'impossibilité de faire argent des Bons du Trésor et des effets de commerce qu'elle a dans son portefeuille.

Dans cette situation, la première pensée du Conseil d'Administration a été de pourvoir avant tout au payement des dépenses de l'exploitation et d'assurer le service public confié à la Compagnie.

En conséquence, il a décidé :

1° Que ceux qui ont prêté de l'argent à la Compagnie seraient ajournés à six mois pour leur remboursement;

2° Que les recettes de l'exploitation seraient appliquées à payer les salaires des travailleurs et des fournisseurs de la Compagnie, avant tous autres.

C'est à nous maintenant de nous conserver à nous-mêmes, par notre cordiale et fraternelle union, le travail qui fait vivre chacun de nous.

Serrons-nous, comme les enfants d'une même famille, autour du Conseil dont le dévouement paternel nous est connu.

C'est notre devoir, car le concours de tous est la condition essentielle d'un bon service.

C'est aussi l'intérêt le plus cher de nos familles; car en restant fraternellement unis, nous avons tous du travail assuré.

Et bientôt les affaires de la Compagnie, qui sont nos propres affaires, auront repris leur cours ordinaire et régulier.

Le Directeur de la Compagnie,
A. BANÈS.

18 mars 1848.

XIII.

ASSOCIATION DES EMPLOYÉS COMPTABLES

Du commerce et de l'industrie du département de la Seine.

Citoyens,

Dans les circonstances actuelles, l'association des Employés comptables du commerce et de l'industrie du département de la Seine fait un appel à tous les employés bureaucrates, et a l'honneur de les prévenir qu'une Assemblée générale aura lieu le jeudi 25 mars, à l'Hôtel-de-Ville (Salle Saint-Jean), à huit heures du soir (entrée par la rue Lobau), pour s'entendre sur les modifications à apporter à son organisation.

Les membres de l'Association seront admis sur la présentation d'une quittance de cotisation.

Les personnes étrangères à l'Association seront admises sur une carte qui leur sera délivrée au Bureau de l'Association, rue Montorgueil, 71.

Pour l'Association,
Le Directeur,
Ferdinand JAMMES,

Paris, 20 mars 2848.

XIV.

PROJET RELATIF A L'HABILLEMENT GRATUIT DES GARDES NATIONALES PAR LE GOUVERNEMENT.

Citoyens,

La Liberté a conquis ses droits! Pour que l'Egalité jouisse des siens et que la Fraternité accomplisse ses devoirs, il faut que chacun apporte une pierre à l'édifice national.

À nous donc l'honneur d'assister les hommes éclairés dont le zèle et les travaux ont déjà amélioré nos institutions.

Nous nous adressons au jugement, à l'équité et aux sentiments de ceux qui, s'ils n'ont pas d'armes pour défendre la Patrie, ont un cœur pour l'aimer, une pensée pour la servir.

Deux sentiments bien distincts sont inséparables dans tous les cœurs français : ce sont ceux de la gloire et de la justice. Que tous les citoyens armés exposent leur vie pour maintenir l'ordre et les droits de leurs frères sans armes, voilà la gloire! Mais que ceux-ci partagent avec les gardes nationaux les charges pécuniaires que le service leur impose, voici la justice!

Il y a en France plusieurs catégories d'habitants de vingt à cinquante-cinq ans, exempts du service national ; les gens infirmes ou mal conformés, les ecclésiastiques, les étrangers domiciliés, les officiers en demi-solde ou en disponibilité, les citoyens qui tiennent du Gouvernement des emplois salariés incompatibles avec le service, etc., etc. Ces exempts ne sont-ils pas protégés dans leurs biens, leurs droits, leurs libertés, par des hommes qui, à eux seuls, payent en même temps de leur personne et de leurs deniers?

Eh bien! que tous ceux qui n'exercent pas des fonctions gratuites en faveur de la Patrie, soient soumis à une taxe légère et annuelle en rapport avec leurs loyers ou leurs appointements.

Cette taxe portera le nom de *Tribut national*, et produira des sommes considérables qui, confondues avec celles que le gouvernement consacre aux uniformes nationaux, suffiront pour habiller gratuitement tout citoyen vivant de son travail et ne possédant pas une rente ou une propriété immobilière. En outre, les uniformes fournis pouvant durer cinq ans au moins, le gouvernement trouvera dans ce projet un soulagement d'autant plus palpable, que les dépenses pour la première année, quelque considérables qu'elles paraissent être, seront facilement couvertes et dépassées les années suivantes par les recettes du Tribut national. De plus, les gardes nationaux recevront leurs uniformes en vertu d'un droit et non d'une charité.

Allons, frères sans armes, venez vous joindre à nous en donnant, par votre adhésion à ce projet, une marque éclatante de vos sympathies pour notre brave milice citoyenne. Formons des vœux pour le prompt adoucissement des charges qui pèsent sur elle et pour qu'enfin sa tenue soit uniforme, imposante et en tout digne de la France qu'elle représente.

JONQUIÈRES (1re légion).
Rue de l'Arcade, 58.

VIENOT (exempt pour cause de santé),
Rue de la Chaussée-d'Antin, 62.

On recevra aux adresses ci-dessus les signatures des adhérents à cette proposition, qui sera présentée prochainement au gouvernement par une députation des signataires.

XV.

CLUB DES DROITS CIVIQUES.

L'ère nouvelle où nous entrons doit avoir pour résultats :

L'appel des masses à la jouissance des droits civiques.

L'élévation à une condition meilleure des classes les plus nombreuses.

La vie à bon marché.

La disparation des limites qui séparent les hommes en autant de castes qu'il y a de catégories de fortunes.

La position forte et digne du pays envers les puissances étrangères.

L'instruction des masses.

L'organisation du travail.

Le *Club des Droits civiques* est institué pour rechercher et étudier les moyens de résoudre ces importantes questions économiques et politiques.

Il fait appel à tous les républicains sincères, à tous les hommes qui veulent la gloire et la force de la République, et qui désirent la réalisation de cette noble devise :

Liberté, Egalité, Fraternité.

Le Président, SALLENEUVE.
Le Secrétaire, VAN-HYMBEECK.

XVI.

CITOYENS ET CAMARADES,

La Révolution de 1848 verra-t-elle, comme toutes les révolutions précédentes, le peuple, après avoir versé son sang pour le soutien des droits de la Nation, et avoir voulu le respect des propriétés et le maintien de l'ordre, renvoyé ensuite dans sa demeure avec l'oubli des services qu'il a rendus à la classe privilégiée?

Non, mes amis, cela ne doit pas être ainsi; la République de 1848 est trop glorieuse de l'attitude du peuple pour souffrir que des malheureux tendent la main pour donner du pain à leurs enfants. L'ouvrier ne doit plus attendre après l'ouvrage pour manger; il lui faut sa première nécessité : c'est du pain assuré pour lui et ses enfants.

Que le riche se rassure; je ne veux pas le dépouiller du bien de ses ancêtres ni de celui amassé par un travail laborieux : il faut des riches et des travailleurs, mais des travailleurs pour se faire une position et non pour soutenir la misère.

Pour qu'il n'y ait plus de misère en France, il y a un moyen simple : il faut seulement le vouloir; et je compte sur le patriotisme des Représentants de la République pour faire tout ce qui dépendra d'eux pour soutenir une loi inviolable qui garantira au riche que le sacrifice qu'il est appelé à faire en faveur de la classe laborieuse ne dépassera jamais la somme demandée par la loi, et qu'au contraire cette somme devra diminuer à mesure que la richesse populaire augmentera.

Abrégé d'un Projet de Loi.

Tout citoyen, homme et femme, qui possédera à sa majorité, ou dans le cours de sa vie, une rente en biens fonds de 6,000 fr., devra verser à la caisse d'épargne de son département, dans le courant de six ans, la somme de 6,000 fr. une fois donnée et payable par sixième d'année en année.

2° Cet impôt est appelé : *Droit des Laborieux*. Les citoyens qui se refuseraient au versement prescrit par l'article ci-dessus seraient poursuivis comme débiteurs de l'État.

3° Cet impôt personnel de 6,000 fr. ne pourra, sous aucun prétexte et dans aucun cas, subir d'augmentation, mais il pourra être diminué graduellement, et même être effacé à fur et mesure que la caisse des Laborieux pourra suffire à ses besoins; ces diminutions ne pourront se faire que d'après la demande des Représentants formulée par une loi.

4° A la mairie de chaque arrondissement, dans toute l'étendue de la République, il sera ouvert un registre où seront inscrites toutes les personnes, hommes et femmes, qui ont atteint leur majorité, et qui voudront prendre part au revenu des fonds versés par le Droit des Laborieux; cette société portera le nom de FAMILLE DES LABORIEUX.

5° Les directeurs des caisses d'épargne de tous les départements devront, à la fin de chaque année, faire un relevé exact des fonds versés dans l'année, soit du Droit des Laborieux, soit du montant des parts annuelles laissées à la masse des sociétaires, soit du montant des épargnes faites par les sociétaires et laissées après leur mort, et du reste des fonds laissés en réserve pour payer la rente des Laborieux. Cette note sera envoyée à l'Administration centrale établie à Paris.

6º Au 20 novembre de chaque année, les maires arrêteront la liste des sociétaires inscrits dans l'année, et enverront cette liste au directeur des caisses d'épargne de leur département, pour être vérifiée et envoyée ensuite à l'Administration centrale.

7º L'Administration centrale publiera dans le courant du mois de janvier de chaque année le montant des sommes versées dans chaque département et indiquées à l'article 5, ainsi que le nombre des sociétaires inscrits dans l'année et le montant des parts qui reviennent à chacun des sociétaires.

8º Après le relevé général du restant de la réserve et le montant des recettes de l'année, que l'on réunira en un seul total, l'on divisera cette somme en quatre parts égales; il en sera prélevé deux ou moitié, qui seront la part à distribuer à chaque sociétaire homme; une troisième part sera distribuée à chaque sociétaire femme, et la quatrième sera la réserve de l'année pour payer les rentes des sociétaires qui écherront dans l'année.

9º Chaque sociétaire sera porteur d'un livret, et le montant des parts qui revient à chacun d'eux sera chaque année inscrit sur leurs livrets, et sitôt que le montant des sommes inscrites sur leur livret aura atteint les appoints de sommes de 200, 400, 600, 1,000, 2,000 et 4,000 fr. pour les hommes, ils recevront une rente en viager de 10 p. 0/0 d'intérêts. Les appoints de sommes pour les femmes sont de 100, 200, 300, 500, 1,000 et 2,000 fr., et la dernière somme, pour avoir droit à la part annuelle du Droit des Laborieux, de même que pour les hommes, est de 4,000 fr.

10º Les sociétaires qui pourraient par leurs économies ajouter à la part annuelle qui leur serait faite le montant de leurs épargnes pour finir un appoint commencé, devront attendre pour en toucher la rente autant de semaines qu'il aura manqué de 10 fr. pour former l'appoint.

11º Les personnes qui, par leur position dans le monde, ne voudront pas se faire inscrire pour toucher la part annuelle du Droit des Laborieux, et qui néanmoins voudraient être de la Société et prendre part à la rente des Laborieux, seront reçues à tous les âges; les enfants au-dessous de 18 ans seront représentés par leurs parents, tuteurs ou protecteurs; ces derniers ne pourront toucher la rente qu'à l'âge de 18 ans du dernier appoint formé à cet âge, sans tenir compte des appoints formés avant l'âge de 18 ans.

12º Le temps à écouler pour toucher la rente par appoints indiqués art. 9 est calculé sur un versement de 10 fr. par semaine. Que l'on verse la somme entière, ou que l'on verse 10 fr. par semaine, il faudra attendre l'époque voulue de chaque appoint pour en toucher la rente. Le premier appoint est de 20 semaines, qui représente 200 fr.; ainsi de suite pour les autres appoints; le deuxième, de 40 semaines; le troisième, de 60 semaines; le quatrième, de 100 semaines ; le cinquième, de 200 semaines ; le sixième, de 400 semaines ; le septième et dernier appoint, de 600 semaines, à partir des derniers 10 fr. donnés régulièrement chaque semaine.

13° Les fonds versés à la caisse des Laborieux ne pourront dans aucun cas excéder 6,000 fr. pour les hommes, et 3,000 fr. pour les femmes, et le revenu ne pourra jamais être moindre de 10 p. 0/0 d'intérêts aux époques des appoints des sommes indiquées aux articles précédents, mais pourra, si la fortune de la caisse le permet, augmenter le revenu et faire des modifications pour les époques des appoints à toucher la rente.

14° Tous les sociétaires hommes qui auront atteint 400 fr. de rentes ou qui les auraient soit par un placement quelconque en biens fonds, ou en rentes sur l'État, et les femmes 200 fr., n'auront pas droit à la part annuelle des Laborieux ; mais ceux qui n'auraient qu'un commencement de revenu pourront se faire inscrire pour se former 400 fr. et 200 fr. de rentes.

15° Les personnes qui sont domiciliées en pays étrangers n'auront aucun droit à la rente. Le payement de la rente se fera par trimestre. En cas d'absence ou de négligence à recevoir les trimestres, le sociétaire ne pourra exiger de la caisse que quatre trimestres ; le surplus sera au bénéfice de la société.

16° Aucun sociétaire ne peut être porteur de plus d'un livret en son nom personnel. Tout contrevenant à cette disposition pour une première fois perdra l'argent versé sur le second livret ; celui qui sera pris en récidive, quel que soit l'argent qu'il aura versé, sera exclu entièrement de la société.

17° Toutes personnes qui auraient été condamnées à une peine afflictive et infamante ne seront pas reçues dans la société. Tout sociétaire qui serait condamné et mis en prison ne recevra que la moitié des rentes ; l'autre moitié restera acquise à la société tout le temps de sa détention, et il ne serait pas inscrit pour prendre part aux Droits des Laborieux. A sa sortie de prison, il reprendra ses droits à la rente et à la part annuelle ; mais la condamnation après second jugement le fera rayer de la famille, et tout ce qu'il aurait versé serait perdu pour lui.

18° Tous les fonds versés aux caisses d'épargne pour le Droit des Laborieux, et l'argent donné par les sociétaires pour obtenir plus vite la rente de 10 p. 0/0, seront versés au Trésor de la République, sauf le quart resté en réserve pour le payement de la rente des Laborieux. Le Trésor tiendra compte à l'Administration centrale de 5 p. 0/0 de l'argent versé dans sa caisse ; cet argent sera ajouté au quart de la réserve.

19° Si le versement au Trésor chargeait trop l'État pour l'obliger d'en payer 5 p. 0/0 d'intérêts, le Gouvernement devra établir une administration qui sera chargée d'acheter les propriétés désignées par les sociétaires qui désireraient l'obtenir pour un temps déterminé, qui ne pourra dépasser 50 années, et dont l'intérêt des avances faites par l'Administration ne pourra dépasser 3 1/2 p. 0/0.

JOHN,
Ouvrier ébéniste, boulevart du Combat, 7.

XVII.

ORGANISATION DU TRAVAIL

De manière à ce qu'il n'y ait pas un Ouvrier ou une Ouvrière à rien faire; sauver la France pour le présent et l'avenir ; il faut un moyen prompt et grand;

le voici.

La France pourra payer en plusieurs années ce qu'elle ne peut en une. Je propose que l'on fit à l'instant pour huit cents millions de francs de billets de banque, que la garantie soit sur tout ce qui appartient à l'État; donc pour deux cents millions de vingt-cinq francs, pour deux cents millions de cinquante francs, pour deux cents millions de cent francs, pour deux cents millions de deux cents francs. Tous ces capitalistes qui ont de l'argent plein leurs caves on le leur laisserait ; faire à l'instant cent vaisseaux de guerre et autres. — Organisation du travail, chantiers et ateliers nationaux partout, même dans les forêts, aujourd'hui, demain si c'est possible: pendant que les autres puissances réfléchiront nous serons prêts. Lever la classe de 1848, par ce moyen nous tiendrons l'Angleterre dans nos mains. Si on voulait permettre de pirater, on trouverait cinquante et cent sociétés qui achèteraient et armeraient à leurs frais des vaisseaux, et donneraient de grands bénéfices à la nation; que le Gouvernement se charge de finir promptement tous les chemins de fer et canaux commencés au compte des actionnaires.

Clubs républicains, journalistes, toutes les réunions, toutes les sociétés, puisque nous voulons tant le bien de notre belle France, je vous prie, mes frères et citoyens de prendre note et d'appuyer cette demande au Gouvernement Provisoire le plus promptement possible étant appuyée par nous tous; le Gouvernement Provisoire veut tant de bien à la France, à nous tous, qu'il examinera promptement cette demande.

ALEXIS,

Mécanicien des 6me et 8me arrondissements.

VIVE LA RÉPUBLIQUE !

XVIII.

CLUB DE LA RÉVOLUTION SOCIALE.

CITOYENS,

Parler et surtout agir dans le sens de la Révolution, est le devoir de tout citoyen. Notre voix, notre plume, notre vie même sont à la République ; c'est pour la servir par tous les moyens en notre pouvoir, que nous ouvrons le Club de la Révolution Sociale.

Tout est Peuple en France; tout doit s'y faire par le Peuple et pour le Peuple.

Nous prenons pour base de nos principes la déclaration des Droits de l'Homme et du Citoyen. Notre devise est celle de la République. LIBERTÉ, ÉGALITÉ, FRATERNITÉ.

Hommes de bonne volonté et de cœur, francs Républicains, venez réunir vos efforts aux nôtres pour le triomphe de la sainte cause de la République! Travailleurs de l'intelligence, et vous travailleurs de l'industrie agricole et manufacturière, venez nous prêter le concours de vos idées généreuses et de votre bon sens, qui est la voix de Dieu. Communiquons-nous les inspirations de notre patriotisme, et travaillons à faire passer dans les lois nouvelles le mouvement régénérateur qui doit les animer. Lorsque la France est heureusement sortie de la corruption du gouvernement que nous venons de renverser, nous ne souffrirons jamais qu'un alliage monarchique, quel qu'il soit, se mêle à l'or pur de la République.

Citoyens, soyez convaincus intimement et pour toujours que, par notre grande Révolution et par nos lumières, nous sommes placés à la tête de la civilisation du Monde, et que l'honneur nous fait un devoir de garder à jamais le poste glorieux que nous occupons. Aujourd'hui, notre vraie gloire, la gloire utile aux peuples, est dans notre dévouement, sans bornes, à la liberté et à l'humanité.

COMITÉ ÉLECTORAL.

Nous avons formé un COMITÉ ÉLECTORAL *qui est chargé de correspondre, à Paris et dans les départements, avec les Clubs et Comités électoraux professant les principes démocratiques, et qui veulent la régénération sociale.*

Les Citoyens qui voudraient adhérer à nos principes et faire partie du Club pourront se faire inscrire place de la Bourse, 12, où le Club est établi provisoirement.

Les Membres du Bureau :

Fiot, ancien député, *président*, Gérôme, ancien notaire, *vice-président*, Mallen, ancien notaire, *id.*, Scipion Dumoulin, *id*. D'Inville, *secrétaire*, Eugène Fiot, *id.* Janne Lafosse, *bibliothécaire*.

XIX.

SOCIÉTÉ DES DROITS DE L'HOMME ET DU CITOYEN.

La Société a pour but :

1° De défendre les Droits du Peuple dans l'exercice desquels la Révolution de Février l'a réintégré ;

2° De tirer de cette Révolution toutes ses conséquences sociales.

Comme point de départ elle pose la DECLARATION DES DROITS DE L'HOMME formulée en 1793 par Robespierre.

Il s'ensuit qu'au point de vue politique elle comprend la République UNE et INDIVISIBLE et les droits du Peuple Souverain INALIÉNABLES.

Au point de vue social, selon elle, l'ancienne Constitution est brisée, et celle qui est appelée à la remplacer devra reposer sur l'EGALITÉ, la SOLIDARITÉ et la FRATERNITÉ comme principes fondamentaux du pacte social.

En conséquence, dans la révolution sociale qui commence, la Société des droits de l'Homme se place dès à présent entre les PARIAS et les PRIVILÉGIÉS de la vieille société; aux premiers elle vient dire : Restez unis, mais calmes, là est votre force ; votre nombre est tel qu'il vous suffira de manifester votre volonté pour obtenir ce que vous désirez; il est tel aussi que vous ne pourrez désirer que ce qui est juste; votre voix et votre volonté sont la voix et la volonté de Dieu !

Aux autres, elle dit : L'ancienne forme sociale a disparu, le règne du privilége et de l'exploitation est passé; si au point de vue de la forme sociale ancienne, les priviléges dont vous étiez investis ont été acquis par vous d'une manière légale, ne vous en prévalez pas, car ces lois étaient votre ouvrage, l'immense majorité de vos frères y est restée étrangère, par conséquent elle n'est point obligée de les respecter. Ralliez-vous donc, car vous avez besoin du pardon de ceux que vous avez trop longtemps sacrifiés. Si maintenant, malgré cette promesse de pardon, vous persistez à vous isoler pour défendre l'ancienne forme sociale, vous trouverez à l'avant-garde, au jour de la lutte, nos sections organisées, et ce ne sera plus de PARDON que vos frères vous parleront, mais de JUSTICE!

Les Membres du Comité central,

L.-J. VILLAIN, NAPOLÉON LEBON,
A. HUBER, V. CHIPRON, A. BARBÈS.

XX.

PROJET FINANCIER ADRESSÉ AUX MEMBRES DU GOUVERNEMENT PROVISOIRE

Loi Nationale de Salut Public.

Art. 1er. *Toute personne, locataire ou fermier, dans toute l'étendue de la France, qui a des loyers ou affermages dus aux propriétaires depuis le* 1er *janvier* 1848, *devra, d'ici au* 15 *avril prochain, payer au Gouvernement provisoire le* quart de ses redevances, *que le prix des baux ou loyers soit exigible annuellement, semestriellement ou trimestriellement. Le versement de ladite échéance devra être fait entre les mains du percepteur de chaque localité, qui en donnera reçu. Tout payement fait antérieurement au présent décret serait affecté aux derniers six mois à échoir de la présente année.*

Art. 2. Le payement du second *quart desdits loyers ou affermages, échéant au* 15 *juillet prochain, devra également être versé à cette époque entre les mains des agents spéciaux du Gouvernement, si celui-ci le juge nécessaire.*

Art. 3. Tous les propriétaires occupant eux-mêmes leurs maisons, hôtels, ou faisant valoir leurs terres, fermes, etc., devront payer le quart *de la location approximative qui aurait pu en être faite. Les cotes des contributions foncières ou le prix d'acquisition serviront de base pour en déterminer le chiffre, en fixant le revenu à* 2 p. 0/0.

Art. 4. Notre dernier décret frappant de 0, 45 c. *d'augmentation quatre contributions est rapporté. Les sommes payées seront imputables sur les contributions ordinaires.*

Art. 5. Il sera remis immédiatement aux propriétaires intéressés l'importance des loyers ou affermages versés par leurs locataires en une valeur de la République, représentée par des bons au porteur de 25 fr. chacun (*ou un coupon de* 1 fr. 25 c. *de rentes,* 5 p. 0/0 au pair), *ayant cours déterminé, et qui feront retour au trésor contre écus au* 1er *avril* 1850.

Art. 6. Chaque propriétaire devra sous huit jours de la publication du présent décret donner la liste de tous ses locataires ou fermiers, indiquer d'une manière exacte le prix réel de leurs loyers ou affermages. Cette déclaration sera la seule valable *en* justice. (*On arrivera ainsi à connaître la véritable assiette de l'impôt qui est dissimulé de plus de moitié par les forts locataires ou propriétaires intéressés, tandis que les malheureux qui ont de petits loyers payent intégralement. Cette mesure devrait être conservée chaque année, ce qui doublerait les revenus du Gouvernement ou lui permettrait de diminuer les charges.*)

Art. 7. *Les propriétaires dont les immeubles sont grevés ou hypothéqués pourront rembourser, proportionnellement aux sommes prêtées, ou payer les intérêts dus à leurs créanciers avec ces bons de la République, sans que ceux-ci puissent s'y refuser.*

Art. 8, *Dans toute acquisition, achat, payement (celui des ouvriers excepté), il sera permis à chacun de payer un quart seulement du prix à solder avec les bons de la République. En cas de fraction, celui qui aurait la différence la plus forte pourra refuser ou devra recevoir en moins ou en plus du quart le surplus d'un desdits bons.*

Art. 9. *Nul ne sera tenu bien que ces bons aient cours légal dans la République, de donner des espèces en échange desdits bons.*

Art. 10. *Le présent décret ayant pour but de procurer au gouvernement d'immenses ressources légales, seules capables de calmer des craintes irréfléchies ou excitées, de rétablir le crédit sur une base solide et inébranlable; ensuite de donner au commerce une vie et une activité durables; de procurer aux ouvriers, par le rétablissement de la confiance, un travail normal et continu, seul garant de l'ordre; d'arrêter la dépréciation inintelligente et perturbatrice des valeurs publiques; de restituer aux Capitalistes leurs fonds ou leurs épargnes compromis par des craintes sans fondement, et qui seraient inévitablement perdus pour eux, sans la mesure paternelle et conservatrice que le Gouvernement prend dans l'intérêt général;*

Le Gouvernement provisoire déclare se substituer au lieu et place des propriétaires actuels pour trois mois au moins et six mois au plus, et réputer bon citoyen, tout locataire, propriétaire ou fermier qui fera dans le délai indiqué le versement intégral ou au moins partiel de ses loyers ou affermages entre les mains des agents spéciaux du Gouvernement. Il déclare qu'il poursuivra les retardataires mal intentionnés par toutes voies de droit.

BOBŒUF,

20, rue Saint-Fiacre, Propriétaire et Directeur du Château-Rouge.

XXI.

AU NOM DU PEUPLE.

CITOYENS,

Les hommes qui vous sont dévoués, qui voulaient consacrer tous leurs efforts à améliorer le sort de ceux qui souffrent depuis si longtemps, se trouvent paralysés par une opposition sourde et systématique, qui, chaque jour, grandit et menace de rendre inutile le sang que vous avez versé.

Les tiraillements qui divisent les différents pouvoirs de la douzième Mairie ont amené une situation des plus graves : elle a trop duré...

Que tous les bons citoyens se rendent aujourd'hui 25 mars, place du Panthéon, à 5 heures précises, pour aviser.

Leurs véritables amis ne manqueront pas de se trouver au milieu d'eux.

Vive la République !

XXII.

OFFRANDE A LA RÉPUBLIQUE
Pour les comptoirs d'escompte, du commerce et de l'industrie.

Selon la position de chacun,
un jour de salaire ou d'appointement, un jour de solde ou de revenu,
et la crise financière cessera.

Appel à la Nation.

Le Peuple a renversé la royauté. Le Peuple a fondé la République. La République est désormais placée sous la protection de l'Ouvrier et du Peuple vainqueur ; elle ne périra pas.

Les Ouvriers industriels de Puteaux offrent au Gouvernement une journée de leur salaire pour les comptoirs d'escompte du Commerce et de l'Industrie. Si cette offrande ne suffit pas, elle sera renouvelée.

Aucune nouvelle réclamation ne sera faite par les Ouvriers au Gouvernement provisoire avant la réunion des Représentants de la Nation. Ce que l'Assemblée constituante décidera sur le sort des Ouvriers sera respecté par eux. Si les ennemis de la République usurpent le titre de Travailleurs patriotes pour causer des embarras au Gouvernement, les Travailleurs rentreront dans les rangs de la Garde nationale pour maintenir l'ordre et faire respecter les droits des Citoyens.

Le Commerce et l'Industrie ne seront point sacrifiés à d'injustes exigences ; le Peuple leur doit son appui ; leurs intérêts sont les mêmes. Honneur au brave Travailleur qui, après avoir déposé les armes, rentre dans son atelier et prend pour devise : **LIBERTÉ, ÉGALITÉ, FRATERNITÉ !** Honte et mépris à ces viles créatures, apôtres de l'anarchie, qui prêchent des doctrines contraires à la République, et qui ont pris pour devise : **PILLAGE et DÉVASTATION.** Si le patriotisme nous inspire, les mêmes inspirations éclateront dans tous les corps d'état, dans toutes les classes de la société, dans la France entière. L'offrande de tous, proportionnée à la fortune de chacun, sauvera la Patrie.

VIVE LA RÉPUBLIQUE !

TRAVAILLEUR ! noble Ouvrier ! marche en tête comme au jour du combat. Par ta puissance électrique, ébranle les masses ; que la jeunesse des Écoles et du Commerce suive tes pas ; que vos offrandes se confondent ; elles seront l'étendard de la Liberté autour duquel viendront se grouper la Religion, l'Agriculture, l'Armée, les Arts, la Commerce et l'Industrie.

MINISTRE de DIEU ! mêle ton offrande à celle du Peuple ; ton génie bienfaiteur bénira son œuvre.

CULTIVATEUR ! fais ton offrande, c'est semer pour récolter ; car la prospérité de l'Industrie amène la prospérité de l'Agriculture.

MANUFACTURIER ou *NÉGOCIANT !* le Peuple travailleur te commandite par son salaire, courage !

La paix ne sera point troublée ; la crise financière va cesser ; l'Industrie va reprendre son élan.

ARTISTE ! que les muses fassent jaillir une étincelle de ton génie pour l'offrande à la République.

RENTIER ou *CAPITALISTE !* suis l'impulsion du Peuple qui te protège ; que ton offrande soit aussi noble que son patriotisme.

CITOYENS EN MASSE !!! déposez votre offrande ; le Peuple a donné l'exemple, marchons sur ses traces.

VIVE LA RÉPUBLIQUE !

Vœux du Comité :

Le produit de cette Offrande, destiné d'abord au développement des Comptoirs d'escompte du Commerce et de l'Industrie, restera, lors de la liquidation de ces Comptoirs, pour en continuer les opérations, si le capital est suffisant ; ou bien il sera converti en rentes sur l'État. Le produit de ces Fonds, quel que soit le placement, servira pour fonder une Caisse de retraite aux invalides du travail des deux sexes, quelle que soit leur condition.

UN COMITÉ CENTRAL, pour la direction et la propagation de cette OEuvre, est établi à PUTEAUX (Seine). Les Correspondants ou les Comités de Paris et des Départements sont priés de se mettre en rapport avec ce Comité pour l'ensemble de ses opérations.

Le Comité central de l'offrande à la République, à Puteaux.

Castaing (Casimir), *président*,
Fourchon, chef de bataillon, *Vice-président*,
Blanche, chimiste, *secrétaire*,
Cohat, *Secrétaire-adjoint*,
Pirault, docteur en médecine,
Guérin, ouvrier délégué,
Samson, manufacturier,
Prilleux (C.), ouvrier délégué,
Chrétien, employé,
Jarry, ouvrier délégué,
Satis, chimiste,
Depouilly fils, manufacturier,
Chappat,
Ferrard, ouvrier délégué,
Godefroy, manufacturier,
Baille (Martin) ouvrier délégué,
Neiner, ouvrier délégué,
Humbert, restaurateur,
Arnoult (François), homme de peine,
Moreau (Ch.), graveur,
Dupont, employé.

Manufacturiers et Négociants, à Puteaux.

Depouilly (Ch.),
Francillon,
Michel,
Bernoville frère, Larsonnier frère et Chenet,
Arnaud-Velssière,
Godefroy,
Langlassé,
Chalamel aîné,
Thomann,
Peters,
Eintillac,
O. Roger et Depresle,
Soyer,

Le Curé de Puteaux,
Cotentin.

L'Instituteur communal,
Cohat,

Le commandant du 2e bataillon, 24e légion,
Fourchon.

Le Maire de Puteaux,
Panay père.

XXIII.

CONVENTION NATIONALE.

Constitution républicaine du 14 juin 1793, publiée le 25 juin même année.

DROIT DE PROPRIÉTÉ.

Article 1.—Le Gouvernement est institué pour garantir à l'homme la jouissance de ses droits naturels et *imprescriptibles*.

Art. 2.—Ces droits sont : l'Égalité, la liberté, la Sûreté et la *PROPRIÉTÉ*.

. . . . .

Art. 6.—La Liberté a pour principe la nature, pour règle la justice, pour sauvegarde la loi. Sa limite morale est dans cette maxime : *Ne fais pas à un autre ce que tu ne veux pas qui te soit fait.*

. . . . .

Art. 8.—La Sûreté consiste dans la protection accordée par la société à chacun de ses membres, pour la conservation de sa personne, de ses droits et de ses *PROPRIETES*.

Art. 9.—La loi doit protéger la liberté publique et individuelle contre l'oppression de ceux qui gouvernent.

Art. 10. Le droit de *PROPRIETE* est celui qui appartient à tout citoyen de disposer à son gré de ses biens, de ses revenus, du fruit de son travail et de son industrie.

. . . . .

Art. 19.—Nul ne peut être privé de la *MOINDRE PORTION DE SA PROPRIETE* sans son consentement, si ce n'est lorsque la nécessité publique, légalement constatée, l'exige, et sous la condition d'une juste et préalable indemnité.

. . . . .

Art. 122.—La Convention garantit à tous les Français : l'Égalité, la Liberté, la *PROPRIETE*, la dette publique, le libre exercice des cultes, une instruction commune, des secours publics, la liberté indéfinie de la presse, le droit de pétition, le droit de se réunir en sociétés populaires, la jouissance de tous les droits de l'homme, etc.

COLLOT-D'HERBOIS, *Président de la Convention Nationale.*

DURAND-MAILLANE, DUCOS, Charles LACROIX, GOSSUIN, LA LOY et MÉAULLE, *Secrétaires.*

XXIV.

République française.
Liberté, — Egalité, — Fraternité.

Le Peuple a été héroïque pendant le combat, généreux après la victoire, magnanime assez pour ne pas punir....

Il est calme, parce qu'il est fort et juste ..

Que les mauvaises passions, que les intérêts blessés se gardent de le provoquer !...

Le Peuple est appelé aujourd'hui à donner la haute direction morale et sociale.

Il est de son devoir de rappeler fraternellement à l'ordre ces hommes égarés qui tenteraient encore de se maintenir en corps privilégiés dans le sein de notre Egalité.

Il voit d'un œil sévère ces manifestations contre celui des Ministres qui a donné tant de gages à la Révolution.

Que le Peuple se rassemble donc aujourd'hui à dix heures du matin, sur la place de la Révolution; qu'il exprime sa volonté.

Nous avons versé notre sang pour la défense de la République; nous sommes prêts à le verser encore.

Nous attendons avec confiance la réalisation des promesses du Gouvernement provisoire.

Nous attendons... nous qui manquons souvent du nécessaire...

A cette heure, ceux qui marchent contre la Révolution, ouvertement ou sourdement, commettent un crime de lèse-humanité.

A nous donc, Citoyens! Allons au Gouvernement provisoire l'assurer de nouveau que nous sommes prêts à lui donner notre concours pour toutes les mesures d'ordre, d'unité et de salut public. VIVE LA RÉPUBLIQUE.

Aujourd'hui, à dix heures du matin, place de la Révolution.

XXV.

REPUBLIQUE FRANÇAISE.

La voix du peuple est la voix de Dieu.

Liberté, Egalité, Fraternité, Solidarité.

Aimons-nous comme des frères.

La seule forme de gouvernement désormais possible en France est la République,

Légitimisme, Orléanisme, Régence, tous mots synonimes de guerre civile.

Cette guerre serait affreuse et impie; pour l'éviter, nous appelons tous les citoyens dignes de ce nom.

L'écume du régime infâme qui vient de tomber surnage encore; il faut la balayer.

Il faut mettre le Gouvernement provisoire à l'abri de ces rapaces éclos à la voix de Louis-Philippe, gorgés par lui, et n'ayant pas même la pudeur du valet qui donne à l'ancien maître un dernier adieu.

Cette cohue immonde se prépare, en vue de son intérêt propre, à influencer les élections. Les bons citoyens sauront l'empêcher.

Reléguons où ils doivent être, ces solliciteurs éhontés, effrénés, demandant toujours, jamais rassasiés.

Qu'ils fassent amende honorable pour leur vie passée! Le souffle républicain doit régénérer même les plus corrompus.

Le sentiment républicain enfante les grandes et nobles actions; la monarchie abaisse et détruit les plus beaux instincts de l'homme.

Citoyens français! nous avons à effacer devant l'Europe la souillure étendue sur notre pays par CETTE GRANDE INCAPACITÉ DÉMASQUÉE, par cette cupidité vile, égoïste et lâche, personnifiée en Louis-Philippe.

L'avenir est en vos mains; le peuple attend et Dieu vous voit.

Frères! aux clubs donc! partout des clubs, que les clubs éclairent la France.

Tout pour le peuple et par le peuple.

XXVI.

LA FRANCE RICHE EN HUIT JOURS.

Citoyens,

Il y a un moyen bien simple d'éviter une crise financière, seul danger réel de la République, et de rendre la France plus puissante et plus riche que jamais,

Sans qu'il en coûte à personne.

Il y a en France 6 à 7 millions de citoyens ayant, l'un dans l'autre, 500 francs d'argenterie — poids et façon. 2 milliards. — Donnez-leur un avantage réel, important, pour déposer immédiatement.

Que le Gouvernement propose à l'instant, à quiconque déposera à la Monnaie, ou chez tous les receveurs désignés, son argenterie tout entière, jusqu'à la plus petite pièce d'argent façonnée,

1° 1/4 en écus pour la façon; 2° les 3/4 pour le poids du métal à son titre en rentes 5 0/0 au cours du jour, qui par cette mesure, on le comprend, remonte au moins au pair. L'État se trouvant tout-à-coup le plus riche de l'Europe, les peureux, s'il en reste encore dans cette situation, peuvent revendre le jour même.

Le Gouvernement a ainsi sur-le-champ en caisse 1 milliard (en cavant au plus bas), et cela sans retirer un sou de la circulation habituelle; les particuliers gagnent et au-delà le prix de la façon qu'ils perdraient autrement en tous cas à la vente; l'argent n'a plus de raison pour se cacher et la confiance renaît complète.

Tout le monde sans exception gagne donc à cette mesure, qui fait d'un argent inutile à tous un argent qui circule et féconde.

La fabrique d'orfévrerie de toute espèce, le couvert particulièrement objet de première nécessité, pourrait être momentanément remplacé à peu de frais avec la même apparence de luxe et avec toute garantie de salubrité, par des couverts en alliage, présentant pour le service de la table pareil avantage que l'argenterie.

Que le gouvernement, renonçant à toutes le demi-mesures, à tous les expédients usés, frappés d'avance de stérilité, en adopte une que le bon sens des masses approuvera sur-le-champ:

Dans quinze jours, peut-être, il ne trouverait pas à emprunter 50 francs à 5 0/0; il emprunte ainsi sans courtage et sans frais à 75 francs au moins; s'il lui convient de s'arrêter à la moitié d'abord, la confiance n'en renaît pas moins pour le tout, parceque le tout est disponible à ces conditions.

Tous les grands travaux sont repris, tous les ouvriers bien payés, et une mesure qui sera peut-être forcée et désastreuse dans un mois, sauve la patrie *en ce moment, si on l'exécute avec promptitude et énergie.*

Mars 1848.

Nota. *Cette mesure, exécutée une fois, peut se reproduire d'ailleurs sans inconvénient toutes les fois qu'on en aura besoin.*

XXVII.

AUX ÉLECTEURS DU DÉPARTEMENT DE LA SEINE.

Chers Concitoyens,

Je sollicite vos libres suffrages pour avoir l'honneur de vous représenter à l'Assemblée nationale.

Chirurgien depuis vingt-deux ans, je ne dois qu'à mon seul travail la position que j'occupe dans ma profession.

A dix-neuf ans, reçu, sous les auspices de Lafayette et de Voyer d'Argenson, dans la *vente du libre arbitre*, je faisais d'inutiles efforts pour sauver les Sergents de La Rochelle.

A la Révolution de Juillet, j'ai fait mon devoir ; artilleur de la garde nationale, j'ai été présenté par mes camarades pour le grade de colonel : nommé chef d'escadron, j'ai conservé ce grade jusqu'au 6 juin 1832 ; le 5 juin, j'étais à la tête de mon escadron, et je n'ai quitté mon uniforme que le 6 à quatre heures du soir.

L'artillerie licenciée, je ne suis rentré dans rangs de la garde nationale qu'après avoir subi trois condamnations. Nommé par élection capitaine d'une compagnie de chasseurs de la neuvième légion, pendant neuf ans j'ai marché à la tête de mes camarades, et je ne les ai quittés que pour entrer au conseil général de la Seine.

Dans le conseil, j'ai constamment soutenu la cause de l'enseignement gratuit ; la nécessité d'améliorer le régime des hôpitaux. J'ai pris une part active à la poursuite de l'abolition du péage des ponts.

Mes idées sur le Mont-de-Piété sont connues : je suis pour la diminution des intérêts du prêt et je pense que les commissionnaires doivent être successivement remplacés par des bureaux auxiliaires qui ne prélèveront aucun droit sur les emprunteurs.

Quand on a discuté dans le conseil municipal la question des Prud'hommes, j'ai défendu énergiquement les droits imprescriptibles des ouvriers.

Dans les journées de Février, j'ai soutenu avec le citoyen Delestre, devant mes collègues, la nécessité de constituer le pouvoir municipal d'une manière indépendante.

Le 24, à dix heures du matin, j'étais en uniforme à l'Hôtel de Ville; je convoquais le conseil municipal et je le présidais. J'étais au fauteuil quand les citoyens Garnier Pagès, Malleville et Beaumont (de la Somme) se sont présentés, et déjà le pouvoir communal était constitué.

Chargé par le Gouvernement provisoire de la direction et de la réorganisation des hôpitaux, j'ai fait ce que j'ai pu pour me rendre digne de la mission qui m'est confiée; personne n'ignore que ces fonctions sont tout à fait gratuites.

J'ai foi dans la République; je crois à la Liberté, à l'Egalité, à la Fraternité : les ouvriers sont mes frères.

Etranger à la haine, à l'envie, j'ai employé la première moitié de ma vie à propager des principes qui rencontraient dans le pouvoir établi une résistance obstinée. Aujourd'hui que les principes triomphent, je serai heureux et fier de consacrer le reste de ma vie à constituer le Gouvernement et la société de notre pays d'après ces principes enfin victorieux.

Alexandre THIERRY.

XXVIII.

A MES CONCITOYENS.

CHERS CONCITOYENS,

Dans les grandes circonstances où nous nous trouvons, je viens demander vos suffrages pour la représentation nationale.

Mes convictions de toute ma vie ont été que la République était le seul Gouvernement convenable à la France,

Le seul juste,

Et celui qui assurait la plus grande somme de bonheur pour le plus grand nombre.

Pour tenir ce qu'elle promet, la République doit être grande et respectée;

Pour cela, ses représentants doivent donner l'exemple du respect pour les lois, la justice, la propriété, les droits légitimement acquis, les croyances religieuses.

Telles sont les convictions dont je suis pénétré, et dont j'ai toujours désiré le triomphe.

Ordre et liberté, voilà ma devise. Il me reste à vous dire que je n'ai jamais rien demandé ni à la Restauration ni à Louis-Philippe.

Mes seuls efforts m'ont fait le peu que je suis.

C'est par le concours que j'ai obtenu la chaire de professeur à l'Ecole de médecine de Paris.

Si vous me croyez digne de vos suffrages, je serai heureux et fier d'être votre représentant à l'Assemblée nationale.

Salut et fraternité!

Léon Rostan,
Professeur à l'École de Médecine de Paris.

XXIX.

DE L'ARGENT SANS EMPRUNT.

Banque Fraternelle.

Escompte à trois pour cent.

Trouver de l'argent sans en emprunter, tel est le difficile problème que l'on a voulu résoudre et que l'on soumet à la sagesse des citoyens.

Créations de bons hypothécaires pour les quatre centièmes de la valeur immobilière de tout le sol français.

Pour garantir ces bons, chaque propriété sera grevée séparément et en première hypothèque des quatre centièmes de sa valeur, quels que soient, du reste, les hypothèques qui pèseraient antérieurement sur cette propriété.

En outre, ces bons seront garantis par l'Etat et auront cours comme l'argent, puisqu'ils représenteront une valeur foncière.

Un décret du Gouvernement constituera la garantie hypothécaire.

Ces bons, ainsi établis, donneront un capital de plus de trois milliards, qui servira à former une banque dans chaque département.

Le capital de chaque banque départementale sera composé des quatre centièmes de la valeur immobilière de ce département.

Les bons seront mis à la disposition de l'industrie, de l'agriculture et du commerce, par les gérants des banques, contre les garanties que fourniront les emprunteurs.

On escomptera à 3 pour cent.

Ces banques sauveront le commerçant, l'industriel et l'agriculteur; elles produiront des bénéfices par l'escompte comme toutes les banques ordinaires.

Chaque département nommera l'administration de sa banque, sous la surveillance du Gouvernement.

Sur le produit des opérations seront prélevés tous les frais d'administration. L'excédant de ce produit sera divisé en trois parties égales :

1° Un tiers aux propriétaires à titre d'intérêts, pour la garantie hypotécaire qu'ils auront donnée; ce tiers, dans tous les cas, ne pourra excéder 5 pour cent par an du capital inscrit ; le surplus sera joint aux tiers attribué aux travailleurs;

2° Un tiers aux caisses de l'Etat pour amortir les bons hypothécaires qu'il a garantis ;

3° L'autre tiers à la création d'établissements nationaux dans l'intérêt des travailleurs.

Etablir des banques partielles n'est remédier à rien. Le mal est universel, c'est par une mesure universelle qu'il faut le faire disparaître.

Résumé.

Dans toutes ces banques on empruntera à 3 pour cent. Le propriétaire ramène la confiance et va même jusqu'à faire augmenter sa propriété d'une somme plus considérable que celle hypothéquée; il reçoit une indemnité sans bourse déliée; il contribue, sans sacrifice aucun, au bien-être des travailleurs, au bien-être desquels, dans tous les cas, il faudra bien que le propriétaire arrive à coopérer.

MEURISSE,

Propriétaire à Sillery, près Reims (Marne), descendu à Paris, hôtels de France et de Champagne, rue Montmartre, 134.

Secrétaire à Paris :
Emile RAYMOND, rue d'Astorg, 36.

XXX.

République française.
Liberté, — Egalité, — Fraternité.

CLUB PATRIOTIQUE ET RÉPUBLICAIN DE L'ALLIANCE.

Aux Électeurs du département de la Seine.

Citoyens,

Le sort de la France dépend des élections.

Si l'Assemblée nationale est composée d'hommes probes et capables, de patriotes éprouvés, de républicains sincères, l'œuvre immense, providentielle, à laquelle Dieu l'a destinée, fera la grandeur de notre Nation et le bonheur du peuple.

Tout repose donc aujourd'hui sur le choix de dignes représentants.

C'est là la tâche immédiate à laquelle les bons citoyens doivent se dévouer sans relâche.

Que toutes les opinions, que toutes les croyances se réunissent en un même faisceau pour y parvenir.

Jamais, dans aucune des grandes crises sociales, le christianisme, qui est la source de toutes les libertés, le foyer de toutes les lumières, n'a manqué de donner au monde des défenseurs zélés des droits de l'humanité.

Il ne restera pas, à cette heure suprême, au-dessous de sa divine mission.

Animés de l'amour d'une fraternelle égalité, les hommes de notre foi, les catholiques qui veulent la république, parce que nul ne comprend et n'aime plus qu'eux la liberté dans toute sa franchise, dans toute sa plénitude, porteront leur suffrages, sans distinction de personnes, sur des candidats fermes et et consciencieux, qui garantiront au pays l'ordre dans la liberté.

Tel est notre devoir, et nous le remplirons avec autant de dévouement que cet autre devoir, si cher à notre cœur, celui de travailler, non par des mots, mais par des faits, au bonheur de nos frères les ouvriers.

Franchement unis au Gouvernement provisoire, nous contribuerons, avec ardeur et courage, à fonder :

Une République où les droits de tous seront proclamés et respectés ;

Une République où le travail, assuré à tous, sera suffisamment rémunéré et équitablement réparti ;

Une République où l'égalité devant la loi sera réelle, parce qu'elle aura pour base la justice et la fraternité évangélique ;

Une République enfin où toutes les libertés du chrétien et du citoyen,

La liberté entière des élections,
La liberté des consciences et des cultes,
La liberté de la presse et de la parole,
La liberté d'éducation et d'enseignement,
La liberté du travail et de l'industrie,
La liberté de l'individu et de la propriété,
La liberté d'association et de réunion,

Seront pleinement et inébranlablement garanties.

C'est sur ce terrain de vérité et de patriotisme que nous appellerons tous ceux qui veulent comme nous la liberté en tout et pour tous.

Noms des Signataires :

Alexandre Andryane.
Alkan, ancien ouvrier, ingénieur civil et professeur.
Augé, capitaine de cavalerie en retraite.
Augustin Bentz, étudiant en droit.
L.-J. Boucher, ancien négociant.
Bourlès, instituteur.
Chevreux, professeur.
Delabruyère, élève en médecine.
Félix Delorme, avocat à la cour d'appel.
Desdouits, professeur de mathématiques au lycée Monge.
E. Delestre, licencié en droit.
Eudeley, homme de lettres.
Ferrand, médecin.
H. Gaultier de Claubry, professeur de chimie.
J. Genouille, professeur au lycée Corneille.
Geru, menuisier.
G. Keszler fils, tailleur.
J. Leclair, voyageur de commerce, ancien ouvrier tanneur-corroyeur.
C. Lehaut, correcteur d'imprimerie.
Mabile, serrurier.
Muchalon, ouvrier bijoutier.
Paulin Guérin, peintre d'histoire.
Ch. Place, ingénieur civil.
Robert, coiffeur.
Royer-Belliard, étudiant en droit.
Subra, relieur.
Vuillet, ancien capitaine.
Ach. Valois, artiste statuaire.

Les séances du Club ont lieu les lundi et jeudi, à huit heures du soir, à l'école communale des filles, rue Madame.

Les séances du Club patriotique et républicain de l'Alliance sont publiques ; mais pour en faire partie il faut être présenté per deux membres. — On peut s'inscrire au bureau permanent, chez le citoyen Waille, libraire, rue Cassette, n° 6.

DEUXIÈME PARTIE.

Affiches apposées depuis le 24 Mars 1848.

I.

AU PEUPLE FRANÇAIS LES ÉMIGRÉS POLONAIS.

Frères,

L'ordre règne aux bords de la Seine, il faut qu'il règne aussi aux bords de la Vistule!

L'heure de la résurrection des peuples a sonné; à vous, Français, l'honneur d'avoir commencé cette grande œuvre; à nous, Polonais, le devoir de la terminer.

Peuple français, la Pologne, ta sœur, te remercie par notre organe de l'hospitalité que tu as accordée à ses enfants pendant les dix-sept ans de leur exil; mais elle te réclame ses fils, car pour elle aussi l'ère de la liberté renaît.

La France a proclamé à la face de l'Europe le grand principe de la Liberté, de l'Égalité et de la Fraternité des peuples. — Frères, appliquez-le dans ce moment suprême!

Deux bras de notre nation sont libres : l'Autriche ne marchera pas contre la Gallicie, ni la Prusse contre le Grand Duché de Posen. Le centre seul gémit sous le joug des Russes; il va tenter le dernier effort.

Nous y marchons.

Mais, frères, il nous faut DES ARMES. — Donnez-les-nous.

DES ARMES ! — au nom de la Fraternité des peuples. — DES ARMES ! au nom du sang que nous avons versé sur vos champs de batailles.

Le passage, aujourd'hui libre, peut nous être fermé dans un mois par des Congrès.

Frères, nous partons en vous confiant nos femmes, nos enfants et nos vieillards.

Adieu, frères, nous allons combattre pour la liberté de notre patrie, et si nous périssons, Dieu nous vengera, car Dieu nous conduit.

Paris, le 24 mars 1848.

Nous recevrons vos armes au conseil de la première colonne de l'Emigration polonaise, au 12e arrondissement, rue de l'Arbalète, 26.

II.

République française.
Liberté, Egalité, Fraternité.

LE CLUB DE LA GARDE NATIONALE A LA GARDE NATIONALE.

CITOYENS,

Tous les Citoyens font aujourd'hui partie de la Garde Nationale ; en nous adressant à la Garde Nationale, nous parlons donc à vous tous.

Nous vous disons :

La mémorable Révolution qui en trois jours nous a donné la République, a fait cesser nos divisions ; tous nous voulons la République, mais la République libre, généreuse et pure comme à son berceau.

Le Peuple de Paris a donné au monde un grand spectacle. Ce peuple si héroïque dans le combat a su être calme, modéré, après la victoire ; il n'a proféré ni cris de haine ni cris de mort ; il a dit : *Liberté, Egalité, Fraternité*. Ce sera son éternel honneur.

Ce n'est pas tout que de détruire, il faut réédifier. Tous les Citoyens n'ont pas le même labeur dans l'œuvre immense de la fondation de la République.

Ceux que la confiance du Peuple appellera aux honneurs et aux périls de la Représentation Nationale auront à décréter la Constitution ; les autres, plus obscurs, auront une tâche *Glorieuse, Sainte*, celle de protéger la liberté *de tous*, l'égalité *de tous*, la fraternité *de tous* en assurant l'ordre, la liberté des élections, la liberté de l'Assemblée constituante.

Cette tâche est celle de la Garde Nationale, qui aujourd'hui est véritablement le peuple armé.

Pour que la Garde Nationale puisse accomplir sa mission, il faut qu'elle nomme des chefs qui aient sa confiance ; il faut qu'elle se connaisse, qu'un même esprit l'anime, que son union et sa force apparaissent à tous ; hors de là, elle serait frappée d'impuissance, et les plus grands malheurs menaceraient la Patrie.

Le Club de la Garde Nationale a pour but de concentrer, d'entretenir, de vivifier cet esprit commun.

Nous vous faisons donc un appel, Gardes Nationaux ; réunissez-vous aux nombreux Citoyens qui nous entourent déjà, venez partager nos travaux, apportez votre concours : dans vos mains repose le salut de la République que des excès perdraient, de cette République que nous sommes tous appelés à servir à la frontière ou dans nos cités.

Nous devons notre appui au Gouvernement provisoire qui a eu le courage de prendre le pouvoir, qui l'a exercé avec tant d'humanité, de sagesse et de vigueur ; il faut qu'il puisse le remettre intact dans les mains de l'Assemblée Nationale ; il faut que l'Assemblée Nationale puisse le confier aux Citoyens les plus dignes : notre salut à tous en dépend.

Réunis, nous assurerons l'ordre, la liberté des élections, la liberté de l'Assemblée Nationale ; nous aurons sauvé la République.

Divisés, tout peut être perdu, la République peut périr, la Liberté peut disparaître.

Vous ne le voudrez pas, Gardes Nationaux! vous ne vous abandonnerez pas vous-mêmes, vous ne laisserez pas peser une telle responsabilité sur vos têtes.

Le salut de la patrie est dans vos mains : sachez conserver ce que vous avez conquis.

Mars 1848.

Les Membres du Bureau provisoire :

Chambaud, avocat au Conseil d'État et à la Cour de Cassation.
Deligny, ouvrier tôlier.
Enne, avoué.
Gaillard, dessinateur en broderies.
Justrade, ouvrier ajusteur.
Marc-Aurel, imprimeur.
Moreau, étudiant en droit.
Reynaud, ancien capitaine au long cours.
Rolland, ouvrier typographe.
Usquin (Henry), ancien élève de l'École polytechnique.

Les réunions ordinaires du Club auront lieu les Lundi, Mercredi et Vendredi de chaque semaine à sept heures et demie précises du soir, boulevard Montmartre, 10, et Passage Jouffroy, 16. On n'est admis que sur la présentation des cartes personnelles.

III.

République française.
Liberté,—Egalité,—Fraternité.

CLUB DE LA MONTAGNE.

A Montmartre (Petit Château Rouge),

Citoyens,

Le Club de LA MONTAGNE s'est constitué dans le but de préparer les élections des Chefs de la Garde Nationale et celles de l'Assemblée Constituante, et d'étudier toutes les questions politiques et sociales qui seront soumises au vote des représentants de la Nation.

Comme il est indispensable pour le triomphe de la

cause démocratique que les élus du Peuple aient donné des preuves de leur dévouement, de leur énergie, de leur désintéressement et de leurs lumières, le Club de la Montagne s'efforcera d'assurer, par tous les moyens légaux, l'élection du plus grand nombre possible d'hommes connus par leurs luttes constantes contre le pouvoir déchu.

A l'œuvre donc, Citoyens ! Ne perdons pas un temps précieux ; que chacun de nous apporte son intelligence et ses lumières à l'édification du monument qui doit assurer le bonheur et le triomphe de l'humanité.

VIVE LA RÉPUBLIQUE !

On peut se faire inscrire tous les jours de 11 heures à 5, au Petit Château-Rouge.

Les Réunions ont lieu les Mardi, Mercredi, Vendredi et Samedi, à huit heures du soir.

Pour les Membres du Club,

Les Secrétaires, DESHAYES (Charles), J. LAROCHE,

DULAURIER, *Président*.

IV.

APPEL AUX OUVRIERS.

CLUB RÉPUBLICAIN DES TRAVAILLEURS LIBRES.
Rue du Vert-Bois, 10, 6ᵉ arrondissement.

Les Clubs sont les barricades vivantes de la Démocratie. A l'aide des barricades matérielles du 24 février, nous avons renversé l'étayage vermoulu de la royauté constitutionnelle avec sa corruption, ses priviléges et ses abus ; à l'aide des barricades morales qu'on nomme *Clubs*, nous poserons, il faut l'espérer, les institutions sans lesquelles la République ne serait qu'un vain mot. C'est par les Clubs, c'est par cette seconde Assemblée Nationale, toujours permanente, toujours agissante, que doit s'édifier le nouvel ordre social. C'est du sein de ces assemblées réellement populaires, c'est de ce creuset d'opinions diverses, de discussions brûlantes que doivent sortir, sinon entièrement résolues, du moins agrandies et épurées, toutes les questions d'avenir dont la Constituante, artiste sublime, va bientôt s'emparer, pour constituer le règne *réel* de l'égalité ; c'est des clubs enfin, centres actifs d'élection, que sortira la Constituante elle-même. Travailleurs ! comme membre du souverain, chacun de vous aujourd'hui a une mission à remplir ; et vous le sentez bien. Si vous n'êtes déjà en activité dans cette cité nouvelle de l'opinion, venez à nous, nous agirons de concert.

Les Membres du Club des *Travailleurs-libres :*

ROBERT (du Var), CARIOT, Aug. SALIÈRES, Ch. SOUDAN, COINTEPOIX, COUTURAT, LENZ, etc., etc., etc.

Nota. Les Séances ont lieu les Mardi, Jeudi et Samedi, à 6 heures et demie du soir.

V.

LA POLOGNE A LA NATION FRANÇAISE, A SES ÉLECTEURS, A SA GARDE NATIONALE.

Une ère nouvelle commence : le mouvement accompli à Paris d'une manière où l'on voudrait nier en vain l'influence d'une volonté providentielle, ce mouvement, établissant en France la République, lance l'humanité dans une voie nouvelle, mouvement qui tient du prodige, car amenant le bouleversement le plus inouï, il est calme; ébranlant toute l'Europe, il est pacifique. Le perfectionnement semble en être le but, l'amour et la fraternité en sont les moyens. Moyens moraux, but idéal! D'autres pourraient errer facilement dans l'emploi pratique de ces sublimes théories ; mais la France, ayant la conscience de la difficulté et la forte volonté de la vaincre ; la France, portant partout le flambeau de la vérité, remplira la sublime tâche que la Provi-

dence semble lui imposer, et entraînera à sa suite le monde étonné de sa course, effrayé de l'abîme qu'il aura à franchir. Il n'y a pas de doute, le monde est au bord d'un abîme, et la société humaine, emportée par le tourbillon de Février, doit marcher vers tous les perfectionnements ou risquer de périr dans l'abîme d'une dissolution prochaine. Mais peut-on douter de l'issue de ce travail gigantesque? Non, car le perfectionnement répond seul aux vues de la création, tandis que la dissolution les combat, les arrête, les repousse.

Cependant, la conviction, les intentions seules ne suffisent pas, et les individus comme les masses n'obtiennent le bien dont ils sont épris que par le travail, le zèle, la vigilance et des sacrifices proportionnés au but qu'ils veulent atteindre. Ici encore, la vérité est l'unique boussole qui doit régler la marche de la nation à qui il est donné de régénérer l'humanité. C'est cette boussole que le gouvernement déchu a abandonnée; il a fait fausse route, il a marché contre les sympathies et contre les intérêts de la France; il s'est heurté contre la destinée du pays, et il a péri. Le Gouvernement actuel, résultat de l'honneur national indigné, a rompu avec des errements qui blessaient tous les sentiments français. Aussi son premier pas a été dans une direction nouvelle : il a fait connaître à l'Europe entière que la France ne maintiendra les rapports de bonne harmonie qu'avec « les puis-« sances qui voudront, comme elle, l'indépendance des nations « et la paix du monde ».

Il faut que ces deux conditions soient réunies pour être une vérité: sans la première, la seconde ne serait qu'un mensonge odieux et atroce, elle ne formerait que la paraphrase du mot cynique : « L'ordre règne à Varsovie. » C'est donc aux Électeurs, aux Gardes nationaux, à l'Assemblée nationale, à toute la France, chargée non-seulement de ses destinées, mais encore peut-être de celles de l'humanité entière, à constater, par un vote solennel, les droits imprescriptibles des nations indépendantes, quoique courbées momentanément sous le joug de la conquête, et notamment de constater les droits de la Pologne, antique et fidèle alliée de la France. Votre Gouvernement, en décrétant la formation d'une légion polonaise, va au-devant de vos désirs: adoptez cette création par un vœu national, en exprimant au Gouvernement qu'il a bien compris vos sympathies pour la Pologne.

Sans propagande contre l'absolutisme, ce qui est une question d'intérieur, que la France et ses représentants s'élèvent hautement contre le joug de la conquête, qui, véritable traite d'esclaves, enlève à l'homme non-seulement la liberté collective et individuelle, mais encore la foi et toutes les propriétés morales et intellectuelles. Si les mots inscrits sur les drapeaux de la France sont *une vérité, si la fraternité est le nouveau lien des peuples, les hommes sont frères, et les nations sont gardiennes solidaires de ce dépôt sacré.*

Le Gouvernement déchu, lui aussi, protesta souvent contre les attentats commis contre la Pologne ; mais, oubliant les instincts et les grands intérêts nationaux, il rechercha les bons rapports et l'harmonie avec ceux qui, avec une audace inouïe, foulaient aux pieds l'indépendance des nations et la paix du monde. Gardes nationaux, Électeurs et Élus de la grande nation, faites, par l'expression d'une mâle volonté, qu'une politique faible ou aveugle ne puisse plus méconnaître la force de vos sympathies, de vos instincts et des grands intérêts nationaux. Alors la monstruosité de voir la France étreindre la main sanglante des bourreaux de la Pologne ne se répétera plus. Une conduite dictée par votre volonté, digne de la France, sera le meilleur encouragement pour cette nationalité polonaise qui, ne pouvant être appelée à une manifestation matérielle d'existence, vous demande, comme un droit, de la soutenir par tous les moyens d'une sympathie énergique, efficace, et cependant conforme à la légalité du droit des gens.

Le devoir que vous avez à remplir envers la Pologne est d'autant plus impérieux, que c'est le seul moyen de la faire patienter, de l'empêcher de faire un nouvel appel aux armes, toujours sanglant et jusqu'à présent inutile. Aujourd'hui même, la Pologne, électrisée par le mouvement sublime de la France, se prépare peut-être à quelque tentative inconsidérée. Un tel mouvement, mal combiné, tenté sans accord, couvrirait de deuil la Pologne, et cependant il profiterait à la France, en inquiétant ses ennemis. La France voudrait-elle jouir oisivement d'un si triste avantage ? voudrait-elle exploiter le sang des Polonais ? spéculer sur les larmes et les malédictions de toute une nation, avec le froid dédain du temps passé ?

La spéculation sur le sang, dernier degré de l'avilissement et de la corruption, ne peut qu'être repoussée avec indignation par la grande et généreuse nation française ; mais, en outre, une telle conduite serait contraire aux intérêts directs de la France ; car des efforts inutiles épuisant la Pologne, ses ennemis atteindraient leur but, l'extermination de la nation polonaise. Ceux donc qui croient qu'elle les couvre aujourd'hui, lui doivent plus que des phrases de sympathie, et surtout lorsque le moment sera venu où cette Pologne, toujours opprimée, mais jamais abattue, en appellera à une lutte suprême. A ce moment, se renfermer dans le cercle égoïste, chacun chez soi, chacun pour soi, serait renier son drapeau, faire déchoir la France, avant que la pratique des grands principes qu'elle inaugure ait illustré l'aurore de sa régé-

nération. Il faut que la France ne l'oublie jamais, nouveau membre de la société européenne, la forme républicaine de son Gouvernement n'y sera longtemps que tolérée. La royauté de juillet n'a été admise que par l'effroi qu'elle inspira à son apparition, effroi que jamais l'Europe absolutiste ne lui pardonna, malgré toutes les concessions qu'elle lui fit depuis. Ce grand enseignement ne saurait être perdu pour la France actuelle; elle ne peut oublier qu'elle est entourée d'ennemis, qui, s'ils ne l'attaquent pas, lui feront cependant une guerre sourde, mais qui n'en sera pas moins active. Pour n'y pas succomber, il faut savoir la soutenir et accepter franchement la haute mission qu'on exerce.

Français, dans vos nouveaux et sublimes débats, vous ne vous oublierez pas, vous resterez fermes et unis; mais n'oubliez pas aussi la Pologne. Ce n'est pas seulement une nationalité, c'est un principe, c'est le principe de la fraternité, celui de l'indépendance des nations, que vous venez de proclamer, et que vous avez à défendre. Restez-lui fidèles, soyez vrais, aidez par tous les moyens l'émancipation pacifique, l'indépendance des nationalités. Votre gloire, votre prospérité et votre liberté en dépendent. Le joug qui comprime une nationalité quelconque serait toujours pour la France le glaive de Damoclès, l'obligeant à ne vaquer à ses affaires que d'une main, à ne les suivre que d'un œil; car l'autre main devrait rester sur la garde de son épée, car l'autre œil devrait rester fixé au-delà de ses frontières. Mais en outre de cet intérêt matériel, il se passerait quelque chose de plus désastreux, si des prévisions pareilles pouvaient se réaliser : une nouvelle déception viendrait confondre les plus belles espérances du monde. Français, votre conscience ne vous le permettra pas; la conscience du peuple français ne peut mentir au monde entier; vous commencez une ère nouvelle, vous y ferez entrer l'humanité. La Pologne attend donc avec confiance l'émission du vœu par lequel, proclamant à la face du monde votre sympathie pour elle, vous exigerez de votre Gouvernement de veiller sur les intérêts de votre ancienne et fidèle alliée, en évoquant cette immense question devant un tribunal européen. Cette tâche devient aujourd'hui beaucoup plus facile, depuis que les grands principes de liberté proclamés à Paris trouvent de si glorieux échos dans toute l'Allemagne. Ce grand peuple, rompant les entraves de l'oppression intérieure, ne voudra pas l'exercer à l'extérieur, et, faisant respecter sa liberté et son indépendance, il la respectera aussi chez les Polonais.

Les traités de 1815 n'existent plus: la France est donc en droit d'exiger l'établissement d'une loi internationale en harmonie avec la justice, avec les changements et les progrès qui s'accomplissent en Europe. Alors elle pourra jouir enfin d'une paix *prospère, réelle et durable, car elle sera basée sur le bonheur et l'indépendance des peuples.*

VI.

COMITÉ RÉVOLUTIONNAIRE POUR LES ÉLECTIONS A L'ASSEMBLÉE NATIONALE.

CITOYENS,

Le salut de la République dépend de l'Assemblée nationale.

Il faut que l'Assemblée nationale représente le sentiment et la volonté du Peuple; tous nos efforts doivent donc tendre à nommer pour représentants du Peuple des républicains décidés à faire triompher la cause de l'égalité.

Nous n'avons encore que le nom de République; il nous faut la chose.

La réforme politique n'est que l'instrument de la réforme sociale.

La République devra satisfaire les vœux des travailleurs et abolir le prolétariat.

C'est pourquoi les patriotes soussignés ont institué un Comité central qui fait appel à tous les vrais républicains, afin de constituer des comités spéciaux dans tous les arrondissements de Paris.

La réunion générale aura lieu aujourd'hui 18 mars, salle Molière.

VIVE LA RÉPUBLIQUE!

Barbès, Cahaigne, Louchet, Bonnias, Pilhes, Sobrier, Thoré, Bianchi, Raisan, Martin Bernard, L'Héritier de l'Ain, Grandménil.

VII.

DE LA NÉCESSITÉ D'UNE PROMPTE ORGANISATION DU TRAVAIL AGRICOLE.

> Les Gouvernements qui ne regardent pas comme un devoir impérieux d'obtenir la sympathie publique, ne comprennent pas les besoins qui assiègent l'Agriculture, et qu'il faut satisfaire de toute nécessité. (*Le Gouvernement provisoire aux Membres du Congrès Agricole*, 6 mars 1848.)

Plus que jamais, aujourd'hui, nous en sommes venus à reconnaître la nécessité d'une prompte organisation du Travail.

De toutes les Industries, l'Agriculture est celle qui a été la plus cruellement éprouvée.

Et pourtant l'Agriculture est la source de toutes richesses.

L'Agriculture est la mère nourrice des Nations, aussi tous les Peuples la placent-ils au premier rang de leurs institutions.

La France, seule, par un étrange contraste, l'avait laissée jusqu'ici au dernier rang.

Cet état de choses était trop affligeant, trop dangereux, pour que tous les hommes qui s'intéressent sincèrement à la prospérité du pays ne se préoccupassent pas d'y apporter un remède efficace et prompt.

L'Agriculture manque de bras; le Travailleur manque d'ouvrage; la France, elle-même, a été un moment à la veille de manquer de pain. Que ce passé nous serve de leçon; et n'oublions plus désormais que le Travail, seul, peut concilier ces trois intérêts également précieux.

Donner du Travail à ceux qui en demandent, telle est la question que veut et peut résoudre aujourd'hui la COMPAGNIE GÉNÉRALE DE DÉFRICHEMENT DES TERRES INCULTES DE LA FRANCE.

A cet effet, une Pétition relative à l'organisation immédiate du Travail agricole sur les Terrains considérables dont cette Compagnie est propriétaire va être présentée par elle à l'approbation du Gouvernement de la République.

Que tous les bons Citoyens qui veulent contribuer à améliorer à la fois le sort du Travailleur et celui de l'Agriculture viennent prêter leur concours à cette œuvre si éminemment nationale, et appuyer de leur approbation et de leur signature la Pétition qui va être adressée incessamment aux chefs du Gouvernement.

On délivre le projet de cette Pétition et on reçoit la signature des adhérents, *jusqu'au 25 mars*, dans les Bureaux de *la Compagnie générale de Défrichement*, 8, *rue de Choiseul, tous les jours, de midi à trois heures.*

Paris, le 12 mars 1848.

VIII.

CLUB DES DEVOIRS ET DROITS DE L'HOMME.

Les citoyens ont promptement senti le besoin de se réunir pour fortifier la révolution si glorieusement accomplie en février.

Ils ont compris tout d'abord qu'elle était plutôt sociale que politique.

Il ne doit donc plus y avoir d'autre distinction parmi les hommes que celle du vrai mérite appuyé sur la probité, d'autre intérêt que l'intérêt général, d'autre but que la consolidation la plus complète de l'immense édifice qui s'élève sur la Liberté, l'Egalité et la Fraternité comme bases.

Ces principes impliquent pour chaque citoyen la nécessité absolue d'apporter son appui moral et intellectuel à la chose publique. Là est le salut de la patrie.

La conscience publique nous révèle qu'en ce moment nous avons avant tout des devoirs impérieux à remplir. Nos droits en découleront ensuite naturellement. Les uns sont intimement liés aux autres.

TOUS AVANT CHACUN.

Notre titre est donc le programme de nos travaux. Il comprend toutes les questions politiques et sociales qui devront sérieusement nous occuper.

La plus actuelle et la plus pressante de ces questions est le choix à faire des députés à l'Assemblée constituante. Elle va être immédiatement mise à l'ordre du jour.

Nous devons aussi aider le Gouvernement et l'Assemblée constituante en élucidant les lois qui devront bientôt surgir des besoins de l'époque.

Nous appelons donc à nous les hommes de toutes les conditions, de toutes les professions; les ouvriers, marchands, industriels, banquiers, magistrats, ministres de tous les cultes, médecins, avocats, enfin tous les hommes de tête et de cœur qui ont pour devise : *bien penser*, *bien dire* et *bien faire*. Nous les convions à nous apporter leur lumières et a coopérer ainsi à cette œuvre toute patriotique, toute d'intérêt général et toute d'avenir.

D' GOURÉ, rue Cadet, 11, fondateur;
J. BOCHLER, avocat, rue Saint-Georges, 27; THOMAS (AGRICOLE), propriétaire, rue Laffitte, 56; F.-A. BARDE, tailleur, rue de Choiseul, 12.

Les réunions auront lieu les mardis, jeudis et samedis de trois à cinq heures, salle des concerts, à l'Académie nationale de musique, rue Bergère, n° 2.

La première réunion, samedi 25 courant, pour la formation du bureau et la lecture des diverses propositions.

Les membres du Club ont seuls le droit de voter.

Pour s'inscrire, tous les jours, de dix heures à deux heures, rue Cadet, n° 11, chez le citoyen Gouré.

IX.

République Française.—Liberté, Égalité, Fraternité.

CLUB DES OUVRIERS DE LA FRATERNITÉ.

(XIe Arrondissement.)

La République est proclamée. — Dévoués à la forme républicaine et franchement unis au Gouvernement provisoire, les membres du club des ouvriers de la Fraternité veulent :

1° *La souveraineté du peuple, agissant d'une manière permanente et régulière par le suffrage universel;*

2° *La consécration de tous les droits et de toutes les libertés, savoir :*

La liberté individuelle et l'inviolabilité du domicile;
La liberté de conscience;
La liberté de tous les cultes et leur complète indépendance;
La liberté de l'éducation et de l'enseignement;
La liberté de la parole et de la presse;
La liberté des associations et des réunions;

3° *L'égalité de tous les citoyens;*

4° *La fraternité fondée sur l'union et réalisée par le dévouement réciproque de tous les membres de la grande famille française;*

Ils veulent le maintien de l'ordre, le respect de la propriété, la solution prompte et sage de toutes les questions ayant pour objet le bien-être du peuple.

Ils s'occupent spécialement de tout ce qui touche aux intérêts des ouvriers.

En un mot, ils veulent sincèrement la **LIBERTÉ,** *l'***ÉGALITÉ** *et la* **FRATERNITÉ.**

Les réunions du club se tiendront rue de Fleurus, n° 5, dans les bâtiments de l'ancienne Brasserie lyonnaise; la première réunion aura lieu le jeudi 23 mars 1848; et les suivantes les lundi et vendredi de chaque semaine, à 7 heures du soir.

Pour les Membres du Club, les Membres du Bureau,

Les Citoyens :
Carette, marchand de verdure.
Chalumau, serrurier.
Chauveau, fondeur en caractères.
Cuenot, avocat à la Cour de cassation.
Cuvinot, employé.
Galmace, cordonnier.

Lamache, avocat.
Lebocq, avocat.
Lefébure, menuisier.
Lefranc, emballeur.
Metgé, cordonnier.
Petitjean, ouvrier mécanicien.
Pinard, employé.

Prestat, chapelier.
Restout père, couvreur.
De Riancey (H), homme de lettres.
Riffault, tenant hôtel garni
Rousselle, peintre en bâtiment.
Schmit, cordonnier.

X.

[LA VÉRITABLE RÉPUBLIQUE.]

Publication quotidienne rédigée par MM. V. Combet et C. Desolme, et une réunion de Républicains sincères.

Avis à tous les Citoyens de bon sens.

La Liberté de la Presse a été proclamée par le Gouvernement provisoire de la République. — Cette liberté a déja commis des licences. L'esprit ministériel a ses organes depuis le 24 Février, comme l'esprit réactionnaire a les siens à quelque espérance qu'il se rattache. LA VOIX DE LA VÉRITABLE RÉPUBLIQUE n'est pas entendue. Nous avons la résolution de la faire entendre.

La République a été proclamée :

Est-ce celle d'Athènes, de Sparte, de Rome ou de Venise?

Non sans doute.

C'est quelque chose de bien plus saint si nous en croyons ce symbole : LIBERTÉ, ÉGALITÉ, FRATERNITÉ.

PERSONNE NE SAIT, ou du moins PERSONNE N'A DIT quelles étaient les conséquences de cette trilogie ; encore moins si elles devaient être d'une application immédiate.

Cela ne peut dépendre du défaut d'intelligence et de savoir ;

Mais du défaut de résolution.

La portée a effrayé, parce que tous les moyens de gouvernement doivent être changés forcément. Si avec les gros traitements, le cumul de grosses fortunes, et autres moyens par lesquels le luxe et le crédit ont été entretenus, on avait pu donner du pain au peuple, aucun des gouvernements déchus ne serait tombé; ne les a-t-on pas vus accumuler tous les moyens de lui en procurer, sauf celui qui seul eut été efficace.

Que personne ne puisse jouir d'un superflu tant que quelqu'un manque du nécessaire.

Sans cela point de Fraternité.

Que personne ne jouisse du droit au nécessaire sans l'avoir mérité.

Sans cela pas d'Égalité.

Que personne ne puisse être dépossédé de ses droits imprescriptibles d'homme.

Sans cela pas de Liberté.

LA VÉRITABLE RÉPUBLIQUE LE DÉMONTRERA.

VICTOR COMBET. — CHARLES DESOLME.

XI.

AUX GENS DE MAISON.

Camarades,

Vous avez dû facilement reconnaître que la réunion du 9 mars a été provoquée dans un but mauvais, et qui s'est bientôt révélé par les propos blâmables de l'auteur, qui voulait aussi lire un programme entièrement contraire à nos intentions. Vous avez si bien protesté contre ces tentatives incendiaires, que cet auteur, effrayé lui-même de sa misérable spéculation, s'est enfui en restituant une partie de la recette.

C'est après cela que la réunion a pris le véritable caractère d'une association pareille à plusieurs autres ayant pour but de nous soutenir, de nous venir en aide dans les temps de crise; surtout la principale base doit être une caisse ouverte pour recevoir les souscriptions mensuelles d'un franc ; et aussitôt qu'il y aura deux mille souscripteurs, notre Société, aujourd'hui provisoire, nommera un président, un secrétaire définitifs. Dès que deux mille francs auront été recueillis, ils seront versés à la caisse du Trésor.

Cette association toute pacifique n'a rien d'alarmant pour les personnes qui nous emploient; au contraire, nos Statuts seront une nouvelle et sûre garantie de l'ordre et du dévouement des Gens de Maison qui ont été si indignement méconnus par le journal la Liberté, dont nous avons exigé et obtenu une rectification contenue dans son numéro du dimanche 12 mars. Nous prouverons, malgré certains écrivains qui voudraient jeter la discorde parmi les classes nécessiteuses, que la domesticité est une position qui fournit d'excellents citoyens. N'est-ce pas en effet par la bonne conduite, l'économie, la fidélité que beaucoup d'entre nous sont parvenus et parviendront encore à remplir des professions utiles dans la société qui aujourd'hui, par exemple, les compte parmi les plus zélés de la garde nationale?

Nous avons d'ailleurs démontré incontestablement combien nous tenions à faire nos affaires entre nous et pour nous, en décidant que nul ne pourrait être admis dans notre réunion, s'il n'est porteur d'un certificat, d'un passeport, d'un congé militaire, d'un acte civil constatant son identité et sa moralité.

Un conseil sera choisi pour nous éclairer et nous aider dans les démarches qui pourraient être nécessaires dans nos intérêts privés, ou auprès du Gouvernement.

Votre président provisoire n'a rien négligé pour se rendre digne de la mission dont votre confiance l'a honoré. Un secrétaire provisoire tiendra le bureau pour recevoir les noms de nos camarades qui voudront se faire inscrire, en remplissant les formalités ci-dessus désignées. Ce bureau sera ouvert de 9 heures du matin jusqu'à 2 heures, et réouvert de 3 à 5 heures, rue du Bac, au vestiaire du Salon de Mars, jusqu'à samedi prochain, à 3 heures. Un nouvel Avis indiquera l'heure et le but précis de la prochaine réunion.

Le journal l'Union, dans son numéro du 13 mars, a parfaitement expliqué le but de notre réunion et réfuté d'indignes calomnies.

La réunion aura lieu samedi 18 *mars à* 8 *heures du soir.*

Paris, le

Le *Président provisoire*, MONSANGLANT.
LAFONTAINE. Le *Secrétaire provisoire*, SOUTIF.

XII.

ORGANISATION DU TRAVAIL.

Association du travail et du capital.

Désormais, dans toute entreprise industrielle, tous les TRAVAILLEURS DES DEUX SEXES, Journaliers, Ouvriers, Contre-Maîtres, Ingénieurs, Employés, Directeurs ou Gérants, seront *ASSOCIÉS* pour la répartition des bénéfices, avec les Actionnaires ou Capitalistes, en raison du TRAVAIL des uns et du CAPITAL des autres, les pertes restant à la charge du capital.

RÉPARTITION DES BÉNÉFICES.

Les bénéfices, restant disponibles après le paiement des salaires des travailleurs et celui des dividendes fixes dus au capital, pour intérêt et amortissement, seront répartis entre tous, selon le chiffre du salaire ou du dividende fixe de chacun.

EFFET DE LA RÉPARTITION.

Le SALAIRE et le DIVIDENDE FIXE de chacun se trouveront *AUGMENTÉS*, par suite de cette répartition, dans le rapport, *ÉGAL POUR TOUS*, de la somme des bénéfices répartis, à la somme de tous les salaires et de tous les dividendes fixes.

OLINDE RODRIGUES.

XIII.

Liberté, Égalité, Fraternité.

SOCIÉTÉ RÉPUBLICAINE DÉMOCRATIQUE DU PREMIER ARRONDISSEMENT.

La Société veut la réalisation sincère et complète du régime républicain ; la liberté absolue tant que l'ordre et les mœurs n'en sont point altérés ; l'éducation pour tous ; la dignité nationale. Elle veut que, par des efforts incessants, l'existence de l'homme de travail soit assurée.

A TOUS.

FRÈRES,

Nous sommes tous citoyens : nos volontés font la loi du pays, nos droits sont des devoirs.

Les Elections nous pressent. Veillons et agissons.

Comme Electeurs, comme Gardes nationaux, soyons tous à notre poste.

Que l'intrigue qui s'agite au service d'un passé impossible ou d'un avenir anti-national, que l'ambition égoïste, que le faux patriotisme viennent échouer devant nos volontés unies.

A l'heure où nous sommes, aucun choix n'est indifférent; pour l'édifice à construire tous les matériaux doivent être sains.

Point de tiédeur; dans les clubs, dans les cercles, dans les réunions de Gardes nationaux, dans les ateliers, dans nos familles, partout enfin renseignons-nous.

Interrogeons les candidats, discutons les titres, n'hésitons pas à repousser les candidatures suspectes; que nos suffrages, sévèrement réfléchis, ne s'arrêtent que sur des hommes sympathiques, résolus, animés du vrai sentiment républicain.

Songez-y bien! Garde nationale, Municipalité, Assemblée constituante, tout cela est solidaire pour la grandeur et le salut de la patrie.

Patriotes éprouvés dans la lutte, Patriotes éprouvés par vos œuvres, vos titres sont glorieux et authentiques.

Ouvriers, révélez-vous à ceux qui vous ignorent!

Votre dévouement à la patrie, votre droiture de jugement et de cœur plus précieuse que l'éloquence, sont des gages pour compter au nombre des élus de la République.

LES MEMBRES FONDATEURS

Allary, président de la société de Secours Mutuels des Arts-et-Métiers, 8, rue de Luxembourg.
Armand Bonnet, administrateur des Chemins de fer d'Alsace, 22, rue de Tivoli.
Arthaud-Beaufort, pharmacien, 31, rue Louis-le-Grand.
Bachellery, 52, chef d'institution, rue du Rocher.
Bascans, chef d'institution, 70, rue de Chaillot.
Bergeron, marchand de vins, 1, rue de Longchamps.
Berranger, propriétaire, 24, rue du Colysée.
Berteloite, propriétaire, 11, rue du Colysée.
Bretel (Charles), entrepreneur de menuiserie, 23 bis, rue du Rocher.
Brocheton (Hubert), tonnelier, 24, passage Tivoli.
Cantagrel, rédacteur de la DÉMOCRATIE PACIFIQUE.
Charpentier, architecte, 125, rue Saint-Lazare.
Colin, chef d'atelier aux Messageries Nationales.
Courtaud, professeur au Lycée Bonaparte.
Debenazé, adjoint au maire, 7, rue Louis-le-Grand.
Delaberge (docteur), 21, Fontaine-Saint-Georges.
Delachatre, directeur de l'Administration de librairie, 55, rue la Chaussée-d'Antin.
Delair, agriculteur, 68, rue de l'Arcade.
Despeux, entrepreneur de peinture, 32, rue d'Angoulême.
Durand - Saint - Amand, avocat, maire provisoire du 1er arrondissement, 25, rue Louis-le-Grand.
Fabry, mécanicien, 35, rue de Chaillot.
Foissac, docteur-médecin, 7, place de la Madeleine.
Fortune, ouvrier sellier, 148, rue Saint-Lazare.
Fournier-Saint-Amand, commendant provisoire des Tuileries.
Foy, agrégé de l'Université, 420, rue Saint-Honoré.
Frogé, président de la société des Tailleurs, 3, boulevard des Capucines.
Gallois, marchand de Nouveautés, 26, rue Duphot.
Guerlain, parfumeur, 11, rue de la Paix.
Guillemot, adjoint au maire, 3, place de la Madeleine.
Hauduc, pharmacien, 64, rue Basse-du-Rempart.
Jousset, boulanger, 34, rue d'Amsterdam.
Leroy-d'Étiolles, chirurgien-major de la garde nationale, 25, rue Louis-le-Grand.
Linz (Christian), chef du bureau de dessin, chez Derosne et Cail, 55, rue de Chaillot.
Magendie, membre de l'institut, 6, rue d'Anjou.
Maillard, propriétaire, 66, rue Basse-du-Rempart.
Micard, propriétaire, 68, rue de l'Arcade.
Pinel, docteur-médecin, 105, rue de Chaillot.
Poulot, chef d'atelier chez Derosne et Cail.
Rétif, professeur, 53, rue de l'Arcade.
Rousseau (Jean-Jacques(, chef des travaux à la Maison Derosne et Cail, 63, rue de Chaillot.
Seguin (Jules), chimiste, 17, rue Castellane.
Le colonel Vincent, 15, rue Castellane.

XIV.

Liberté, Égalité, Fraternité.

ÉLECTIONS DU DÉPARTEMENT DE LA SEINE.

COMITÉ ÉLECTORAL DES LIBERTÉS POLITIQUES, CIVILES ET RELIGIEUSES.

La République a remplacé un gouvernement qui sacrifiait la liberté, la dignité et la prospérité de la France à des intérêts dynastiques.

La République a été acceptée par nous et par tous avec sincérité, mais elle ne peut être solidement fondée que sur une liberté réelle; l'histoire nous apprend qu'il y a eu des Républiques despotiques; elle nous apprend aussi qu'elles ont été elles-mêmes l'instrument de leur ruine.

La liberté est une et indivisible; quand on n'admet pas toutes les libertés, on n'en aime aucune; il faut donc proclamer avec une égale ardeur toutes les libertés politiques, civiles et religieuses, la liberté de la presse, le droit de réunion et d'association; les libertés de conscience et du culte, les libertés de l'enseignement et de l'éducation, la liberté individuelle, la liberté du domicile, de la propriété, de l'industrie et du travail.

Il faut de la liberté dans la fraternité, cette vieille vertu du christianisme; sans la liberté que deviendraient la production, l'industrie, le travail?

La loi doit fonder partout des institutions démocratiques, qui du rapprochement généreux des intérêts opposés fasse jaillir des améliorations nécessaires; tout le monde comprend aujourd'hui que les différentes situations sociales n'ont pas été faites pour elles-mêmes, qu'elles ne sont pas leur propre fin, et que loin de se diviser ou de s'isoler dans un but d'oppression, elles doivent se rechercher, s'entr'aider, se servir mutuellement, et féconder par leur union le sein de la patrie.

Enfin, il faut de la liberté dans l'égalité, car à quoi bon des droits égaux si l'usage n'en était pas libre, et si l'exercice en était compromis par la violence ou la mauvaise foi?

La liberté résume à elle seule les trois symboles de notre devise à tous; car sans elle l'égalité et la fraternité ne seraient que de vains mots.

La nation doit demander à ceux qui aspirent à l'honneur de la représenter, s'ils veulent sincèrement toutes les libertés.

Dans ce moment solennel les destinées de la France vont être fixées : choisissons donc parmi tous les citoyens sans distinction des hommes énergiques et consciencieux qui ne transigent sur aucun des principes qu'ils auront proclamés.

Le comité électoral des libertés politiques, civiles et religieuses, invite tous les citoyens qui partagent ses convictions à lui prêter activement leur concours. Un bureau central permanent a été ouvert pour donner et recevoir les renseignements chez le citoyen LECOFFRE, rue du Vieux-Colombier, n° 29.

Alexandre Andryane.
Arnauld, capitaine en retraite.
Balandin, menuisier.
Boulingre, marchand d'huile,
Benard.
Bioche.
Chalumeaux, serrurier.
Charlier, peintre d'histoire.
Gardèche, ouvrier tisseur, délégué au Luxembourg.
Garnier.
C. Gaultier de Claubry, de la société d'encouragement.
Godart.
Guillot, ajusteur.
Housset.
Jomand, élève de l'école polytechnique.
Lecoffre, libraire.
J. Lefebvre, ouvrier typographe;
J. de Montigny,
Moreau, professeur à l'École normale.
Mouton.
Léon Pagès.
Restou, couvreur.
J. F. Teissier.
Veltu, ouvrier charpentier, délégué au Luxembourg.

XV.

Au Commerce.

CONSOLIDATION DU CRÉDIT.

Pour que le commerce reprenne, il faut que la confiance se rétablisse, car elle donne le crédit, et le crédit est l'âme des affaires.

Mais il faut au crédit des garanties contre la faillite et les cessations de paiement.

Une institution, La Sécurité Commerciale, *vient d'être établie dans ce but. Ses bases sont déterminées par les statistiques commerciales.*

Il s'agit d'une grande assurance qui vienne, dans ce moment de crise, former un fonds social pour couvrir les pertes de tous, et par conséquent sauvegarder la fortune individuelle par le principe tutélaire de l'association sagement limitée.

Quatre catégories déterminent la participation de chaque branche de commerce suivant ses chances de risques.

La responsabilité varie de 25 centimes à 1 franc par 100 fr. du chiffre d'affaires de chaque maison, suivant la catégorie dans laquelle elle se trouve placée.

Le paiement s'en fera par moitié au mois de juillet, et moitié au mois d'octobre.

Il pourra être fait, par une Caisse de réserve, *des avances à ceux des membres qui se trouveraient momentanément gênés.*

Le mouvement et la répartition des fonds seront contrôlés par un Conseil de censure composé de :

Messieurs,

Advenel-Thomé, banquier, 5, rue d'Orléans, au Marais.

Antiq, négociant, membre du conseil des Prud'hommes, 103, rue d'Enfer.

Badin, négociant, 13, rue Thévenot.

Blée, négociant, 27, rue du Four Saint-Honoré.

Brousse (J.-B.), négociant, 84, rue Richelieu.

Colson, ancien négociant, 31, rue Ville-l'évêque.

Corneille-Vallée, négociant, 35, rue de Nantes, à la Villette.

Decoster, constructeur de machines, 9, rue Stanislas.

Depouilly (Ch.), membre du conseil des Prud'hommes, président du conseil des Tissus, à Puteaux.

Desprez, négociant, 174, faubourg Saint-Martin.

Drouin, négociant, 15, rue Saint-Jacques-la-Boucherie.

Fouché-Lepelletier, négociant, membre du conseil des Prud'hommes, vice-président du conseil des Produits chimiques, à Javelles.

Fourcade, de la maison de la Crélaz-Fourcade et compagnie, négociant, 18, rue Croix-Nivert, à Grenelle.

Garnier, négociant, 12, rue de Paradis, au Marais.

Hamelin, négociant, 19, rue Charlot.

MM.

Hénon, négociant, 29, rue du Temple.
Huth, négociant, 261, rue Saint-Martin.
Jeanti, de la maison Jeanti et Pajot, négociant, 23, rue Sainte-Avoye.
Landrin, de la maison Sabatier, Landrin et compagnie, négociant, 20, rue des Billettes.
Lefebvre (Benjamin), négociant, 5, rue d'Orléans, au Marais.
Lemire, négociant, 13, rue des Quatre-Fils.
Levêque, négociant, ancien syndic des courtiers de commerce, rue des Petites-Ecuries, 24 bis.
Ménier, négociant, 37, rue des Lombards.
Morel, négociant, 13, rue des Juifs.
Pommier, membre du conseil des Prud'hommes, 188, quai Jemmapes.
Rabier, négociant, 102, rue du Temple.

Et par un Conseil de Contentieux composé de MM.

Wattin, notaire..
Nouguier (Henri), avocat à la Cour de cassation.
Quetand, avocat à la Cour d'appel.
A. Viault et P. Mettais, avoués.
Roinod, avoué de première instance.
Durmont, agréé.

Le citoyen Ministre du commerce, à qui les statuts ont été communiqués, a été prié d'adjoindre à ce Conseil un Commissaire de la République.

Tous les négociants, manufacturiers, fabricants et marchands apprécieront, pour eux et leurs commettants, combien il leur importe d'être membres de cette institution.

Les bureaux, rue Richelieu, 92, sont ouverts de 10 heures à 4 heures.

Le Directeur général,

Armand MANCEL.

XVI.

A tous les Électeurs.

LES HOMMES DE LA VEILLE ET CEUX DU LENDEMAIN.

Air du *Drapeau de la Liberté*, de Charles Gille,
ou Air *des Fous*, de Béranger.

Arrière, arrière, envahisseurs de places,
Vous n'étiez pas où l'on pouvait mourir;
Mais aujourd'hui, vous vous mêlez aux masses
Et criant tous : Vivre libre ou périr,
Pour des emplois on vous voit accourir,

La République à présent vous surveille,
Votre passé vous barre le chemin ;
Vous n'étiez pas les Héros de la VEILLE:
Arrière donc, Hommes du LENDEMAIN.

L'or du pays a payé bien des votes,
L'or du pays a sali bien des cœurs,
L'or du pays a créé des despotes,
Mais la misère a créé des vainqueurs
Qui vont enfin chasser les extorqueurs.
Ah! respectez la part que chaque abeille
Vient d'arroser de sang républicain.
Vous n'étiez pas les Braves de la VEILLE:
Arrière donc, Poltrons du LENDEMAIN.

Bugeaud aussi nous offre son épée,
Mais *Transnonain* s'élève contre lui ;
En condamnant la sanglante épopée,
Repoussons donc un si fatal appui.
Que nous veut-il, lorsque son maître a fui !
Malgré le masque on voit un bout d'oreille,
Les morts d'Avril repoussent l'assassin.
Méfions-nous, le Traître de la VEILLE
Serait encor Traître le LENDEMAIN.

Pour un Banquet reniant leurs promesses,
Nous avons vu trembler nos Députés,
Bavards sans cœurs, grands rédacteurs d'adresses,
Méfions-nous de ces arbres vantés,
Les fruits sont beaux, mais les cœurs sont gâtés.
Oh! que leurs noms (l'honneur nous le conseille)
Soient éloignés au moment du scrutin ;
Sachons-le bien, les Menteurs de la VEILLE
Seraient encor Lâches le LENDEMAIN.

Serrons nos rangs, pléiade populaire,
Qui combattons pour l'honneur du pays,
Et repoussons l'avide fourmilière
Des déloyaux, des nuls, des faux amis :

Qu'ils sachent bien qu'ils sont nos ennemis.
Que chaque enfant de la Liberté veille,
Qu'il ait toujours son fusil sous la main :
Nous sommes tous les Soldats de la VEILLE,
Soyons encor Soldats le LENDEMAIN.

Gustave LEROY.

XVII.

PROCLAMATION.

Démocrates des États autrichiens, ne vous fiez pas à la nouvelle d'une révolution glorieuse à Vienne, rapportée par des journaux mal informés. Cette révolution n'a été qu'une révolte presque aussitôt calmée que produite. Le peuple de Vienne s'est contenté de la démission de Metternich, et les promesses faites par l'empereur en pleine rue l'ont tellement mis au comble de la joie, qu'il a porté en triomphe et l'empereur et les princes, et il les a remis de nouveau sur le trône de la tyrannie. Mais nous connaissons les promesses des princes, et c'est pourquoi nous nous sommes réunis pour fonder, non pas un club, non pas une société tumultueuse, mais pour fonder une sainte alliance libératrice pour la patrie, pour ériger une ligue redoutable contre ses oppresseurs, et pour former des hommes qui, inspirés par l'amour de la patrie, sont prêts à sacrifier leurs biens et leur vie pour la cause de la liberté et pour les droits sacrés de l'humanité.

Démocrates des États autrichiens, je vous invite à vous réunir le jeudi **23** *mars, à* 2 *heures, sur la place Vendôme, pour aller faire notre adhésion au Gouvernement provisoire*

Salut fraternel,

Alexandre PODULAK, 5, rue de la Paix.

XVIII.

République Française.
Liberté, — Egalité, — Fraternité.

CANDIDATURE DE M. P. DUMESNIL-MICHELET
Dans le département des Ardennes.

A MES AMIS CONNUS ET INCONNUS

QUI M'OFFRENT LEURS SUFFRAGES.

Je les accepte, vos suffrages, — non pour moi, voué en ce moment à un devoir sacré, l'histoire de la Patrie, — mais pour mon fils d'adoption, mon gendre, mon unique collaborateur depuis huit ans, P. DUMESNIL-MICHELET, *qui est moi-même.*

« *Il vaut mieux que vous, parce qu'il est jeune,* » *me disait l'autre jour notre cher et immortel Béranger. — Il faut des hommes jeunes, neufs, et de forces entières. La nouvelle Assemblée doit représenter par l'âge le rajeunissement de la France.*

Mon gendre, après ses études de droit, s'est fermé la carrière du barreau. Le serment à la royauté a été pour lui un obstacle insurmontable.

S'il n'est point connu encore parmi nos plus éminents écrivains, c'est qu'il a uniquement travaillé pour moi.

Il s'est donné à moi. Je le donne à la France.

Nous nous devons tout entiers et sans réserve à la Patrie. Ma vie déjà appartenait à son histoire. Je lui offre bien plus aujourd'hui : Mon avenir, le fils de ma pensée.

Salut fraternel,

J. MICHELET,
Professeur au Collége de France.

10 mars 1848.

MONSIEUR ET CHER CONCITOYEN,

Les chances de ma nomination dans le lieu de ma naissance, le département de l'Ain, ayant une certaine consistance, j'ai pris le parti de n'avoir recours à aucune autre candidature. Je ne voudrais pas exposer le département des Ardennes aux inconvénients d'une réélection.

Veuillez donc, Monsieur et cher concitoyen, prévenir nos amis politiques, et les prier en mon nom de reporter sur M. P. DUMESNIL-MICHELET les voix qu'ils auraient pu me donner. M. P. DUMESNIL, gendre de M. Michelet, est par cela même Ardennais d'alliance. Il a notre confiance la plus absolue; il vous sera facile de l'apprécier par la profession de foi qu'il vous adresse.

Pour moi, quoi qu'il arrive, je serai aussi de cœur, si j'entre dans l'Assemblée, le représentant des Ardennes. Rien n'effacera chez moi le souvenir des sympathies et du dévouement patriotique que j'ai rencontrés parmi vous.

Recevez, Monsieur et cher concitoyen, l'expression de mes sentiments dévoués.

E. QUINET,
Professeur au Collége de France.

20 mars 1848.

A M. P. DUMESNIL-MICHELET.

MONSIEUR,

La République a besoin d'hommes jeunes, courageux et purs. A tous ces titres, je vous espère à l'Assemblée nationale. Vous offrez une double garantie à la République : votre propre patriotisme, et ce lien d'adoption qui vous unit à M. Michelet, l'un des éloquents initiateurs de notre Révolution. Le peuple, dont le génie est dans le cœur, sentira qu'en vous élisant il introduira dans l'Assemblée nationale trois choses dont il a besoin pour le défendre, l'honorer et le représenter dignement : le talent, la conscience et le dévouement.

Mille amitiés et mille vœux.

LAMARTINE.

18 mars 1848.

MON CHER DUMESNIL,

Je suis désolé que vous ne vous portiez pas à Paris, où j'aurais pu vous être utile. Dans les Ardennes, je ne connais personne.

Si mon amitié pour vous peut quelque chose si loin de moi, il me suffira de vous copier ici les passages d'une lettre que je m'apprêtais à envoyer à une influence électorale de Paris. Voici mes propres expressions :

« Je vous ai dit tout le bien que je pense du jeune Dumesnil-

« Michelet, et le désir que j'ai de le voir figurer sur la liste
« des représentants. Si tous les électeurs le connaissaient
« comme moi, je ne doute pas qu'il eût les plus belles chances.

« Je vous le répète, mon cher ami, malgré son âge, que sa
« figure ne semble même pas indiquer, c'est un homme dont le
« caractère ne peut subir que les améliorations que favorise
« l'expérience. Il ne quittera jamais la bonne voie où il est
« entré, il y a déjà longtemps, sous les auspices de son excel-
« lent et illustre beau-père; et remarquez bien que je ne vous dis
« là que ce que j'ai observé moi-même.

« Puisque la France doit désespérer d'avoir Michelet à la
« Constituante, que le gendre y tienne sa place en nous y
« apportant, avec ce qu'il a de savoir personnel, toute la science
« et toutes les idées de notre grand historien. Il y apportera
« les mêmes vertus, et cette jeunesse de cœur qu'on devrait
« préférer aux vieilles célébrités, comme la mienne, par
« exemple, que j'échangerais bien volontiers contre les qualités
« que j'ai remarquées dans mon jeune ami Dumesnil, etc., etc. »

Voilà ce que j'écrivais de vous et ce que je me trouve forcé de
vous mettre sous les yeux, au risque de blesser votre modestie.
Il le fallait pour vous être bon à quelque chose dans votre candidature auprès des électeurs des Ardennes.

Je souhaite bien vivement, mon cher Dumesnil, que vous en
reveniez membre de la Constituante.

Bon voyage, et tout à vous de cœur,

BÉRANGER.

Passy, 29 mars 1848.

Aux Électeurs du département des Ardennes.

MESSIEURS ET CHERS CONCITOYENS,

*Je me présente avec confiance devant vous, quoique inconnu,
quoique sans titres acquis* [1].

*Je vous apporte une bonne volonté sans bornes, l'habitude
du travail, le zèle ardent de rendre tous les services que je
pourrai à mes concitoyens. Si mes propres scrupules me con-
seillaient de laisser la place à de plus dignes, la situation tout
exceptionnelle dans laquelle je me trouve m'ordonne de me mettre en avant. J'apporterais à la constituante un vote éclairé
par les glorieux amis près desquels je vis, et je le pèserais dans*

---

[1] J'achevais en février un travail historique sur une question sociale importante, mais ajournée par nos nécessités actuelles : Quelle part les arts auront
dans l'éducation politique, et quels rapports existent entre les arts et l'industrie.

ma conscience, fortifiée de la confiance que vous auriez en moi.

Quel homme jeune, Messieurs et chers concitoyens, ne mûrirait, ne serait prudent et circonspect, dans la situation où me placerait votre confiance! Car non-seulement je représenterais vos intérêts, à vous qui habitez un département renommé par sa sagacité pénétrante, son sens exquis des hommes et des choses; mais j'aurais à prouver que je mérite l'appui des hommes illustres qui ont voulu m'accréditer près de vous.

Je ne me pose point en orateur. Les orateurs habiles, renommés de l'ancienne Chambre, n'ont rien prévu de la Révolution de Février, et je crois qu'ils ont beaucoup trop parlé pour la prévoir. Nous avons moins besoin de discourir, de disserter, que d'aider tous à l'organisation, à l'affermissement du Gouvernement républicain, le seul possible désormais, le seul désirable pour l'immense majorité de la France. Aussi, dans la discussion des grandes questions politiques et sociales qui se poseront devant la Constituante, j'apporterais toujours un esprit de conciliation pour rallier, réunir tous les hommes honnêtes dans un but commun, l'union et la grandeur de la patrie. L'Europe a les yeux fixés sur nous. La seule nouvelle de notre Révolution l'a bouleversée tout entière. Elle attend de l'Assemblée française des institutions qui fondent l'ordre à l'intérieur de chaque nation, et une paix durable entre les peuples.

Mais qu'il me soit permis de vous exprimer ma conviction la plus arrêtée, et que je crois partagée par tous les hommes qui ont vécu dans ces derniers jours à Paris, c'est que l'ordre ne peut être fondé que par l'énergie de l'Assemblée. Il faut qu'elle se pose devant tous les partis, devant toutes les minorités comme la personnification de la France entière. Elle sera jugée dès les premiers jours. Ou elle sera souveraine, ou elle sera dominée. Elle sera souveraine et sauvera la France et le monde, si elle prend et garde l'initiative énergique, si elle poursuit courageusement toutes les conséquences qu'implique le principe républicain.

Si vous me demandiez, Messieurs et chers concitoyens, de quel parti je serais à la Constituante: je vous répondrais qu'il n'y a plus de parti maintenant que le parti de la France. Je la veux glorieuse et honorée à l'extérieur, unie et prospère au-dedans. J'ai conservé précieusement en mon âme l'étincelle du 24 février, où garde nationale, ouvriers, troupe de ligne, se sont reconnus frères, et j'ai le cœur plein, tout ému encore de les avoir vus s'embrasser.

S'il m'est permis d'entrer dans un détail personnel, depuis huit ans je travaille près de mon beau-père, qui est mon père spirituel. Je n'ai d'ambition que de multiplier son action et de n'être point *indigne de la communication complète qu'il m'a donnée de ses idées, de ses travaux.*

Les ouvriers des villes peuvent compter sur le concours de l'élève de l'auteur du Peuple; *mais ils seront représentés à la Constituante par des ouvriers illustres. Les paysans le seront-ils dans une proportion suffisante?*

Quelle que soit la réponse du scrutin par ce nouveau mode d'élection, il importe que nous nous occupions enfin des campagnes, appelées à jouer un rôle immense dans un avenir rapproché. La réorganisation de l'instruction primaire, la création d'écoles professionnelles dans les villes, me semblent des mesures les plus urgentes, comme l'encouragement à l'agriculture par tous les moyens possibles, et l'amélioration du sort des instituteurs de village, sont des dettes sacrées envers les campagnes.

Si les villes nous donnent ces légions de travailleurs qui n'ont été jusqu'ici que les martyrs de l'industrie, les campagnes nous fournissent nos armées. C'est toujours chez elles que se trouvent le dépôt, la réserve de la France, son rempart contre l'étranger. Aussi le plus grand honneur que je puisse ambitionner, c'est d'obtenir la confiance du département des Ardennes, qui a donné naissance à tant d'hommes naturellement héroïques, parce qu'ils avaient le véritable esprit de la France.

P. DUMESNIL-MICHELET,
Membre du bureau définitif du Comité central
des élections générales.

29 mars 1848.

XIX.

République Française.
Liberté, — Egalité, — Fraternité.

SOCIÉTÉ DÉMOCRATIQUE CENTRALE.

CITOYENS,

Aux derniers jours de la royauté, une réunion de républicains s'occupait de fonder, sous le nom de *Comité électoral démocratique*, une Société dont le but était d'agir sur les élections et de hâter la sublime Révolution qui a devancé toutes nos espérances. Ce comité, en présence de la force brutale, protesta énergiquement le 23 février, dans *la Réforme* et *le National*, contre l'attentat que préparait le Gouvernement.

La victoire glorieuse remportée par le peuple, le 24 février 1848, rendait-elle désormais sans objet la Société dont les bases venaient d'être posées? Nous ne l'avons pas pensé. Nous avons cru, au contraire, qu'il nous était commandé plus que jamais de nous former en faisceau, et que les efforts que nous avions faits pour amener notre troisième Révolution, nous devions les continuer aujourd'hui pour la soutenir.

Prêter un appui franc et énergique au Gouvernement républicain ;

Lui présenter des observations, lui offrir des conseils, lui fournir des renseignements ;

Imprimer aux corps électoraux une impulsion essentiellement démocratique ;

Apporter notre part de lumière dans la discussion des réformes sociales dont l'Assemblée nationale va être saisie ;

Poursuivre dans tous les temps les conséquences de notre Révolution, et tenir *à tout jamais* haut et ferme le drapeau de la démocratie :

Tel est le but de la Société démocratique centrale.

La Société démocratique centrale fait appel aux démocrates de toute la France ;

Elle a organisé déjà dans les arrondissements et les quartiers de Paris, dans les arrondissements, les cantons et les communes de nos départements, des Sociétés démocratiques qui professent les mêmes principes et marchent au même but.

La Société démocratique centrale correspond fraternellement avec toutes ces Sociétés; elle appelle leurs délégués dans son sein, prend leurs avis et s'aide de leurs lumières; elle unit, dans toutes les luttes électorales, ses efforts aux leurs, pour obtenir le triomphe des candidats de la démocratie.

VIVE LA RÉPUBLIQUE !

Allier (Gustave), 25, rue Richer.
Arago (Étienne), hôtel des Postes.
Aubert-Roche, 48, rue de Bondy.
Barbier, 48, rue Dauphine.
Barral, 8, rue Cassette.
Borquet, 17, rue Neuve-Saint-Étienne-du-Mont.
Briançon, 11, rue du Caire.
Buisson, de Clichy.
Catalan, 2, rue Boutarel.
Cantagrel, 297, rue Saint-Honoré.
Chamaillard, 2, rue du Bouloy.
Chanousse, 5 et 7, passage Saumon.
Cerceuil, 9, rue Traversière Saint-Antoine.
Chatel jeune, rue des Trois Pavillons.
Debénazé, 7, rue Louis-le-Grand.
Dauphin, 12, rue du Grand-Chantier.
David d'Angers, rue d'Assas.
Desmarest, 47, rue des Petites-Écuries.
Détourbet, 17, faubourg du Temple.
Durand Saint-Amand, 25, rue Louis-le-Grand.
Dyenne, 16, cité Bergère.
Dutil, 159, faubourg Saint-Denis.
Félix Pyat, 25, boulevard Beaumarchais.
Fenet, 15, rue Saint-André-des-Arts.
Floriot, 20, rue Dauphine.
Forestier, mairie du 6e arrondissement.
Gaumont, rue Grange-aux-Belles.
Gellée, 4, rue Beautreillis.
Gobert, 13, rue Saint-Jacques.
Gornet, 33, rue de l'Est.
Goudchaux, 42, rue de Provence.
Greinheiser, 28, rue Notre-Dame-des-Victoires.
Guinard, 68, rue Saint-Louis, au Marais.
Haguette, 83, rue Saint-Honoré.
Henri Martin, 31, rue de Vaugirard.
Hingray, rue de Seine.
Hovyn, 33, rue des Jeûneurs.
Lachatre, 55, rue de la Chaussée-d'Antin.
Lalanne (Léon), 10, rue de Fleurus.
Laureau, 41, rue Sainte-Avoie.
Lebastard, 46, rue Moreau.
Leroy-d'Étiolles, 25, rue Louis-le-Grand.
Lesserré, 12, boulevard Montmartre.
Lescouvé, 48, boulevard du Temple.
Louis Blanc, 2, rue Taitbout.
Londe, 46, rue Sainte-Anne.
Mauviel, 2, rue Saint-Paul.
Marchais, 33, rue Joubert.
Martin, (de Strasbourg), 6, rue de Seine.
Masson (Victor), 1, place de l'École-de-Médecine.
Monduit, 61, rue de Vaugirard.
Neveu, 5, passage du Saumon.
Paulmier, 36, rue Notre-Dame-des-Victoires.
Picquot, 2, rue de Mulhouse.
Pierquin, rue de Grammont.
Poirier, 11, rue des Mauvaises-Paroles.
Ravinet, 40, rue des Fossés-Saint-Bernard.
Recurt, 181, rue du Faubourg-Saint-Martin.
Renaud, 3, boulevard Bonne-Nouvelle.
Rétif, 53, rue de l'Arcade.
Schœlcher, 21, rue Rochechouart.
Senepart, 2, rue Beautreillis.
Simbozel, 7, rue Moussy.
Siméon-Chaumier, 4, rue Beautreillis.
Songeon, 8, rue Cassette.
Thumeloup, 14, rue Saintonge.
Vasnier, 24, rue de la Monnaie.
Vernet, 10, rue Christine.
Victoq, 3, place Sainte-Opportune.
Yautier, 8, quai de Béthune.

La Société se réunit place du Carrousel, à l'État-Major.

XX.

République Française.

Liberté, — Égalité, — Fraternité.

CONVOCATION DES TRAVAILLEURS ET DES COMMERÇANTS.

Les intérêts des Commerçants, des Fabricants et des Ouvriers ne formant qu'une seule et même cause, nous invitons tous les Citoyens qui ont à cœur l'intérêt général, de vouloir bien se réunir *Dimanche 26 du courant*, rue de l'Arcade, 60, salle commune du premier Arrondissement, à *sept heures du soir*.

Le but de cette réunion est de donner suite à celle qui a déjà eu lieu salle Montesquieu, le 21 de ce mois, et de s'entendre pour ce qu'il est urgent de faire immédiatement dans l'intérêt des Travailleurs et des Commerçants.

Salut et Fraternité,

POURRAT, LEFÈVRE, COTTARD.

XXI.

A TOUS NOS CONCITOYENS.

Nous prions nos Concitoyens et NOTAMMENT nos frères les Ouvriers de se présenter dans la journée d'aujourd'hui à leurs mairies respectives pour demander, et, au besoin, exiger leur inscription sur les listes électorales.

Nous leur rappelons que le délai fixé par le Gouvernement provisoire expire ce soir à minuit.

Nous invitons nos Concitoyens, dans le cas où il leur serait fait quelque difficulté, à en référer immédiatement au Gouvernement provisoire.

La Commission de surveillance du CLUB DE LA RÉVOLUTION :

RIBEYROLLES, CAHAIGNE, GALLOT, DAVIOT, LAUGIER, DELAVIGNE.

NOTA. La présentation du livret SEUL suffit pour établir la qualité d'Électeur.

XXII.

AVIS AUX ALSACIENS.

Les Citoyens des départements des Haut et Bas-Rhin, résidant à Paris, sont priés de se réunir Dimanche, 26 courant, à deux heures de l'après-midi, passage Jouffroy, 11, salle des Soirées Orientales, dans le but de constituer un Comité Républicain Alsacien.

VIVE LA RÉPUBLIQUE.

SALUT ET FRATERNITÉ.

XXIII.

AUX CITOYENS FRANÇAIS ET AUX ALLEMANDS HABITANT PARIS.

Les Démocrates Allemands de Paris se sont formés en légion, appelés par leurs Frères pour aller proclamer ensemble la République Allemande, fondée sur la Fraternité des deux Nationalités Française et Germanique.

Il leur faut des armes, des munitions, de l'argent, des objets d'habillement.

Prêtez-leur votre assistance pratique. Vos dons seront reçus avec gratitude. Ils serviront à délivrer l'Allemagne et la Pologne; les démocrates allemands, polonais, étant décidés à marcher ensemble à la conquête de la liberté.

VIVE LA POLOGNE !
VIVE LA FRANCE!
VIVE LA FRATERNITÉ DES PEUPLES!
qui empêchera à l'avenir toute guerre.

Que chacun porte ses dons rue Montmartre, 64, à l'Hôtel d'Angleterre, au bureau central de la Société des Démocrates Allemands;

Ou chez M. GEORGES HERWEGH, Président de la Société, boulevart des Capucines, 13.

Des armes, Citoyens ! pour mettre en marche nos soldats de la Liberté.

Le Comité de la Société des Démocrates allemands, à Paris.

XXIV.

République française.

APPEL AUX ENFANTS DE PARIS ET AUX VIEUX SOLDATS QUI ONT SERVI SOUS LE MARÉCHAL NEY.

Le Gouvernement provisoire vient de décréter qu'un Monument serait élevé au Maréchal Ney, à l'endroit même où il a été fusillé.

Cette solennelle réparation accordée à la mémoire du brave des Braves, du héros d'Elchingen et de la Moskowa, répond au vœu de la France entière.

Le Peuple n'a pas oublié que le brave Maréchal Ney sortait lui-même de son sein. C'est à sa bravoure, à son génie militaire qu'il a dû d'arriver à la première dignité de l'armée. Le peuple voulant témoigner sa reconnaissance au Gouvernement provisoire, pour le décret qu'il vient de rendre, une députation de chaque arrondissement est invitée à se réunir jeudi à 10 heures du matin, sur la Place du Châtelet, pour de là se rendre à l'Hôtel-de-Ville.

François.	Texier.
Pfaff Victor.	S. Chein.
Hemery.	Levacher.
Goué.	Aug. Jue.
Letouze.	Sément.
Launoy.	Blain.
Henry.	Duruelle.
Légué,	F. Doley,
Touchard.	Etienne.
Roque.	Leteur.
Ruault de Beaulieu	Monters.
Mérigot.	Jobert.
Perraton.	Truchot.
Bontour.	Gay.
Jolivent.	Perrucho.
Lecœur.	Faye.
Albine.	Audebert.
Ch. Duclos.	J. Lesson.
Roulley.	

XXV.

DU TRAVAIL POUR CENT MILLE CITOYENS.

(Sous ce titre a été réimprimé et affiché à très-grand nombre dans Paris le placard rapporté ci-dessus n° VII.)

XXVI.

RÉPUBLIQUE FRANÇAISE.

Liberté, Egalité, Fraternité, Unité.

RICHES, pensez à ceux qui manquent du nécessaire, et vous donnerez de votre superflu.

CITOYENS,

La République doit être notre mère commune. Républicains du jour, de la veille, du lendemain, nous sommes tous frères..... La sincérité complète des opinions doit écarter tous les nuages qui obscurciraient encore l'esprit des hommes. Qu'un même sentiment nous unisse : dévouement absolu à la patrie. Que la foi dans les destinées de la République pénètre tous les cœurs!.....

Je possède présentement une valeur de 100,000 francs en biens immeubles : je mets à la disposition du Gouvernement une somme de 20,000 fr. pour créer le *capital national* qui fécondera les travaux de l'ouvrier et de l'agriculteur, et je prends en même temps l'engagement de coopérer à toutes les améliorations que nécessiterait la complète et sérieuse organisation du travail, telle que la fondation d'ateliers sociaux et de colonies agricoles ; car nous voulons tous une organisation qui comprenne à la fois l'ouvrier des villes et l'ouvrier des campagnes, oublié jusqu'à présent.

Pour vaincre les difficultés financières que présente la nécessité d'organiser le travail et de faire face à des charges léguées par un gouvernement égoïste et corrupteur, une masse de capitaux est indispensable. Offrons chacun à la République, selon la mesure de notre fortune, une part contributoire volontaire.

N'oublions pas que la solidarité absolue a été proclamée par notre grande révolution, et que tous les citoyens vivant sur le sol de la France ont des droits égaux à la sollicitude de la République.

Union et dévouement! Confiance en notre Gouvernement provisoire, gardien des scellés du peuple souverain... SOBRIER.

XXVII.

CLUB DE LA RÉVOLUTION LYONNAISE.

Le temps des fictions politiques, gouvernementales, monarchiques, constitutionnelles, voire même républicaine, est irrévocablement et à jamais passé.

Les pavés de Paris les ont enterrées.

Le temps des vérités républicaines est venu.

Il faut les soutenir, il faut les faire triompher

Il faut d'abord l'unité parmi nous. C'est la loi suprême, la loi d'harmonie du corps social que nous voulons fonder sur des bases inaltérables impérissables.

Mais pour que la vérité en toute chose se fasse jour pour le bien de tous, il faut le concours de tous; il faut que chacun apporte à l'œuvre sa part individuelle de la grande souveraineté du peuple, dont il est et doit être membre actif et pensant.

Donc, citoyens du département du Rhône :

Vous tous ! ouvriers des corps d'état ! des industries ! des arts du commerce ! de l'agriculture !

Vous ! hommes de lettres ! hommes de science ! poëtes ! philosophes ! ouvriers de la pensée humaine !

Venez vous associer à nos travaux ! Venez apporter à notre œuvre sainte le concours de vos forces, de votre intelligence, de votre génie !

Tous ! nous voulons vivre en *travaillant*.

Donc ! plus d'oisiveté parmi nous !

Car l'oisiveté est la mère de tous les vices.

C'est l'oisiveté qui engendre l'égoïsme, qui engendre à son tour le plus sinistre de tous les fléaux !

Le poison le plus corrosif, la corruption morale, qui, à son tour, engendre tous les autres fléaux de l'humanité.

Les oisifs ont tué les monarchies.

Ils voudraient aussi tuer notre Réppublique ; mais ils n'y parviendront pas, si nous ne souffrons aucun oisif dans le sein de la Société républicaine.

Travaillons, voilà notre premier devoir ; nous le remplirons avec zèle.

Nous voulons aussi tous mourir en combattant ceux qui voudraient opprimer le peuple, et maintenir les priviléges, de quelque nature qu'ils soient. Nous les combattrons jusqu'à ce que nous les ayons vaincus et forcés de vivre avec nous en *frères* ; jusqu'à ce qu'enfin nous ayons fondé dans toute sa vérité, sa plénitude, sa pureté, le règne de la liberté, de l'égalité, de la fraternité.

Voilà notre foi, notre religion.

Voilà l'espérance qui soutiendra notre courage.

Voilà le saint amour qui nous anime.

Ce devoir, nous le remplirons avec dévouement et persévérance.

Nous atteindrons le but et la récompense de nos travaux. :

Le bien-être général, le bonheur de l'humanité.

Dieu est avec nous. Dieu nous bénira. Nous triompherons.

Car nous voulons le droit éternel, d'où découlent tous les droits civils, politiques et sociaux.

Citoyens ! nous serons fidèles à notre immortelle devise : *Vivre en travaillant, mourir en combattant !*

VIVE LA RÉPUBLIQUE ! DESAVENIÈRE, *président*.
50, rue de Provence,
LYON LEMAT, *secrétaire*.

XXVIII.

OUVRIERS DU DÉPARTEMENT DE LA SEINE.

Les Ouvriers déjà inscrits comme Électeurs de l'Assemblée nationale ne sont pas contents de vous.

Vous savez aller conquérir la liberté jusque sur les

canons de vos ennemis ; et quand vous la tenez vous ne savez pas la conserver.

On prépare au Luxembourg des lois pour améliorer votre sort, et, par votre négligence, vous n'aurez pas de Représentants à l'Assemblée nationale pour défendre ces lois et les faire accepter.

Nous avons parmi nous QUATRE CENT MILLE Électeurs; il n'y a plus que deux jours pour se faire inscrire, et nous ne sommes pas encore vingt mille inscrits dans toutes les Mairies de la Seine !

Quoi ! vous combattez sur les barricades pour être libres, et vous ne savez pas vous servir de la liberté !

Quoi ! vous avez voulu être électeurs, et vous ne vous faites pas inscrire pour voter !

Quoi ! vous avez voulu être éligibles, et vous apportez par votre négligence des obstacles à l'élection de vos camarades et des défenseurs de la sainte cause du travailleur !

Qui donc défendra alors vos intérêts ? Es-tce que ce seront encore ceux qui ont des intérêts opposés aux vôtres ? Savez-vous ce qu'auront de meilleur à dire les organes de ces intérêts ennemis des vôtres, afin de vous faire confisquer vos droits électoraux, dans la constitution que l'on va faire ?

Ils pourront dire : « Les ouvriers ne veulent pas être électeurs, puisqu'ils ne se sont pas fait inscrire ;

« Les ouvriers ne tiennent pas à être représentés,
« puisqu'ils n'ont pas pris de représentants dans leur
« sein.

« C'est que les ouvriers se sont reconnus incapables
« d'être Électeurs et qu'ils n'ont pas trouvé parmi eux
« d'hommes capables de les représenter.

« Ou bien alors c'est que les ouvriers se trouvent heu-
« reux comme ils sont et qu'il n'y a aucune réforme à
« faire pour améliorer leur condition.

« Donc tout était pour le mieux avant la Révolution ; laissons subsister les mêmes choses avec d'autres noms. »

OUVRIERS!

Si l'on nous jette ces paroles à la face le lendemain des élections, qu'aurons-nous à répondre ???

Non, mille fois non ! nous ne voulons pas qu'on rétablisse un cens électoral et que l'on nous reprenne nos droits de citoyens égaux; et vous, *retardataires,* vous allez vous servir de vos droits.

Il nous faut vingt ouvriers à l'Assemblée nationale, vous les nommerez !

Il nous faut dans deux jours 400,000 ouvriers inscrits sur les listes dans les mairies, nous les aurons !

Vous allez retrouver votre enthousiasme et votre intelligent patriotisme ; vous allez sur-le-champ quitter vos outils et courir à vos Mairies, comme le 24 février vous avez couru aux barricades.

Du calme, mais de la résolution, mais de l'unanimité.

Pour être un bon Républicain, il faut autre chose que savoir vaincre avec son fusil, il faut vouloir vaincre avec son droit.

Frères qui n'êtes pas inscrits, nous comptons sur vous.

24 Mars 1848.

MORIOT,

Ouvrier, 17 ter, rue Lafayette.

En faisant imprimer, selon le désir que m'a exprimé le citoyen Moriot, son appel aux Électeurs retardataires, je crois accomplir l'acte d'un Citoyen ami de la liberté et de l'ordre, qui, d'une part, veut que l'Assemblée constituante soit l'expression vraie de la volonté du Peuple souverain, et, d'autre part, prévoit ce qui pourrait arriver au jour des Élections, si les Ouvriers Électeurs, qui n'auraient pas été suffisamment informés des formalités à remplir, se voyaient frustrés de leurs droits de vote.

ERNEST GRÉGOIRE.

XXIX.

APPEL AUX RICHES PAR UN RICHE

Proposition d'un impôt volontaire sur le revenu.

Écoute, riche, écoute de grâce la voix qui te prie, qui te supplie de l'écouter !

Si la VOIX DU PEUPLE a jamais été la VOIX DE DIEU, qu'en ces termes tu la reconnaisses !... Voici ce qu'il te dit :

Les Élections sont ajournées, le travail le sera-t-il aussi ?

Riche, nous ne te demandons pas l'impossible. Tu entrevois dans l'avenir des impôts proportionnels, et tu dis avec raison, lorsque mon revenu sera diminué d'un quart, le luxe ne me sera plus permis dans les mêmes limites ; puis-je acheter aujourd'hui un objet de luxe, dont je serai obligé de me priver demain ? Cela est juste; mais voici notre réponse:

Si tu diminues le luxe que tu étalais hier, que deviendra demain l'ouvrier qui vivait de ce luxe : si tu diminues le luxe dont le peuple vivait hier, alors sache donc aujourd'hui t'ingénier pour occuper ses bras !

Est-ce à dire pour cela qu'un ouvrier qui gagnait 6 fr. par jour n'en gagnera plus que 2 ? Non, cela ne serait point juste ! Il faut que l'échelon perdu dans l'ancienne échelle sociale soit retrouvé dans la nouvelle.

Le Gouvernement, dans sa paternelle prévoyance, y a déjà songé ! ici c'est un chemin de fer qu'il veut mettre à l'étude dans l'enceinte des fortifications, pour relier tous les débarcadaires, là ce sont tous les tronçons de chemins de fer de France qu'il veut prolonger : aujourd'hui ce sont des assainissements, des défrichements, des plantations, des améliorations de toute sorte qu'il veut entreprendre sur 8 millions d'hectares de terres incultes, demain ce sera 3 millions d'hommes qu'il enverra, avec des ressources suffisantes, pour coloniser l'Algérie.

Que de places, que d'emplois à donner ! à chacun selon son intelligence, à chacun selon le rang qu'il occupait dans l'échelle sociale; à l'un trois hectares, à l'autre dix !

Quant au Gouvernement, voilà son dessein ; quant à toi, riche, quel est le tien ?... Mais, souviens-toi que, sans toi, le Gouvernement ne peut rien.

Nous t'avons parlé d'Égalité : Sais-tu bien l'Égalité que nous demandons ? l'Égalité, vois-tu, au point de vue intelligent, c'est l'équilibre des sociétés. L'argent attire l'argent, dit un proverbe, c'est-à-dire en d'autres termes que la vie est toujours lourde pour les uns et toujours facile pour les autres. Eh bien ! nous la voulons également facile pour tous. Les impôts proportionnels sont donc de toute justice. Tu sais que de toute part on les demande, et s'ils ne sont pas décrétés aujourd'hui, ne vois-tu pas que c'est parce qu'ils ne peuvent l'être que demain? Tu sais que le Gouvernement lui-même, par l'organe du Citoyen Ministre des Finances, en a déjà consacré le principe :

« J'aurais voulu soumettre à votre approbation le plan d'un im-
« pôt sur le revenu (dit le citoyen Garnier-Pagès, dans son rap-
« port en date du 16 mars 1848). Juste en principe, et plus juste
« que tous les autres, pour les raisons qui sont aujourd'hui con-
« nues de tout le monde, l'impôt du revenu, l'INCOME-TAX,
« offre en outre le mérite d'une perception facile. Mais les formali-
« tés préalables de l'exécution entraînent de trop grandes lenteurs.
« Trois ou quatre mois, tout au moins, seraient indispensables
« pour la confection des rôles. En vous proposant d'en consacrer
« dès aujourd'hui le principe et de le substituer dans l'avenir à
« l'impôt actuel, je pense qu'il faut y renoncer pour le moment. »

Riche, c'est le moment ou jamais de l'offrir volontairement.

Pour atteindre, dans les limites proportionnelles, tous les déten-teurs de terres, d'hypothèques, de rentes et de capitaux, il faut des mois entiers de travail, mais pour que chacun apprécie dans le fond de sa conscience la part qui lui est dévolue au nouvel édifice social, il faut un jour ! QUE DES IMPOTS PROPORTIONNELS SOIENT DONC OFFERTS POUR UN AN, DE PLEIN GRÉ ET A TITRE D'OFFRANDE POUR LE SALUT DE LA RE-PUBLIQUE.

Ne vois-tu pas déjà, riche, que tu es devancé par le peuple, qui aujourd'hui te fait un appel? Ne vois-tu pas ces dons de 10, de 15 et de 20 francs qu'on apporte de toute part? N'entends-tu pas parler également de termes remis, de quittances données? Toi qui es à la tête de la société, devance donc le peuple dans sa marche, devance-le dans son élan! Souffriras-tu que celui qui manque aujourd'hui de travail apporte son offrande? Tu le vois l'impôt de 45 centimes ne saurait être payé. Il pèse trop lourdement sur ceux qui n'ont rien, il pèse trop légèrement sur ceux qui ont tout. Souffriras-tu, riche, que celui qui ne possède que 50 francs de revenu s'impose aujour-d'hui des sacrifices? Non, tu ne le souffriras pas ! Que chacun donc s'impose VOLONTAIREMENT, voilà la LIBERTÉ; que chacun s'im-pose PROPORTIONNELLEMENT à son revenu ou à son capital, voilà L'ÉGALITÉ !

Riche qui possède, sous quelque forme que soit, 100,000 fr. de capital, que ton offrande soit de 200 fr.
Riche qui possède 300,000 fr. id. 1,200 fr.
Riche qui possède 700,000 fr. id. 5,000 fr.
Riche qui possède 1,000,000 fr. id. 10,000 fr.

En Prusse, sous l'Empire, pour continuer la guerre contre la France, lorsque le trésor fut à bout de ressources, on fit au nom du salut de la patrie un appel à la noblesse prussienne, et, en quelques jours, le trésor regorgea d'argent, d'or, de bijoux et de pierres précieuses. Aujourd'hui la patrie est en danger, non pas par le fait d'une guerre étrangère, mais bien par le fait d'une crise financière, compliquée d'un manque de travail. Qui l'emporteront ou des riches de la Prusse ou des riches de la France? Répondez !

Quand les trois mots de liberté, d'égalité, de fraternité ne seront plus seulement dans vos paroles, mais bien dans vos actes, savez-vous ce que le peuple vous réserve? A l'exemple du peuple prussien, il fondra en fer et pour vos femmes et pour vos filles des colliers, des bracelets, des bijoux, des boucles d'oreilles ; pour avoir sauvé la patrie, il se mettra à fondre pour vous des médailles avec cette inscription : *Au citoyen ***, le peuple reconnaissant.*

Vous aussi, à qui nous demandions l'abolition de vos titres, vengez-vous donc aujourd'hui, voilà de nouveaux titres de noblesse !

Quand en sauvant la patrie, vous aurez aussi sauvé le peuple, qu'aurez-vous à craindre de lui? Ne le voyez-vous pas çà et là porter déjà en triomphe ceux qui cherchent à soulager sa misère? Savez-vous ce que vous aurez à craindre de lui? vous aurez à craindre, que de vos châteaux il vous reporte en triomphe dans vos hôtels; vous aurez à craindre qu'il vous convie au Champ-de-Mars à un Banquet de cent mille couverts; vous aurez à craindre qu'en France 20 millions d'hommes, d'un transport unanime, boivent le même jour à votre santé; vous aurez à craindre que 5 millions de fusils et que mille bouches à feu saluent à la même heure, en ébranlant les airs, l'ère nouvelle de l'Égalité et de la Fraternité; vous aurez à craindre que le plus beau des spectacles soit donné au monde, celui de voir les pauvres crier : Vivent les riches !!! ...

Le paiement volontaire et spontané par les riches eux-mêmes de l'impôt sur le revenu, telle est la solution de la crise financière et sociale du jour.

Je demande à payer le premier cet impôt, et le mets dès aujourd'hui à la disposition du citoyen Ministre des Finances.

Le citoyen DURCLÉ, *propriétaire.*

L'APPEL AUX RICHES doit être fait au nom du peuple par le Gouvernement. Que trois cent mille hommes se rassemblent donc, dimanche 2 avril, place de la Concorde, à midi précis, et qu'un appel aux riches, dans les termes ci-dessus, soit présenté dans le plus grand calme au Gouvernement provisoire.

Vive la République ! Vive la Liberté ! Vive l'Égalité ! Vive la Fraternité !

XXX.

PÉTITION AU GOUVERNEMENT PROVISOIRE

dans l'intérêt commun des Propriétaires et des locataires relativement au paiement des Loyers.

SIMPLIFIER... tel devrait être le mot d'ordre général au milieu de la crise financière qui règne en ce moment à Paris et dans toute la France.

L'idée que nous émettons aujourd'hui rendrait un important service aux propriétaires et aux locataires, aiderait puissamment le Commerce et l'Industrie et remplacerait le numéraire.

Cette idée consisterait à mobiliser les loyers.

1° Tous les locataires, à la condition que le paiement du terme d'avril prochain fût reculé de trois mois, devraient consentir à régler d'avance un an de loyer en quatre bons aux échéances des quatre termes de l'année.

2° Ces valeurs, faites à l'ordre du propriétaire, présenteraient au Comptoir d'escompte et au Commerce la garantie des souscripteurs, celle enfin du propriétaire, et mettraient en circulation une somme énorme.

3° L'intérêt du premier terme serait à la charge du locataire.

4° Ces effets porteraient en tête : BILLET AVEC GARANTIE DE MEUBLES ET D'IMMEUBLES,

Il n'est pas un propriétaire qui ne pût placer ces valeurs facilement, même à défaut de la Caisse d'escompte et même à défaut de la Banque de France.

Une pétition à ce sujet va être présentée immédiatement au Gouvernement provisoire; on invite tous les Citoyens à venir signer cette pétition dans les bureaux du journal *LA LIBERTÉ*, 171, rue Montmartre.

XXXI.

COMMISSION INSTITUÉE

pour appeler à la défense de la République tous les patriotes éprouvés.

Une Vigilance incessante, un patriotisme éclairé, un dévouement énergique, tels sont les sentiments qui animent le Gouvernement provisoire, tels sont ceux que la République réclame. Que tous les bons Citoyens lui viennent donc en aide !

Les souvenirs de la curée de 1830 ont réveillé des appétits qu'il est urgent de modérer. Déjà, les habiles ont, à force d'obsessions ou de ruses, obtenu des nominations peu méritées : il est temps d'éclairer le Gouvernement, dont ils ont surpris la religion.

Pour arrêter le Gouvernement provisoire sur une pente aussi glissante, un grand nombre de Citoyens éprouvés ont nommé une Commission chargée de réclamer le concours des Patriotes restés purs. Les Citoyens dévoués sentiront le besoin de s'unir plus étroitement que jamais, car de leur unité dépend le salut de la République.

Cet appel n'est pas fait seulement aux nombreux patriotes de Paris, mais à ceux de la France entière ; il faut que le Gouvernement soit éclairé sur la valeur de ces rapaces qui surgissent invariablement le lendemain d'une victoire ; il faut qu'il sauve la France en rendant impossible à jamais une nouvelle tyrannie.

Le Citoyen SOBRIER, ex-délégué du Peuple au Département de la Police, 25, rue Blanche, chez lequel se réunira la commission, a été désigné pour recevoir les adhésions.

La commission se compose des citoyens

Blanchi, négociant, rue de Provence, 5,	Félix Pyat, homme de lettres,
Bergeron, homme de lettres,	Lechalier, courtier d'assurances,
Barbès, id.	Sobrier, propriétaire,
Cabaigne, id.	Thoré, homme de lettres,
Delahodde, id.	Raisan, propriétaire,
Louchet, négociant,	Huillery, correcteur d'imprimerie,
Luchet, homme de lettres,	Vaulabelle, id.
Ganneau, artiste,	Boivin, négociant,
Pilhès, négociant,	A. Leroux, homme de lettres.
	Edouard Séguin, id.

XXXII.

ON MASSACRE LA POLOGNE ET ON VOUS INVITE A NOS FÊTES.

Le programme de la fête du Champ-de-Mars assigne une place aux députations Italienne, Allemande et Polonaise, dans le cortége de la prochaine solennité de la République.

Il est juste que les Italiens, vainqueurs de leurs oppresseurs, s'associent au triomphe du Peuple Français.

De même les Allemands, à qui la République a fait gagner des constitutions, peuvent mêler leurs cris d'allégresse à ceux de leurs frères des bords de la Seine.

Quant aux Polonais, nous ne voyons pas à quel titre ils pourraient prendre part à la réjouissance du Champ-de-Mars :

Car, tandis que des torrents de sang coulent dans ce malheureux pays;

Que la Posnanie est en proie à une bande d'assassins qui égorgent les femmes et les enfants, profanent les églises et brûlent les chaumières du Peuple;

Qu'en Galicie le gouvernement arme une partie de la population contre l'autre, qu'à tout moment on s'y attend aux massacres suscités par les agents de Vienne et de Pétersbourg;

Que Cracovie a été bombardée;

Que dans le royaume, le czar fait avancer des masses de troupes; qu'il séquestre le blé et le bétail du paysan pour les nourrir; qu'il fait reprendre les ustensiles de labour sous prétexte que le peuple peut s'en servir pour forger des piques et des faulx; qu'ayant envoyé une partie de la population en Sibérie et dans les cachots, il veut faire périr l'autre par la famine,

Il est indubitable que les Polonais ne doivent qu'à une méprise leur invitation à la fête du Champ-de-Mars.

C'est plutôt à une messe funèbre que la France aurait dû inviter nos frères du nord.

Leur place est au pied de l'autel, c'est là qu'ils doivent implorer Dieu, leur seul et unique protecteur, pour le salut de leur patrie, pour le repos de leur nation égorgée.

Plusieurs vrais Amis de la POLOGNE.

XXXIII.

République Française.

Liberté, — Egalité, — Fraternité.

MES CHERS CONCITOYENS,

Je viens, dans quelques pages adressées à mes compatriotes de Seine-et-Oise, de réveiller les souvenirs de ceux qui savaient ma vie politique, en l'indiquant à ceux qui pouraient l'ignorer encore.

Je ne vous dirai pas que la connaissance que j'ai du département qui m'a vu naître, que ma position actuelle et mes relations plus ou moins intimes avec les citoyens élevés aux premières fonctions de l'État, pourront lui être utiles dans toutes les

questions où seront intéressés ses développements agricoles, industriels et commerciaux, l'essor qu'il réclame pour les sciences et les beaux-arts.

Non; je parle à des citoyens français, à des hommes qui doivent, qui veulent, avant tout, envoyer à l'Assemblée Nationale des mandataires de la nation tout entière, de vrais représentants de la France nouvelle.

A ce titre seul, je vous ai donc rappelé que, depuis vingt-cinq ans, ma vie, ma liberté, ma fortune, ont été tour à tour exposées ou sacrifiées pour propager les principes de la démocratie et préparer son jour de victoire; que, dans les veilles du cabinet, sous les verroux, sur la place publique, ma tête, mon cœur, mon bras n'ont cessé de penser, de battre, d'agir pour cette cause républicaine que nous avons enfin vue triompher!

Je vous l'ai rappelé, parce que notre insurrection parisienne ne deviendra pas, comme en 1830, une révolution de palais, une guerre aux places, mais sera le signal d'une véritable régénération politique et sociale;

Parce que cette révolution ne sera forte et féconde qu'à la condition de travailler au bien-être et au progrès physique, moral et intellectuel de tous les enfants de la grande famille française, à commencer par les classes les plus nombreuses, les plus utiles, et, jusqu'à présent, hélas! les plus souffrantes;

Parce que ceux-là, seuls, peuvent à la fois diriger ce grand mouvement avec énergie et avec sagesse, qui le sentent, le comprennent, et l'ont amené.

Parce que les idées, les sentiments et les actes de ceux-là seuls peuvent, en donnant satisfaction légitime aux intérêts généraux, concilier l'ordre et le progrès.

Oui, ceux-là seuls peuvent maintenir la force au service du droit; ceux-là seuls peuvent conserver à notre admirable révolution son calme et sa clémence; ceux-là seuls peuvent conjurer les désordres qu'amèneraient partiellement, soit l'impatience d'exagérations utopiques, soit surtout la présence et l'intervention des hommes du passé, et, avec eux, des tendances réactionnaires vers le privilège et l'oppression, le mépris ou l'oubli de cette sainte devise: Liberté! Égalité! Fraternité!

Voilà pourquoi, chers concitoyens, j'ai fixé sur moi votre attention; voilà pourquoi j'appelle votre confiance; voilà pourquoi je réclame l'honneur de votre mandat.

Auguste DUPOTY.

30 mars 1848.

XXXIV.

Organisation du Travail.

ASSOCIATION DU TRAVAIL ET DU CAPITAL.

MOYENS DE RÉALISATION.

I.

Désormais, dans toute entreprise industrielle, soit agricole, soit manufacturière ou commerciale, le travail et le capital seront *associés* et *représentés* ainsi qu'il suit.

II.

A la fin de chaque exercice et aussitôt après le règlement et la clôture des comptes, les travailleurs *des deux sexes* attachés à l'entreprise, ou leurs délégués, s'ils sont trop nombreux, seront convoqués par les gérants en *assemblée des représentants du travail*.

Les capitalistes, propriétaires ou actionnaires de l'entreprise, et, avec eux, les commissaires de la République, pour le capital qu'elle aurait apporté dans l'entreprise, seront convoqués en *assemblée des représentants du capital*.

La réunion de tous les membres de ces deux assemblées constituera l'*assemblée générale de la société*.

III.

L'*assemblée générale* entendra la lecture et les développements du rapport des gérants pour l'exercice écoulé, lequel aura dû être distribué d'avance à tous les intéressés, et en discutera l'ensemble et les détails.

Toutes les propositions que ce rapport fera naître seront consignées au procès-verbal, ainsi que toutes les réclamations portées devant l'assemblée, notamment par les travailleurs révoqués ou déplacés.

IV.

Le procès-verbal de l'assemblée générale sera renvoyé à une *commission d'arbitres* élus en nombre égal et séparément par l'assemblée des travailleurs et par celle des capitalistes.

Ces arbitres se réuniront pour choisir et s'adjoindre un tiers arbitre, et constituer définitivement la commission arbitrale.

V.

La commission arbitrale, investie des pouvoirs les plus étendus par ces deux assemblées, statuera souverainement, dans le plus bref délai, sur le rapport des gérants, sur toutes les réclamations, sur toutes les propositions et généralement sur toutes les questions d'intérêt social qui auront été agitées dans l'assemblée générale.

Elle reconnaîtra et constatera le prix de revient des produits de l'entreprise, en raison des salaires du travail, de l'intérêt et de l'amortissement du capital.

Elle établira, pour l'avenir, le règlement du travail et des salaires, ainsi que celui de l'intérêt et de l'amortissement du capital, de manière à procurer à l'entreprise la vente la plus avantageuse de ses produits.

Elle règlera l'indemnité due aux travailleurs déplacés par suite de réformes opérées dans la main-d'œuvre, et notamment par suite de l'introduction de machines ou mécaniques ; cette indemnité devra être estimée pour chacun d'eux en raison du chômage auquel il est exposé, et de son exclusion des bénéfices à espérer de l'emploi des nouveaux procédés.

Elle vérifiera et certifiera le compte de gestion, approuvera ou réformera les mesures proposées pour l'avenir. Elle fixera la portion des bénéfices à laisser en réserve, et fera dresser le tableau de la répartition des bénéfices disponibles, sur le principe de l'*égalité des droits*, entre le travail et le capital.

VI.

En conséquence, les bénéfices de l'entreprise, restant disponibles, après le prélèvement

1° Des salaires payés à tous les travailleurs des *deux sexes* qui auront été attachés à l'entreprise pendant tout ou partie de l'exercice auquel s'applique le compte de gestion, journaliers, ouvriers, contre-maîtres, ingénieurs, employés, *gérants*, directeurs ou fermiers ;

2° Des dividendes fixes alloués, aux capitaux, pour intérêt et amortissement ; l'intérêt étant composé du *loyer* du capital et de la *prime d'assurance* de son remboursement, selon les chances de l'entreprise ;

3° De la portion laissée en réserve ;

seront répartis entre tous, *travailleurs* et *capitalistes*, en proportion du *salaire* ou du *dividende fixe* de chacun

Le *salaire* et le *dividende fixe* de chacun seront augmentés, par suite de cette répartition, dans le rapport, *égal pour tous*, de la somme des bénéfices à répartir, à la somme totale des salaires et des dividendes fixes.

Les pertes resteront, comme toujours, à la charge du capital.

VII.

La commission arbitrale pourra prononcer, selon la gravité des motifs, la révocation des gérants et la dissolution de l'entreprise, et elle en proposera le mode de liquidation et de réorganisation, s'il y a lieu.

Les délibérations de la commission arbitrale seront publiées et distribuées à tous les intéressés, travailleurs et capitalistes.

OLINDE RODRIGUES.

XXXV.

LA PEUR ET LES ÉLECTIONS POUR L'ASSEMBLÉE NATIONALE.

La France, ce pays de la bravoure et de la gloire, est cependant celui où la peur exerce le plus sa redoutable influence. Nul ne craint d'affronter la mort, tous semblent s'épouvanter d'un mot : *République !*... Ce mot les étonne, les inquiète. Si quelques-uns en comprennent la noble et généreuse signification, un grand nombre n'y voit que 1793 et les excès que la première République eut à déplorer. Pourquoi cet effroi ? Pourquoi cette fâcheuse confusion dans les idées ? Qu'y a-t-il donc dans la situation des choses qui doive alarmer et paralyser l'action des citoyens amis de l'ordre et de la tranquillité publique ?

La lutte sanglante qui a renversé le dernier trône et dont la République est sortie radieuse, ne fut-elle pas moins longue et moins meurtrière que celle de la Révolution de Juillet ? Le nombre des blessés n'a-t-il pas été infiniment moindre ? Le calme n'a-t-il pas à l'instant même succédé à la tempête ? Et ce peuple admirable d'abnégation et de dévouement, qui ne compte pour rien sa peine et qui est toujours prêt à verser son sang, n'a-t-il pas proclamé, le premier, le rétablissement de l'ordre et de la sécurité ? N'a-t-il pas fait de lui-même un appel à ses concitoyens dont il sentait que l'expérience et les lumières lui auraient manqué ? N'a-t-il pas prouvé par une sévère et terrible justice qu'il blâmait les excès et qu'il repoussait de son sein les mauvais sujets ? Où donc est la cause de cette consternation que rien n'explique ? — La cause ? — C'est la peur. La peur qui ne raisonne point. La peur aveugle, stupide, qui entraîne tous les mouvements de l'âme, qui jette un voile épais sur l'intelligence, qui rend nul l'homme le plus capable et ne laisse à l'esprit qu'une seule faculté, celle de se créer des maux qui n'existeraient pas sans elle.

En effet, la crise financière qui alarme tant d'esprits craintifs, se faisait sentir sous le dernier gouvernement ; elle était le résultat de ces spéculations désordonnées, extravagantes des agioteurs sur les compagnies de chemins de fer, et elle devint plus grave par la mauvaise récolte de l'année 1846, qui porta les subsistances à un prix beaucoup trop élevé. L'incurie de ce gouvernement qui a disparu sous le souffle du peuple ; cette soif de l'or, entretenue par la fièvre de l'égoïsme qu'inoculait dans tous les rangs de la société la corruption du pouvoir d'alors, ne sont-elles pas les seules raisons de ce malaise du commerce et de l'industrie ? La République a-t-elle amené cet état de choses ? Assurément non ; il faudrait être de mauvaise foi pour affirmer le contraire. Si la crise est devenue plus grave, si le commerce et l'industrie éprouvent plus d'embarras depuis cette miraculeuse Révolution, où les plus incrédules ne peuvent s'empêcher de voir l'arrêt de la Providence, à qui la faute ? N'est-ce point à ceux que la peur domine ? Qui leur fait retirer des caisses d'escompte et de chez les banquiers, les fonds qu'ils y avaient déposés ? Que font-ils de ces capitaux dont la mise en circulation rendrait la confiance en facilitant les opérations commerciales ? — Rien : ils attendent que la frayeur qui les agite soit calmée. Et encore s'ils se rassuraient entre eux, s'ils voyaient les choses comme elles sont, s'ils se rendaient compte et de leur terreur insensée, et de la situation financière de la France, ils reviendraient à des idées raisonnables ; mais ils s'exagèrent les embarras passagers, leur imagination malade crée mille fantômes plus épouvantables les uns que les autres. Dans ce cauchemar permanent, la République leur apparaît sans cesse les yeux flamboyants et traçant en lettres rouges l'effrayant millésime de 1793. Et cependant tout cela n'est qu'un rêve de leur cerveau, c'est la peur qui les égare, c'est la peur qui leur interdit l'usage de la raison. Qu'ils fassent un effort sur eux-mêmes, un acte de leur volonté suffira pour dissiper toutes ces chimères ; notre ère nouvelle leur apparaîtra ce qu'elle est, en effet, le commencement du règne des lois, d'une liberté sage fondée sur l'égalité des droits et sur la fraternité qui fait l'union, la force et le bonheur d'un peuple. C'est alors seulement qu'ils pourront distinguer les bons citoyens de ces patriotes de commande qui sèment l'alarme et la défiance parmi les faibles, dans l'intention perfide de servir des intérêts qui ne sont pas ceux de la patrie. Qu'ils méprisent ces indignes manœuvres ; car sans cesser d'avoir l'œil ouvert sur ces sourdes menées, que l'on n'imite pas les réactionnaires de 1815 ; qu'on laisse ces hommes avec leurs opinions surannées, et que la République de 1848 punisse par le dédain ceux qui applaudissaient aux proscriptions et aux échafauds de la Restauration.

LA FRANCHISE, LA LOYAUTÉ, LA PROBITÉ, SONT LES ÉLÉMENTS D'UN GOUVERNEMENT RÉPUBLICAIN. Ces trois qualités essentielles ne se montrent-elles pas dans tous les actes du Gouvernement Provisoire ? Que faut-il pour consolider ce Gouvernement institué par tous et pour les intérêts de tous ? des élections faites avec discernement, qui envoient à l'Assemblée nationale des hommes dont l'incorruptible probité soit rehaussée d'une instruction solide et de l'expérience des affaires ; des hommes qui, comme ceux de l'Assemblée constituante, sachent comprendre et embrasser toute l'étendue de leur mission, des citoyens au niveau des graves et importantes questions sociales qui devront trouver leur solution dans la Constitution de la République.

Dans cette arène où vont descendre tous ces représentants de la nation, il faut que chaque athlète se présente avec des armes loyales, et animé du même esprit de vérité, de droiture, de concorde ; il faut que le combat ne soit qu'un assaut de dévouement ; que les discussions y soient sages, imposantes, solennelles, à la hauteur de la grande nation dont il s'agira de fixer les destinées. Peu de paroles, mais des faits. Point de ces esprits faux et remuants qui ne s'agitent que pour attirer les regards, et qui ne se font les champions de thèses insoutenables, que pour donner cours à une indomptable loquacité.

L'ASSEMBLÉE NATIONALE, QUI SERA BIEN L'EXPRESSION RÉELLE DE LA VOLONTÉ DU PEUPLE FRANÇAIS, PUISQUE LE SUFFRAGE SERA UNIVERSEL, est cependant déjà l'objet des attaques, de certains hommes qui prétendent qu'avec le mode d'élection établi, le peuple ne sera point représenté.

Cette curieuse proposition se réfute d'elle-même, puisqu'elle se contredit dans les termes. Dire que le peuple français qui a le droit absolu, illimité, de choisir ceux qui lui conviendront, ne sera pas représenté, c'est poser en principe que la lumière du soleil produit le jour, et en conclure que quand il brille il fait nuit.

Assurément, le peuple est libre d'écrire sur une liste les noms de ceux qu'il voudra envoyer comme ses représentants à l'Assemblée nationale, et personne au monde ne peut l'empêcher de mettre sur ces listes les noms qu'il croira devoir y placer; il est donc certain, incontestable, qu'il y a liberté entière, absolue, dans l'exercice du droit électoral, et il n'y a pas plus d'embarras, pour les électeurs, à désigner les représentants de tout un département, qu'ils n'en éprouveraient s'ils avaient à choisir un représentant par chaque fraction de localités. C'est avec ce dernier mode que les influences que l'on semble redouter auraient une puissance réelle; tandis qu'avec des élections par département, quelle influence peut-on exercer? La concurrence des divers candidats n'est-elle pas un obstacle invincible à cette influence? On objecte les comités directeurs? — Mais ces comités ne font qu'émettre leurs opinions, donner leurs avis; les électeurs, c'est-à-dire le peuple tout entier, est libre d'admettre ou de rejeter ces opinions, d'adopter ou de repousser ces avis; pour cela, il ne lui faut que sa volonté, et ce serait lui faire injure que de supposer qu'il ne sait point en avoir une.

Son choix, d'ailleurs, ne peut être déterminé que par ce bon sens, ce tact admirable, qui caractérisent le peuple français et particulièrement ces spirituels enfants de Paris, dont la rieuse malice n'exclut pas la sagesse et la réflexion. Ils désigneront parmi leurs nombreux candidats ceux qui leur offriront la science solide, l'expérience des hommes et des affaires, ceux dont l'attachement au Gouvernement de la République sera sincère et profonde; qui pourront leur rappeler des antécédents, des traditions de famille, et dont la vigueur, la fermeté des opinions, leur donneront des garanties d'ordre, de sécurité. Le peuple comprend à merveille qu'il lui faut des législateurs éclairés, probes, dont l'intelligence envisage promptement et sûrement les hautes questions d'une constitution de la République française; constitution qui ne doit pas être seulement l'édifice social du plus grand peuple du monde, mais encore le monument impérissable qui servira de modèle aux nations de l'univers.

L.-J.-G. CHÉNIER,
Neveu d'André, et de Marie-Joseph Chénier,
l'auteur du CHANT DU DÉPART.

XXXVI.

EXTRAIT D'UNE LETTRE DU CITOYEN SOBRIER
En date du 5 avril 1848.

Il n'est pas vrai que j'ai renoncé à ma candidature ; si je l'avais voulu faire, je n'aurais pas été assez grossier pour me retirer sans avoir remercié les citoyens qui m'avaient témoigné leur estime.

Signé SOBRIER.

Nota. L'original est entre les mains du citoyen Destombes, impasse Constantine, 10.

XXXVII.

EXTRAIT DE LA NOTE DU CITOYEN CAHAIGNE
En date du 5 avril 1848.

Il est faux que le citoyen Buisson ait proposé au citoyen Sobrier de se désister en sa faveur de sa candidature au grade de Lieutenant-Colonel ; le citoyen Buisson s'est adressé mardi au citoyen Cahaigne, rédacteur en chef de la *Commune de Paris*, mais non au citoyen Sobrier.

Il est vrai qu'après avoir entendu les paroles du citoyen Buisson, se désistant en face de la candidature du citoyen Sobrier, un membre a proposé de le porter, lui, citoyen Buisson, comme chef de bataillon.

Tout ce qui a pu être dit ou affiché contrairement à ce qui précède est une atteinte à la vérité.

Montmartre, ce 6 avril 1848.

Signé CAHAIGNE,
Rédacteur en chef de la *Commune de Paris*.

L'original se trouve entre les mains du citoyen PETIT, demeurant rue de l'Empereur, 18.

XXXVIII.

SERVICE FUNÈBRE EN MÉMOIRE DES ESPAGNOLS
Morts pour la cause de la liberté.

I.

Depuis la proclamation de la constitution de Cadix en 1812, ce pacte fondamental des libertés Espagnoles, jusqu'à la dernière révolution de Mars, notre Patrie compte de nombreux et héroïques martyrs, morts pour la sainte cause de nos libertés.

Glorifions leur mémoire! Nous leur devons l'esprit de liberté, qui enflamme nos cœurs et qui agite notre pensée.

Réunissons-nous au pied de l'Autel, prions pour eux et pour notre prochaine délivrance.

Convions à cette solennité nos frères de la Péninsule, les Portugais, nos frères des Amériques et tous les membres des différents peuples qui se trouvent à Paris.

II.

AU PEUPLE FRANÇAIS.

Et toi, peuple héroïque de France, aux larges sentiments démocratiques, unis-toi à nous pour célébrer ce jour! Naguère tu as encore une fois répudié de la manière la plus éclatante, la politique des familles princières, qui surent, dans leur intérêt personnel, soit par les armes, soit par la corruption, comprimer l'élan de notre Patriotisme.

Étrange spectacle! — L'Espagne, cette sœur aînée de la France, qui la *première* s'était déclarée l'alliée de la République française et avait versé son sang pour elle, l'Espagne a été le seul pays qui a eu à souffrir dans ses sentiments de fraternité pour le peuple français.

Les *intérêts dynastiques* des trois dernières couronnes des Tuileries ne pèseront plus sur l'Espagne : — Le PEUPLE FRANÇAIS est là; il veille armé, dans sa puissance et dans sa force, au salut de la liberté du Monde!

Aussi les peuples de France et d'Espagne sont-ils fraternellement unis pour toujours!

III.

Le Peuple de Paris étant aujourd'hui organisé, soit dans les clubs, soit dans les légions de la garde nationale, les Espagnols seront heureux de trouver dans leurs rangs, mardi prochain 11 avril, au service funèbre de la Madeleine, des députations des clubs avec leurs drapeaux, et des citoyens de la garde nationale.

IV.

La réunion aura lieu aux abords de la Madeleine, à dix heures et demie; le service sera fini à onze heures et demie.

La réunion se rendra ensuite au boulevart Bonne-Nouvelle.

Une oraison funèbre en l'honneur des martyrs de la Liberté espagnole et du monde entier sera prononcée dans la salle Bonne-Nouvelle, *par un Membre du Clergé de Paris*.

On se rendra ensuite à la colonne de Juillet, pour rendre hommage aux martyrs des Libertés françaises.

V.
DRAPEAUX.

Les drapeaux de la cérémonie seront les suivants :
Drapeau de la Démocratie espagnole;
Drapeau de la Démocratie portugaise;
Drapeau de la fédération Ibérique;
Et les drapeaux des autres nations qui se réuniront aux démocrates Espagnols.

XXXIX.
LES DÉMOCRATES ESPAGNOLS AU PEUPLE DE PARIS.

FRÈRES !

Votre cœur noble et chaleureux a répondu avec effusion et enthousiasme à la voix des démocrates espagnols.

Vous êtes venus aux pieds des autels témoigner de votre pieux souvenir pour les martyrs de la Péninsule morts pour la sainte cause de la liberté !

Vous êtes venus avec nous entendre la parole évangélique d'un orateur sacré du clergé de Paris, qui, au nom de Dieu et de la fraternité humaine, est venu protester contre les principes de la vieille politique des castes princières, qui tendait à séparer les nations au lieu de les unir.

Vous avez les premiers, inspirés par les sentiments les plus élevés, proposé d'acclamation et accepté en votre nom et au nom des clubs dont vous êtes les représentants, la candidature à l'Assemblée nationale de l'orateur, l'abbé CHAVEE, qui, en défendant les droits de la Péninsule, proclamait bien haut la sainte alliance des peuples.

Vous avez, au pied de la colonne des martyrs de Juillet et de Février, protesté au nom de la France contre la politique de vos anciens rois, qui espéraient, dans leur fol orgueil dynastique, faire disparaître les Pyrénées au seul profit de leurs intérêts égoïstes.

Merci, merci, noble peuple de Paris, pour votre concours fraternel! Merci à vous surtout, blessés de Février, qui, encore convalescents, vous êtes unis à nous pour célébrer la fête funèbre des martyrs de la liberté de la Péninsule.

Notre fraternelle manifestation d'hier aura du retentissement par delà les Pyrénées.

Le peuple y doit aussi tressaillir de joie et d'enthousiasme pour tout ce qui est grand et beau.

Il a encore assez de sang généreux pour conquérir toutes les libertés.

*Vive la France! vive l'Espagne! vive la République!
vive la fraternité des peuples!*

XL.

AUX ÉLECTEURS DU DÉPARTEMENT DE L'EURE.

Citoyens et Compatriotes,

Avant de m'offrir à vos suffrages, j'ai voulu attendre que mon nom eût été prononcé librement, sans effort de ma part et sans démarche prématurée. Si j'ai des titres à votre confiance, j'ai pensé que je ne devais pas être le premier à les dire, et que je devais laisser prendre cette initiative par ceux d'entre vous qui m'ont connu, et dont l'amitié ne m'a pas perdu de vue au milieu des luttes quotidiennes auxquelles j'ai pris part depuis dix ans comme écrivain politique.

Aujourd'hui, le moment est venu pour moi d'appuyer de quelques explications personnelles une candidature qui a été publiquement annoncée.

Je ne fixerai pas de date à mes sentiments républicains.

Fils d'un ouvrier et élevé au milieu des travailleurs, entré de bonne heure dans la presse radicale, rédacteur du *National* pendant ces dernières années, appelé à l'Hôtel-de-Ville comme Adjoint au Maire de Paris par le choix du Gouvernement provisoire, la sincérité de mes opinions et l'énergie avec laquelle j'en ai poursuivi le triomphe ne sauraient être mises en doute.

Mais si j'ai contribué, pour si peu que ce soit, aux derniers événements, je considère que c'est moins un honneur qu'une grande responsabilité.

La victoire a ses charges.

Rétablir sur des fondements solides notre société délivrée et rajeunie ; à l'anarchie politique, morale et économique qui a régné depuis dix-huit ans, faire succéder un ordre nouveau, vrai et durable ; relever tous les droits opprimés, assurer le plein exercice de toutes les libertés individuelles, et en même temps fortifier le pouvoir, garantir à tous les intérêts la sécurité qui leur est due ; par une attitude ferme et par une loyale assistance accordée à toutes les nationalités amies ; rendre à la France, à ses principes, à ses armes, leur popularité et leur influence ; pénétrer jusqu'au cœur des administrations corrompues, y détruire toutes les mauvaises traditions, enseigner que l'honnêteté est le premier devoir de tous les citoyens et le dévouement le premier commandement de l'Etat ; développer de plus en plus l'âme et l'intelligence du pays, en convoquant le peuple aux bienfaits d'une éducation gratuite ; présider à une répartition plus féconde de l'impôt, après l'avoir assis sur des bases plus équitables ; ouvrir au commerce national de nouveaux débouchés, en l'aidant des efforts et des conseils de l'autorité ; enfin réparer envers l'agriculture, la plus importante de nos industries, les torts du gouvernement déchu, faire en sorte qu'elle recouvre son ancienne prospérité, en éclairant ses expériences et en facilitant son crédit :

Tels sont les devoirs qui nous sont échus, et c'est ainsi que je comprends la tâche que la République s'est imposée.

Outre ces réformes, il en est une à laquelle toutes les préoccupations assignent le premier rang, et dont l'Assemblée constituante sera bientôt saisie.

Les changements à apporter dans les relations entre le travail et le capital ont donné naissance à des systèmes nombreux. J'en adopte les intentions, mais je ne saurais me rallier aux formules qui se sont produites avec le plus d'éclat depuis quelque temps. Aucune d'elles ne me paraît avoir encore réussi à se renfermer dans des termes pratiques et raisonnables. La question est complexe, et je ne pense pas qu'on puisse la résoudre avec des idées absolues, par des moyens exceptionnels et excentriques. Le Gouvernement provisoire a proclamé le droit au travail ; au-delà, le champ est livré aux études et aux recherches. Quoi qu'il en soit des difficultés de ce problème, il est impossible qu'il ne soit pas très-sérieusement abordé dans la prochaine Assemblée. C'est une des gloires de la France d'avoir toujours été prête à tenter les expériences difficiles. Comment parviendra-t-on à améliorer la condition des travailleurs, sans violer les droits légitimement acquis sur le capital et sur le sol, par des travaux successifs et des économies accumulées ? Ce que je sais seulement, c'est que cette amélioration est juste et nécessaire ; et ce à quoi je m'engage c'est d'apporter dans l'examen de cette grave question un dévouement éprouvé pour les classes souffrantes, et un sincère esprit de conciliation.

Citoyens et compatriotes,

Si vous jugez, après ces explications, que je serais un interprète utile de votre pensée, de vos intérêts et de vos vœux, j'accepterai avec plaisir la mission que vous m'aurez confiée, et je la remplirai comme un devoir. Je regarderais comme un honneur considérable d'être inscrit par vous sur la même liste que Dupont (de l'Eure) et Garnier-Pagès, vos illustres représentants, qui ont bien voulu encourager mes efforts par les témoignages d'une amitié dont je suis fier. Mais si vous pensez que d'autres ont plus de titres à votre choix, j'attendrai sans impatience que de plus grands services m'aient rendu digne de vos suffrages.

Agréez l'assurance des sentiments d'estime et de vive sympathie avec lesquels je suis

Votre dévoué compatriote,

EDMOND ADAM,
Maire-Adjoint de Paris.

A l'Hôtel-de-Ville, le 12 avril 1848.

XLI.

PEUPLE SOUVERAIN.

Les Élections, pratiquées selon le décret du Gouvernement provisoire, pourront donner pour résultat une majorité aristocratique.

Attendu qu'il y a des aristocrates qui sont connus dans tous les départements, alors, un aristocrate connu pourra obtenir tous les suffrages aristocrates d'un département. Tandis que le Républicain, qui n'a jamais été homme public, n'est connu que dans sa localité, et ne pourra parvenir à avoir un nombre de suffrages aussi grand que celui obtenu par l'aristocrate.

Les immenses suffrages républicains pourront se trouver dispersés et perdus, tandis que les suffrages aristocrates pourront se rallier sur un homme connu.

Les suffrages républicains pourraient plutôt avoir la majorité, si le Gouvernement provisoire adoptait un mode d'élection ainsi conçu :

Le Peuple Souverain de chaque canton ou de chaque quartier de Paris se réunirait sur la plus grande place du chef-lieu du canton ou du quartier, et irait procéder à l'Élection de son Représentant, qui serait nommé à la majorité relative, après un scrutin préparatoire.

Chaque corps d'armée de 5,000 hommes nommerait aussi un Représentant. Il en résulterait un Représentant par canton ou quartier de Paris, ou corps d'armée de 5,000 hommes.

Ce plus grand nombre de Représentants serait favorable surtout pour une première Assemblée.

Enfin les circonstances actuelles ne demandent pas de retard, car le peuple souffre, et veut voter l'amélioration de son sort.

CORTEUIL,
Victime de la coupable Législation des pouvoirs déchus.

XLII.

LE COMITÉ RÉVOLUTIONNAIRE.

CLUB DES CLUBS,

composé des délégués des clubs, des corporations ouvrières, des ateliers nationaux, de la garde nationale mobile et de l'armée.

AU PEUPLE RÉPUBLICAIN.

Peuple,

De l'urne électorale va sortir l'Assemblée nationale chargée de constituer la République que tu as proclamée.

Ne t'endors pas dans une aveugle confiance.

La Légitimité qui s'agitait,—*l'Orléanisme* qui se glissait dans l'ombre, conspirent au grand jour; ils font appel à leurs partisans; ils proclament la guerre civile: leurs organes ne dissimulent pas leurs projets liberticides. Si tu en doute, lis-les.

Surveille avec vigilance les insensés qui rêvent les royautés, qui travaillent à les rétablir: surveille ces ambitions égarées qui songeraient à t'imposer un despotisme impossible, que tu répudies.

Si, dans leur aveuglement, ils osent attaquer ta souveraineté, fais justice des rebelles.

Espérons encore, pour le bonheur de la France, que ces partis reconnaîtront eux-mêmes leur impuissance, qu'ils s'y résigneront, qu'ils renonceront à provoquer ta juste colère: mais pour les maintenir, que ton œil soit ouvert sur eux, comme te l'a dit le citoyen Lamennais. Reste debout, prêt à défendre la République Démocratique contre les attaques de ses ennemis, quel que soit leur nom, contre les fauteurs de la royauté, qui l'abattraient au pied du trône, contre les fauteurs de l'anarchie, qui la traîneraient dans une boue sanglante.

VIVE LA RÉPUBLIQUE.

Les membres du Bureau et de la commission :

A. Huber, *Président du Bureau*, Louis Deplanque, *Vice-Président*, Longepied, *Président de la commissisn*, A. Barbès, Cahaigne, Chavant, C. Danse, Adrien Delaire, Deleau, Hyp. Gadon, Laugier, Lebreton, Napoléon Lebon, Sobrier, Ch. Thiele.

N. B. C'est par erreur que quelques Citoyens confondent le *Comité Révolutionnaire* avec le *Journal la Commune*; ils sont entièrement indépendants l'un de l'autre.

XLIII.

L'ESPRIT DU PEUPLE

A ses concitoyens de toutes classes et de toutes conditions.

CITOYENS,

La République française est désormais assise sur des bases solides. La sagesse du peuple a consolidé en un mois ce que son courage a conquis en trois jours.

Mais la force est confiante; la force victorieuse ne voit pas toujours les complots qui se trament dans l'ombre.

C'est pourquoi je vous dis : Citoyens, garde à vous.

Méfiez-vous du despotisme : il est vaincu, mais non découragé; il fuit, mais en fuyant il jette derrière lui un regard de vague espérance.

Qu'espère-t-il encore ? Le rétablissement de la légitimité ? Non : le carlisme est mort. Le carlisme n'est plus que l'idole vermoulue d'un parti sans avenir.

*Mais il reste l'*ORLÉANISME, *la tyrannie cadette de 1830, l'abominable secte de quasi-légitimité.*

Ses adhérents sont les derniers vaincus : ils sont par conséquent les derniers, les plus opiniâtres, les plus irréconciliables adversaires de notre glorieuse République.

Méfions-nous de ces hommes. L'astuce et les ténèbres seront leurs armes du lendemain, comme l'égoïsme et la corruption étaient leurs armes de la veille.

Voyez-les tous, ou presque tous, à l'œuvre.

A l'approche des Élections, ils cherchent à répandre la défiance dans le pays. Ils se disent républicains, plus républicains que nous tous; mais ils n'ont à la bouche que des paroles sinistres pour effrayer le capital et anéantir le crédit; ils se disent républicains dans leurs discours et dans leurs journaux, mais leurs discours portent la menace, et leurs journaux alimentent le découragement.

A nous de dévoiler ces ténébreux complots ; à nous de nous défier longtemps encore de la faction Orléaniste.

Elle est audacieuse, soyons vigilants ; elle s'agite dans l'ombre déjouons ses manœuvres au grand jour et en plein soleil.

C'est pourquoi je vous le répète : Citoyens, prenez garde à vous, Républicains, veillez !

Une intrigue s'ourdit à Londres. — On veut arracher au peuple les débris qu'a laissés entre ses mains en fuyant la Dynastie tombée, le 24 Février, devant le mépris de la Nation. — La reine Victoria et lord Palmerston suivent à cet égard les conseils de Louis-Philippe et de Guizot. — Citoyens, ne souffrez pas que les biens du Domaine privé échappent aux mains de la République : qu'on les vende au plus tôt, et que le produit soit versé dans les caisses de l'État pour alimenter le commerce, l'industrie et le travail. — L'ex-roi Louis-Philippe, d'odieuse mémoire, a envoyé au milieu de nous un aide-de-camp pour mendier une aumône. — Ce trait manquait à l'histoire de sa cupidité et de son avarice. — Mais le fourbe ne trompera personne, pas même ceux qui sollicitent pour lui.

Encore une fois, je vous le répète : Citoyens, prenez garde à vous ! Républicains, veillez !

VIVE LA RÉPUBLIQUE ! A BAS LA RÉGENCE !

CHARLES DESOLME,
Rédacteur en chef de l'Esprit du Peuple, Journal quotidien.

Les bureaux sont établis rue du Faubourg-Montmartre, 15.

XLIV.

AU PEUPLE.

C'est aujourd'hui que tu es appelé à exercer tes droits de Souverain.

Aujourd'hui, tu vas conférer le mandat qui doit faire les législateurs de la France et du monde; de ton choix dépend l'Avenir !

La réaction cherche à t'enlacer dans le réseau de ses intrigues; elle cherche à te souffler des inspirations funestes; elle veut te donner ses représentants pour renverser la République ou l'escamoter à son profit.

Tu vaincras ces ruses infernales en n'envoyant à l'Assemblée Nationale que des Républicains sincères et éprouvés, que des citoyens aussi élevés par le cœur que par l'esprit.

Ceux-là te donneront la République pure, le droit au travail et le bien-être pour tous. Avec eux, plus de castes, plus de priviléges, tous sont réhabilités, tous sont libres, et la fraternité sera réalisée

Avec les autres tu n'auras que les privations de toute espèce, les déboires. Vous serez 34 millions d'hommes exploités par une petite aristocratie cupide, refoulés encore dans la misère et dans la faim. Pour faire justice des intrigants, des réactionnaires et de toutes ces sangsues du peuple, il faudra ressaisir vos armes et livrer de nouveaux combats.

Entre ces deux perspectives, peuple, tu vas choisir.

Cinq noms surtout sortiront de l'urne : BÉRANGER! LAMARTINE! LAMENNAIS! LEDRU-ROLLIN! Louis BLANC! Ces noms sont à la fois révolutionnaires et socialistes.

Veillons tous! Union, Droit, Devoir.

Pour le Comité de Surveillance,
SOBRIER.

VIVE LA RÉPUBLIQUE!

XLV.

LES DÉLÉGUÉS DES DIVERSES CORPORATIONS
du département de la Seine
A LEURS FRÈRES LES TRAVAILLEURS.

Citoyens,

LIBERTÉ, ÉGALITÉ, FRATERNITÉ ne sont pas pour nous de vains mots ; éclairés par de nombreuses déceptions, par la violation ou l'oubli des promesses qui ont précédé ou suivi toutes les révolutions auxquelles ils ont prêté leur force, les travailleurs ne doivent rien négliger pour obtenir, par l'exercice du suffrage universel, des garanties qu'il ne soit plus possible de leur enlever.

La plus efficace de toutes, c'est leur participation directe à l'œuvre de la constitution et des lois qui doivent en découler.

Que jusqu'à la Révolution de Février les travailleurs se soient vus en dehors des questions législatives dans lesquelles leurs intérêts étaient complétement méconnus, cela se comprend ; mais aujourd'hui l'abandon du droit qu'ils ont conquis de s'occuper d'eux-mêmes serait une coupable faiblesse dont plus tard, leurs femmes, leurs enfants, leurs frères, pourraient leur demander compte. Il n'y a pas de droit sans devoir, et le premier de tous les devoirs, c'est l'exercice du droit.

C'est à l'exercice du droit électoral qu'est attaché notre avenir, l'existence de nos familles ; mais ce n'est que par la plus complète abdication de toute susceptibilité de candidature entre les divers corps d'état, ce n'est que par l'UNION que nous pouvons arriver à un résultat sérieux.

Ne nous faisons pas illusion, si nous nous divisons, nous sommes perdus !

Pour arriver à cette unité dans le vote, une réunion de tous les Travailleurs du département de la Seine a été résolue pour Dimanche 23 Avril, à 6 heures du matin, AU CHAMP-DE-MARS.

Que personne n'y manque, nous vous en adjurons au nom de l'indépendance des votes populaires.

Hâtez-vous donc de retirer vos cartes d'électeurs, ne perdez pas une minute, et, Dimanche, réunis sous nos bannières, garants et gardiens nous-mêmes de l'ordre et de la liberté, nous montrerons au monde que la Fraternité est l'arme héroïque des peuples !

Au nom de tous les délégués, les membres du bureau :

Lagarde, *Président.*	A. Lefaure, *Secrétaire.*
Besnard, *Vice-Président.*	Paillard, *Secrétaire-adjoint.*
Lavoye, id.	Delit, id.
Dumont, id.	Petit, id.
Godin, id.	

XLVI.

AUX MEMBRES DU GOUVERNEMENT PROVISOIRE.

Citoyens,

J'étais dans une assemblée générale d'actionnaires du *Populaire*, au milieu d'environ mille communistes Icariens et de trois à quatre cents de leurs femmes, publiquement convoqués depuis quinze jours dans la salle de *la Redoute*, rue de Grenelle-Saint-Honoré, pour nous y occuper, d'une heure à quatre, de nos affaires intérieures, et principalement pour y délibérer sur les moyens de continuer et d'activer notre projet de départ en Amérique pour y fonder notre communauté d'Icarie, lorsque j'appris que le rappel battait partout dans Paris, que la garde nationale se réunissait partout, que des rassemblements se formaient de tous côtés dans les rues, et que, dans les postes de la garde nationale comme dans les rassemblements, on affirmait : — que les Communistes étaient réunis au Champ-de-Mars, au nombre de deux à trois cent mille hommes ; — que Blanqui, Raspail et Louis Blanc s'y trouvaient ; — que moi, Cabet, je m'y trouvais aussi ; — qu'on m'y avait vu à cheval ; — que tous ces brigands allaient marcher en armes sur l'Hôtel-de-Ville pour y renverser le Gouvernement provisoire ; — que les Communistes voulaient le pillage, le meurtre, l'incendie ; — et qu'il fallait se réunir pour les combattre et les exterminer.

J'appris que, dans les rangs de la garde nationale comme dans les rassemblements, par suite de ces faux bruits répandus comme par un mot d'ordre, on criait partout : *A bas les Communistes! ce sont eux qui sont cause de la misère! ils veulent la destruction de la propriété et de la famille. A bas Cabet! à bas Blanqui! à bas Raspail!* On criait même : *A bas Louis Blanc! à bas Ledru-Rollin!*

Bientôt même on répandit le bruit que Louis Blanc et Ledru-Rollin venaient d'être assassinés.

Quelque effrayants que fussent ces faits et ces bruits, nous n'en continuâmes pas moins à discuter et à délibérer dans notre assemblée jusqu'à trois heures, et nous décidâmes unanimement que j'écrirais au Gouvernement provisoire.

Pendant que nous étions encore assemblés, les corporations ouvrières, réunies au Champ-de-Mars, sous la direction du Gouvernement provisoire, pour élire quatorze officiers d'état-major, portaient à l'Hôtel-de-Ville, dans une corbeille élégante, leur offrande à la Patrie.

Cependant, 80 à 100 mille hommes de gardes nationaux, même de la banlieue, couvraient les places, les quais, les rues et les boulevards, et l'on continuait à crier : *A bas les Communistes! à bas Cabet! à bas Blanqui! à bas Raspail!*

Les cris : *A bas Cabet et sa clique! à la lanterne Cabet! courons chez Cabet pour le pendre!* devinrent dominants, et se prolongèrent sur le boulevard jusqu'à minuit.

Et pour exciter davantage la colère, on parlait d'une alliance entre les *Communistes* et les *Carlistes*.

Et ces menaces paraissaient si voisines de l'exécution, que beaucoup de citoyens accoururent tout effrayés pour nous conjurer, ma femme et moi, de quitter mon domicile.

Je pouvais m'y défendre avec de nombreux amis disposés à s'y faire tuer s'il eût fallu, pour moi et avec moi.

Mais je préférai m'imposer un grand sacrifice dans l'intérêt général, et j'allai demander asile à l'amitié, après avoir passé la soirée à discuter les moyens d'assurer le bonheur du Peuple et de l'Humanité dans le club des *Républicains socialistes*, qui m'a fait l'honneur de me juger digne d'être l'un des futurs législateurs de mon pays.

Et qui suis-je? qu'ai-je donc fait pour mériter tant de haine, tant de colère et tant de menaces?

Vous me connaissez tous, citoyens du Gouvernement provisoire, et presque tous vous vous dites mes amis. Hé bien! si j'avais été pendu, ou tué de toute autre manière, par quelque troupe soudoyée ou égarée, ne pourrait-on pas écrire sur ma tombe qu'Aucun homme n'a eu plus d'amour et de dévouement pour le Peuple et l'Humanité; que personne n'a plus écrit et plus travaillé pour l'instruction, la moralisation et le bonheur des Prolétaires et des Ouvriers; que personne peut-être n'a paru depuis si longtemps sur la brèche, et n'y a reçu plus de blessures en combattant pour la *Démocratie;* que c'est pour avoir défendu la *Pologne* et la *République* que j'ai été condamné en 1834, et forcé de m'exiler pendant cinq ans; que, pendant l'exil, personne n'a plus consacré ses veilles à l'intérêt populaire; que personne n'a plus bravé la vengeance et la calomnie pour attaquer les bastilles et les embastilleurs; que personne n'a plus combattu, depuis neuf ans, les *Sociétés secrètes* et les *complots,* en sacrifiant courageusement sa popularité.

On pourrait dire que, de 1840 à 1848, j'ai préservé Paris de plusieurs émeutes qui auraient attiré de grands malheurs non-seulement sur les insurgés vaincus, mais aussi sur le parti victorieux et sur la ville elle-même!

On pourrait dire encore que je n'ai jamais demandé l'application de mes *Doctrines Icariennes* (qui ne sont d'ailleurs que celles de l'*Évangile*) par la violence et la contrainte, mais seulement par la discussion, par la persuasion et la conviction, par le consentement volontaire et par la volonté nationale; que, pour ne rien changer en France, nous allions émigrer en Amérique pour y faire l'expérience de nos théories, à nos risques et périls, dans l'intérêt de l'Humanité; et que déjà soixante-dix de nos frères sont partis le 3 février.

On pourrait dire encore que, dès le lendemain de la Révolution, j'ai publié une proclamation ou un manifeste pour déclarer, au nom de tous mes frères les Communistes Icariens, que nous appuierions le Gouvernement provisoire, et que nous nous fondrions désormais dans la masse des plus purs Démocrates et des Républicains les plus sincères et les plus dévoués.

On pourrait dire enfin que c'est nous qui avons proposé la manifestation pacifique du 17 mars, que vous avez saluée vous-mêmes comme une grande et glorieuse expression du vœu populaire.

On ajouterait, en terminant, que je venais de m'occuper paisiblement, avec quatorze cents Icariens et Icariennes, des moyens de continuer notre émigration, lorsque, sortant de notre réunion, on m'avait immolé comme conspirateur, accusé de m'être mis, à la même heure, à la tête d'une bande de conjurés armés, auxquels je venais de faire distribuer publiquement des milliers de fusils.

Si j'avais été assassiné, je l'aurais été moins de deux mois après une Révolution populaire, au nom de la République, au nom des principes de *Liberté*, d'*Égalité*, de *Fraternité*, sans qu'aucun pouvoir public ait fait paraître un mot pour détruire la calomnie, pour arrêter la menace, pour protéger le domicile, la personne et la vie du citoyen si publiquement en péril.

Cet assassinat aurait été non-seulement un crime, mais, j'ose le dire, une honte pour le Peuple, pour la Garde nationale et son chef, pour les autorités, pour le Gouvernement provisoire lui-même et pour la République.

Si l'on veut accuser et condamner des doctrines, je suis prêt au martyre pour soutenir à la face de tous que le Communisme Icarien est la doctrine la plus pure et la plus capable d'amener le bonheur du Peuple et de l'Humanité ; mais que les uns ne m'assassinent pas et que les autres ne me laissent pas assassiner !

Quoi qu'il en soit, comme il ne s'agit pas de mon seul intérêt personnel, mais d'un intérêt général, je viens vous prier, citoyens du Gouvernement provisoire, d'ordonner une *Enquête* pour découvrir la cause puissante qui a produit tant de menaces et de dangers en répandant tant de calomnies et de faussetés !

Salut et fraternité,

CABET.

Paris, 17 avril 1848.

P. S. J'apprends à l'instant, en rentrant chez moi : 1° qu'une bande de cinq à six cents individus est venue hier au soir, vers neuf heures, crier en tumulte près de ma demeure : *A bas les Communistes ! Mort à Cabet !* 2° que les gardes nationaux de la banlieue sont allés déclarer qu'ils viendraient fermer le club de la Société fraternelle (ou des Communistes Icariens); que le propriétaire de la salle Valentino est venu déclarer, à regret, qu'il ne pouvait plus louer sa salle, et qu'en conséquence le club se trouvait fermé par la menace et la violence ; 3° enfin, chose qui paraîtra monstrueuse, que des officiers de la garde nationale à la tête de leurs soldats brandissaient leurs sabres ou leurs épées en criant : *A bas Cabet !*

XLVII.

PROTESTATION

présentée aux Membres du Gouvernement provisoire par les Délégués des ouvriers siégeant au Luxembourg.

CITOYENS,

« Notre manifestation d'hier a donné lieu à des manœuvres

contre-révolutionnaires, à mille bruits mensongers, et aujourd'hui même elle reçoit dans certains journaux des commentaires aussi dangereux qu'absurdes.

« D'un autre côté, les fausses rumeurs qui avaient précédé notre arrivée à l'Hôtel-de-Ville dans la journée d'hier, y ont donné lieu à un malentendu à propos duquel il est de notre dignité et de notre devoir de nous expliquer nettement.

« Nous commençons par affirmer sur l'honneur, qu'en nous réunissant au Champ-de-Mars, pour nous rendre de là à l'Hôtel-de-Ville, notre but n'a pas été autre que celui-ci :

« 1° Élire quatorze d'entre nous devant faire partie de l'état-major de la garde nationale ;

« 2° Prouver que les idées d'organisation du travail et d'association, si courageusement soutenues par les hommes qui se sont dévoués à notre cause, sont les idées du peuple, et que, suivant lui, la Révolution de Février serait avortée, si elle ne devait pas avoir pour effet de mettre un terme à l'exploitation de l'homme par l'homme.

« 3° Enfin, offrir au Gouvernement provisoire, après lui avoir exprimé nos vœux, l'appui de notre patriotisme contre les réacteurs.

« Voilà ce qu'ont bien clairement prouvé : la devise écrite sur les bannières de nos corporations, le texte de la pétition remise par nos députés à l'Hôtel-de-Ville, le calme inaltérable de notre attitude, et l'offrande apportée par nous au Gouvernement provisoire de la République.

« D'où vient donc que la garde nationale a été convoquée extraordinairement, et en armes, comme en un jour de danger ? d'où vient qu'avant l'arrivée à l'Hôtel-de-Ville de nos représentants et amis, les citoyens Louis Blanc et Albert, nos délégués, ont reçu un accueil qui avait tous les caractères de la défiance ?

« Nous connaissons maintenant ce qui en est, et nous allons le dire.

« Précisément parce qu'ils savaient ce que notre manifestation avait de calme, de vraiment républicain et de favorable à la consolidation de la Révolution populaire de Février, les réacteurs ont d'abord fait courir le bruit que nous voulions renverser le Gouvernement provisoire au profit du citoyen Blanqui, de manière à exciter contre nous tous ceux qui voient dans l'existence du Gouvernement provisoire la garantie de l'ordre et de la liberté.

« En même temps, des émissaires de la réaction allaient colportant cette monstrueuse calomnie, que les citoyens Louis Blanc et Albert nous avaient encouragés à scinder violemment le Gouvernement provisoire, calomnie contre laquelle nous protestons de toutes les forces de notre âme indignée.

« *Si nous avions voulu renverser le Gouvernement ou le changer, nous ne nous serions pas réunis sans armes au Champ-de-Mars; nous aurions pris des mesures pour nous y trouver, non pas comme hier au nombre de 100,000, mais au nombre de 200,000, ce qui nous eût été facile. Enfin, nous n'aurions pas fait entre nous cette collecte que nous avons été porter à l'Hôtel-de-Ville, et nous n'aurions pas terminé notre pétition par ces mots :* Vive le Gouvernement provisoire !

« *Voilà ce qu'il était bon que nous fissions connaître à tous.*

« *Nous devons aussi dénoncer comme une preuve des manœuvres employées par certains agents de réaction, la nouvelle qu'on avait attenté aux jours du citoyen Louis Blanc, nouvelle semée sans aucun doute dans des intentions de désordre, mais dont heureusement nous avons pu connaître assez tôt la fausseté, et qui n'a servi qu'à prouver à tous combien était intime et profonde, quoi qu'en disent les réacteurs, l'union du peuple et de ceux en qui il a mis sa confiance.*

« *Il faut donc qu'on le sache bien, rien dans la journée d'hier n'était de nature à motiver les alarmes, Le peuple sait qu'il est fort: il lui est permis de rester calme. Il est là pour défendre la révolution telle qu'il la comprend : sous sa sauvegarde elle ne périra pas.*

« *Nous confions cette protestation au Gouvernement provisoire, et nous le prions de vouloir bien la rendre publique.*

« *Paris, ce* 17 *avril* 1848.

Les Délégués des Corporations,

LAGARDE, *Président du Comité central*; DUMON, GODIN, *Vice-Présidents;* A. LEFAURE, *Secrétaire*.

(Suivent les signatures de tous les délégués.)

Les délégués des ouvriers des ateliers nationaux protestent également, au nom de leurs frères assemblés hier à l'Hippodrome, contre les calomnies dont leur réunion de famille a été l'objet, et joignent leurs voix à celles de tous les délégués au Luxembourg.

Gustave ROBERT, *Vice-président des ateliers réunis;* JACQUET, *Délégué;* Auguste DÉHAUT, *Secrétaire.*

XLVIII.

RÉPONSE A TOUS LES CALOMNIATEURS

de l'*Association fraternelle des Tailleurs de la maison de Clichy*.

Au citoyen Lamennais, rédacteur du Peuple Constituant.

CITOYENS,

Un article, inséré dans votre numéro de jeudi dernier, sous ce titre : *Le Luxembourg et la Garde nationale mobile*, contient des assertions de la plus étrange fausseté, et auxquelles nous donnons un démenti formel.

Vous avez calomnié *quinze cents travailleurs* actifs, intelligents, animés des sentiments les plus purs, unis entre eux par les liens d'une solidarité sainte.

Vous avez attaqué, avec une audacieuse injustice, *leur ami* **Louis Blanc**, auquel le peuple a donné tant de preuves d'affection et de confiance.

Voici leur réponse :

Vous prétendez qu'*on a établi, sous forme d'Association*, un Atelier d'ouvriers tailleurs, dans la prison de Clichy. La vérité est qu'*une Association s'est formée librement, spontanément*, et cela parce qu'il s'est trouvé des travailleurs prêts à réaliser la formule écrite sur les drapeaux de la République : LIBERTÉ, ÉGALITÉ, FRATERNITÉ!

Vous prétendez que le *délai fixé pour la livraison* des fournitures confiées à l'Association *est déjà expiré depuis 24 jours*. **Cela est matériellement faux.** Les soumissions, datées du 6 avril, portent que *la livraison totale devra être effectuée seulement le 15 mai*.

Vous prétendez que *les tuniques sont confectionnées au prix de revient de 19 francs au lieu de 11 francs*, ce qui constitue, suivant vous 8 *francs de perte sur chaque vêtement*. **Cela est matériellement faux**. L'Association s'est établie dans les conditions les plus désavantageuses, mille entraves lui ont été suscitées, et cependant, après vingt-cinq jours seulement de travail, *elle a réalisé un bénéfice de* 731 *fr.* 26 *cent.*, déduction faite de tous les premiers frais indispensables et de l'achat d'un matériel d'au moins 1,100 fr. ; ce qui résulte de notre inventaire arrêté le 25 avril et dressé avec la plus incontestable exactitude : nous mettons cet inventaire à votre disposition, et vous y pourrez voir la preuve que nous n'avons fait aucune perte.

Vous prétendez que les motifs du retard apporté dans la livraison ne sont autres que le *découragement ou la séparation immédiate des bons ouvriers, des mauvais et des paresseux*. **Cela est matériellement faux**. Nous avons déjà répondu qu'il n'y avait eu aucun retard dans la livraison : nous ajoutons de plus que *cette livraison sera entièrement effectuée avant le jour fixé*.

Nous affirmons en outre ceci :

Les associés apportent dans le travail une activité et un zèle admirables.

Ils ont voulu travailler onze et même douze heures par jour, afin de terminer au plus tôt l'habillement de la garde mobile.

Ils travaillent même les dimanches, et les ateliers sont toujours au complet les lundis.

Les rapports les plus fraternels relient tous les membres de l'Association, et il n'y a de séparation que celle prononcée par le jury chargé d'exclure les paresseux. Enfin le nombre des associés qui, au début, n'était que de cinquante, s'est accru chaque jour et s'élève aujourd'hui à quinze cents, car nos Ateliers sont ouverts à tous les tailleurs qui adhèrent à nos principes.

Vous prétendez que *le Luxembourg donnait chaque jour 2 francs à chaque ouvrier, ce qui, selon vous, constitue une perte de 90,000 francs sur le marché.* **Cela est matériellement et monstrueusement faux.** Personne n'ignore que nous n'avons jamais reçu un centime de la Commission du Gouvernement pour les Travailleurs; cette prétendue perte de 90.000 francs est un odieux mensonge, *et nous vous mettons au défi d'en fournir la preuve.* Vous avancez, mais sous la forme du doute, que *le Ministre de l'Intérieur menace, que la Garde mobile menace, et que le général Duvivier menace et refuse de rompre le marché.* **Tout cela est faux.** Personne ne nous menace et personne n'a le droit de nous menacer ; car, nous le répétons, la livraison totale des vêtements que nous devons fournir à la Garde mobile sera effectuée avant le 15 mai, délai fixé par les soumissions.

Nous le savons bien, une association qui commence sur des bases aussi larges, aussi fraternelles que la nôtre, où l'amour de son semblable anime tous les associés, doit avoir pour ennemi quiconque ne veut pas que l'on mette un terme à l'EXPLOITATION DE L'HOMME PAR L'HOMME ; quiconque redoute l'AFFRANCHISSEMENT DES OUVRIERS par le travail libre, par l'union, par le développement de leurs facultés intellectuelles et morales, quiconque tremble devant l'ABOLITION DU PROLÉTARIAT ; mais, en dépit des réacteurs, nous poursuivrons notre tâche avec dévouement, avec courage *Fille de la République*, notre ASSOCIATION en appelle de toutes ces attaques à la Protection du GOUVERNEMENT QUE LA RÉPUBLIQUE A FONDÉ.

L'Agent de la commission du Gouvernement pour les Travailleurs près l'Association Fraternelle des Ouvriers Tailleurs.

Edmond FROSSARD.

Les Délégués de l'Association :

Ph. BÉRARD.
A. LECLERCQ.
CHALON.

L'ancienne prison de Clichy est devenue un vaste atelier. Les ouvriers tailleurs, réunis en association, y exécutent de grands travaux pour l'État. Voici quelques détails sur l'organisation et la situation de la société.

Le principe sur lequel repose l'association des ouvriers tailleurs est la fraternité. Association mobile, elle est toujours ouverte au travailleur qui se présente, en demandant du travail et en acceptant les conditions fraternelles de la maison. Ces conditions sont l'égalité du salaire pour tous les associés, le partage égal des bénéfices, et l'activité dans le dévouement.

Un jury, nommé par l'élection, est chargé de veiller au bon ordre, et, s'il y a lieu, de prononcer les exclusions.

Trois délégués, élus par l'association, la représentent et l'administrent conjointement avec une commission administrative.

Une commission d'examen contrôle les actes de l'administration.

La commission du gouvernement pour les travailleurs est représentée près de l'association par un agent, M. Frossard, entré en fonctions depuis le 14 avril.

L'association est installée et travaille depuis les premiers jours de ce mois.

L'État lui a commandé, pour la garde nationale sédentaire, cent mille tuniques à 10 fr. la tunique, et cent mille pantalons à 3 fr., le drap étant fourni; pour la garde nationale mobile, 10,180 tuniques à 11 fr., et 10,180 pantalons à 3 fr.

Ces travaux sont exécutés en ce moment par environ 1200 associés. De plus, l'association donne du travail au dehors à un grand nombre d'ouvriers et d'ouvrières culottières.

Malgré les frais d'installation et de matériel, l'association, inventaire dressé de sa situation au bout du premier mois, se trouve déjà avoir un bénéfice à partager; bénéfice modeste, il est vrai, comme tout bénéfice de début, mais qui est à-la-fois un encouragement et une espérance.

Le nombre considérable d'ouvriers qui se sont présentés dans les premiers jours, et qui ont dû se partager des travaux insuffisants pour tant de mains; l'affluence quelque peu désordonnée des gardes nationaux qui venaient en foule aux portes des ateliers demander leurs habits; l'inexpérience administrative, si naturelle dans les premiers jours, ont causé d'abord quelque confusion dans le travail. Mais des mesures d'ordre ont été prises, et aujourd'hui, les ouvriers associés, les uns réunis dans la vaste salle de l'ancien parloir, les autres dispersés par groupes dans les cellules, travaillent avec la généreuse ardeur que donne la certitude de servir une idée féconde. Noble spectacle, au milieu des luttes de l'antagonisme universel, à côté des intérêts aux prises, que cette grande assemblée d'hommes unis par des liens de la plus intime solidarité ! touchant spectacle que cette prison devenant le premier asile de la vraie liberté ! (*Extrait du Moniteur.*)

XLIX.

PAROLES D'UN MORT.

ÉLECTEURS !

Vous qui voulez installer dans la République le nouveau régime politique et social du travail et de la paix, lisez, méditez les *Paroles d'un Mort*, et retenez surtout les suivantes, au moment de nommer les Représentants du Peuple français :

« *La Nation restera engagée dans l'ancien régime tant que
« les Assemblées Nationales seront principalement composées de
« légistes habitués à plaider le pour et le contre, d'orateurs et de
« littérateurs superficiels, de militaires préoccupés surtout de per-
« fectionner les moyens de lutte entre les hommes, de fonctionnaires
« publics intéressés à l'accroissement et au gaspillage de l'impôt,
« d'entrepreneurs égoïstes et aveugles, et de propriétaires endettés
« ou désœuvrés qui aspirent à obtenir des places pour accroître
« leur revenu ou leur considération.*

« *Mais la Nation se trouvera placée au point de départ de la
« nouvelle existence politique et sociale qu'elle doit acquérir,*

« *A l'époque où elle aura clairement conscience de toute l'im-
« moralité et de toute la monstruosité du régime social auquel elle
« est restée soumise jusqu'à ce jour ;*

« *A l'époque où, ayant ouvert les yeux sur la combinaison des
« moyens de force et de ruse qui ont été employés pour l'exploiter,
« elle sera décidée à démonter entièrement cette ancienne machine,
« et à la remplacer par une nouvelle qui soit conçue et organisée
« d'après les principes incontestables du bien public.* »

. . . . 1819.

Extrait des Paroles d'un Mort, *publiées par*
OLINDE RODRIGUES

L.

PROTESTATION DU COMITÉ RADICAL DES TRAVAILLEURS DU NORD

*contre le projet de banquet du club de la Meurthe offert
aux Représentants de la France et aux citoyens de la capitale.*

Aux Membres de la Commission du Club de la Meurthe.

Citoyens,

Un espoir d'union, un désir de complète fraternité vous fait ouvrir aux élus du 23 avril un banquet qui rappelle celui qui fit déborder la coupe de corruption du régime déchu.

« Ce banquet a pour but, dit votre manifeste, de consacrer
« le grand principe de fraternité, en déclarant la Constituante
« souveraine et inviolable dans l'exécution de son mandat,
« comme la Nation elle-même, et que protester par la force
« contre les décisions de cette Assemblée, serait un crime ma-
« nifeste contre le droit, contre la société. »

Nous rendons un plein et entier hommage à la pensée frater-nelle qui a dicté cette décision, mais nous ne pouvons laisser passer un acte d'une telle importance sans protester contre la forme et le but de cette démonstration.

Les banquets offerts sous la royauté étaient un engagement pris par les députés envers la Nation ; aujourd'hui ce serait un engagement pris par le peuple envers ses représentants.

Il ne saurait en être ainsi, le peuple ne peut abdiquer sa souveraineté.

On comprend qu'à la fin de la Constituante, si les représentants du peuple *ont bien mérité de la Patrie*, s'ils ont accompli leur mandat loyalement et suivant toutes ses exigences, on comprend qu'alors le peuple puisse se réunir en un banquet fraternel, et adresser à ceux qui *en seront dignes* les remercîments de la Nation, de la République.

Mais aujourd'hui quel but aurait cette manifestation ?

Vous le dites : *assurer l'inviolabilité des représentants.*

Que devient alors la responsabilité de leurs œuvres ?

Oubliez-vous ce passage sublime de la déclaration des droits de l'homme, cette phrase répétée par Lafayette lui-même le jour où l'on nous ravissait notre liberté, en la livrant aux mains d'un monarque hypocrite !

« *Le principe de toute souveraineté réside dans la Nation,* — « *et quand un peuple est opprimé, l'insurrection est le plus saint* « *des devoirs !* »

Vous parlez de *devoirs*, — le devoir du peuple, c'est la défense de la liberté ; – de vertu ? la vertu du peuple n'a-t-elle pas été éclatante depuis qu'il a arboré, sans le tacher, le drapeau sur lequel était écrit : *Liberté, Egalité, Fraternité !*

Nous le savons, vous cherchez à expliquer votre pensée, en ajoutant que vous ne prétendez assurer l'inviolabilité que de ceux qui rempliront leur mandat.

Mais là se présente la difficulté.

Pour nous, dont la tête, le cœur et l'âme républicains ne conçoivent pas de transaction avec nos devoirs ; pour nous, qui savons que non-seulement la République est un fait accompli, mais que, quoi qu'il arrive, quoi que l'on fasse, de quelque manière que l'on cherche à fausser nos droits et nos institutions, la République survivra aux attaques dont elle est l'objet ; pour nous, l'accomplissement du mandat, c'est l'organisation radicale de la République et la fondation d'un nouvel ordre social.

Ainsi le veut le peuple français !

Mais si les marches qui conduisent au sanctuaire sont montées en ce moment par quelques républicains au cœur chaud, à l'âme noble et virile, à leur côté gravit encore cette phalange toujours renaissante de Caméléons politiques, de conservateurs mulets, à qui la longanimité de la République a déjà laissé le temps de secouer leur torpeur, résultat de nos journées de Février, et qui viendront à l'Assemblée nationale avec l'espoir de greffer des institutions monarchiques sur l'arbre de la Liberté!

De ceux-là, nous nous en méfions autant, tout autant que de ceux qui n'ont rien appris et qui poussaient à la République, parce qu'ils espéraient que les excès de la République, provoqués par eux au besoin, leur amèneraient, par le sang et la boue, cette légitimité bâtarde qu'ils désirent encore.

Rappelons à ceux-là ce que Lamartine écrivait à l'un de nous en 1831 :

« *Vous pouvez dire à vos amis politiques que mes opinions sont les vôtres, que je ne connais d'autre légitimité que la souveraineté du peuple.* »

La souveraineté du peuple! expression magique et puissante, pensée sublime, fait imposant qui n'a pas encore dit son dernier mot, qu'il faut aider et diriger dans sa venue, mais dont il serait téméraire d'arrêter la marche progressive et invincible!

Comment pourrions-nous consentir, citoyens, à offrir un banquet d'union, d'inviolabilité, *un blanc-seing*, à des hommes inconnus encore par la plupart de nous tous, à d'autres qui osaient à peine adhérer aux banquets réformistes, ou qui ont reculé devant l'expression radicale des vœux de la Nation tout entière!

Respectons le choix fait par la majorité électorale, — nous voudrions pouvoir dire par l'expression vraie, indépendante du suffrage universel, — mais réservons notre droit de contrôle, de surveillance sur les actes de ceux qui, républicains du jour ou du lendemain, espèrent savoir mieux que nous, élevés, nourris aux sources républicaines, les institutions qui conviennent à une République, ou qui n'arrivent à la Chambre qu'avec l'espoir d'essayer si cette forme de gouvernement est possible en France!

Nous le déclarons donc, nous ne pouvons adhérer à une manifestation ainsi formulée ;

Et nous PROTESTONS solennellement contre une réunion qui nous paraît avoir pour but de poser un principe attentatoire à la souveraineté du peuple!!

Pour le Comité radical des travailleurs du Nord,

Les membres délégués :

LAURENT COPPENS, — J. DELBARRE, — ALFRED DARIMON, — T. FOWLE.

Paris, 2 mai 1848.

Nota. Les travailleurs du département du Nord se réunissent tous les mardis, jeudis et samedis, à 7 heures et demie du soir rue Martel, 9.

LI.

République Française.
Liberté, Egalité, Fraternité, Solidarité.

4 mai 1848.

FRÈRES,

Une affiche calomnieuse couvrait dans la journée d'hier les murs de Paris. Nous ne répondons à des attaques si grossières et si perfides que du haut de la pureté de nos sentiments. La *Commune de Paris* ne descendra point à réfuter de si lâches mensonges; elle renvoie les lecteurs à ses derniers numéros : c'est à nos Frères de juger si notre feuille n'est point empreinte de modération et de calme. Nous n'avons pas mis le feu dans la ville; c'est au contraire un obscur adversaire qui vient le mettre à notre porte. Si la vanité de placarder son nom au bas d'une affiche égare quelques esprits malades, ce n'est pas une raison pour nous d'entrer en lice avec eux. Indifférents à de telles agressions, nous avons une cuirasse qui les défie toutes, le mépris !

FRÈRES, depuis deux mois, vous vous êtes montrés dignes de la liberté. Votre droit est évident, sacré, et il faut, si le temps d'agir vient, qu'il n'y ait pas en France, en Europe, un seul homme qui ne dise : « *Ce qu'ils ont fait, ils devaient le faire.* » Il y a un moment avant lequel, après lequel, les plus belles causes peuvent être perdues. AU NOM DE L'HUMANITÉ, AU NOM DE VOS FRÈRES, AU NOM DE VOS FAMILLES, AU NOM DE VOUS-MÊMES, nous vous adjurons de conserver ce calme qui est le symbole de la force.

Le Directeur-Gérant du journal *la Commune de Paris*.

SOBRIER.

LII.

AU CITOYEN CORMENIN,
Représentant du Peuple.

Citoyen Représentant,

Personne n'a mieux écrit que vous pour le peuple ; personne n'a mieux compris ses besoins, n'a mieux provoqué sa colère.

Veuillez accueillir cette lettre comme l'homme le mieux posé pour en prendre la défense.

Neuf cents représentants touchant chacun 25 francs absorbent déjà par jour une somme de 22,500 francs.

Non-seulement cette somme est exorbitante, mais elle n'est pas nécessaire.

Ou le représentant est riche ou il est pauvre.

S'il est riche, c'est beaucoup trop.

S'il est pauvre, gardez-vous de changer ses habitudes ou de corrompre sa vie sobre et modeste.

Ou le représentant est républicain ou il ne l'est pas.

S'il est républicain, ici se présente pour lui l'occasion la plus naturelle de le prouver.

Mais s'il n'est pas républicain, osera-t-il murmurer, lui qui n'apportait à l'œuvre républicaine que deux ou trois cents reçus de vingt-cinq francs ?

Je dis que le riche,— le pauvre,— le républicain,— l'ouvrier, l'honnête homme enfin, peut et doit se contenter de dix francs par jour.

Mais il faut, mais il est d'égalité républicaine que chaque représentant prenne et accepte ces dix francs, quelle que soit sa condition. C'est la patrie qui les donne : ce sont donc des enfants qui reçoivent de leur mère.

La modicité de cette somme rendra la liberté à chaque représentant. En l'acceptant, il n'aura plus à opter d'une manière plus ou moins ingénieuse, plus ou moins patriotique. L'Assemblée aura une règle, et la règle fait l'égalité.

Les dons que l'Assemblée nationale a reçus ne s'élèvent qu'à 350 mille francs. Cette somme est sortie de la poche du peuple, qui l'a apportée d'une manière toujours si sincère, quelquefois si sublime. Eh bien ! cette somme, les représentants ne mettraient que seize jours à la dévorer.

Ce rapprochement n'est possible et raisonnable que parce que l'indemnité de 25 francs est trop forte. Si le nouveau parlement obéissant à un cri de conscience, refuse la somme proposée, il donnera, à son début, une leçon de vertu républicaine et un gage d'abnégation patriotique. Et nous en avons besoin.

Il vous restera, citoyen représentant, l'occasion de prendre la parole et de formuler un amendement lorsque l'Assemblée, qui a tant à faire en s'occupant de nous, prendra un moment pour s'occuper d'elle-même.

Salut et fraternité,

G. C.

LIII.

INFAMIES CUMULATIVES.

> Chose étrange! on apprend la tempérance aux chiens,
> Et l'on ne peut l'apprendre aux hommes! (LA FONTAINE.)

La Réforme a la bonté de les appeler des citoyens, ces hommes-là : fi donc! Pour nous, proche parent du brave père Duchêne, les sieurs HASE, LETRONNE, MIGNET, COUSIN, etc., etc., etc., etc., ne sont pas des citoyens, mais des sangsues, des vampires, des sieurs enfin!

Et notez bien que nous nous faisons violence pour ne pas tirer du vocabulaire et appliquer à ces messieurs, auxdits sieurs, sangsues ou vampires, certaines épithètes qui iraient comme un bas de soie à leur sale égoïsme, à leur ignoble amour de soi.

« Les citoyens HASE, etc., dit la Réforme, sont parties prenantes au budget pour les traitements dont le détail suit :

M. HASE.

Conservateur à l'ex-bibliothèque royale.	6,000
Le logement.	2,000
Professeur à l'école des langues orientales.	5,000
Professeur d'allemand à l'École polytechnique.	4,000
Inspecteur des examens à l'école d'état-major.	4,000
De l'Académie des Inscriptions.	1,800
De la commission des médailles, ibid.	2,000
Rédacteur du *Journal des Savants*.	1,500
Membre de la commission pour l'*Histoire des Croisades*, à l'Académie des Inscriptions.	2,000
Total.	28,300

M. LETRONNE.

Directeur des archives.	12,000
Logement (un palais!)	4,000
Directeur du collége de France.	2,000
Professeur (sans faire de cours) au même établissement.	5,000
Membre de l'académie des Inscriptions.	1,800
Membre de la commission des médailles à la même académie.	2,000
Rédacteur du *Journal des Savants*.	1,500
Directeur de l'École des chartes.	2,000
Total.	30,300

M. MIGNET.

Direction des archives du ministère des affaires étrangères.	25,000
Logement (un palais!)	6,000
Secrétaire perpétuel de l'académie des sciences morales (titre non reconnu par la loi constitutive de l'Institut).	6,000
Membre de cette académie.	1,800
Rédacteur du bulletin de la même académie.	2,000
Rédacteur du *Journal des Savants*.	1,500
Total.	43,300

Pour extrait conforme : THRASYBULE, correcteur de l'imprimerie Bautruche. »

INFAMIE!... Et pourquoi n'ajouterai-je pas : OH ! LES INFAMES !

Pauvre peuple ! pauvres ouvriers ! pauvres employés ! ... O mes chers concitoyens, qui souffrez, comme moi, la pauvreté et tout ce dont s'accompagne la pauvreté : fatigue, asservissement, privations, mépris, soucis... dites-donc ! est-ce qu'il ne nous sera pas au moins permis de dire, et de dire énergiquement tout ce que nous inspirent de dégoût et d'indignation ces insolents et impitoyables accapareurs HASE, LETRONNE, MIGNET, COUSIN, etc., etc. ? Est-ce que par hasard, pour combler la mesure de leur effronté bonheur, il leur serait loisible, à eux, de nous infliger l'amende et la prison, parce que nous aurions porté atteinte à leur considération ?... C'est ce qu'il nous faudra voir.

P. S. Le lendemain, 15 mai, la Réforme *déclarait que les renseignements à elle fournis sur les susdits cumulards HASE et LETRONNE étaient entachés d'exagération. Soit ! Mais s'ensuivra-t-il que nous, proche parent du brave Père Duchêne, qui avons copié la* Réforme, *nous allons faire amende honorable aux sieurs HASE et LETRONNE. Non, de par Dieu ! Tout au plus nous consentons à déclarer que lesdits sieurs sont pour nous l'objet d'un peu moins de dégoût, d'un peu moins d'indignation...*

« *Je ne vois qu'un but, la LIBERTÉ ; et pour arriver à ce but, je ne vois qu'une route, celle de la JUSTICE. Or, la justice me commande de blâmer, de frapper de FLÉTRIR tout ce qui n'est pas bien.* »

(Le Père Duchêne, 14 mai 1848.)

N. CIRIER, rue Royer-Collard, 15.

Faites circuler.

LIV.

AUX ÉLECTEURS DE LA SEINE.

MES CONCITOYENS,

En adressant à l'Assemblée nationale ma démission de Représentant du département de la Seine, je rendais hommage à vos consciences. Votre mandataire avait été l'objet de quelques soupçons. Il ne devait pas plus les supporter pour vous que pour lui. A vous seuls appartient le droit de le juger.

C'est ce jugement que je viens provoquer, en réclamant aujourd'hui vos suffrages que vous m'aviez accordés spontanément le 20 avril dernier.

La Révolution qui m'avait amené à la Préfecture de police le 24 février, m'y a soutenu et secondé durant deux mois et demi. C'est à la faveur même des hommes et des idées qui m'avaient porté que j'ai pu opérer quelque bien, rétablir la tranquillité de Paris, la sécurité des familles, la protection des intérêts, la liberté des transactions, en un mot, faire de l'ordre avec du désordre.

Premier magistrat de la première ville de France, je compris combien les exemples, donnés par nous, agiraient puissamment sur le pays tout entier, sur l'Europe elle-même, inquiète et jalouse, qui guetterait nos fautes et profiterait de nos malheurs. Je savais que nous avions à dissiper tous les préjugés, toutes les craintes que le saint nom de la République, autrefois profané, éveillerait parmi les populations. J'avais à me défendre aussi contre les passions du moment ; la moitié de Paris, si je l'avais écoutée, aurait fait arrêter l'autre. Ma bonne volonté, des instincts droits, et, peut-être une de ces illuminations subites qu'un homme reçoit d'une position élevée et du sentiment de ses devoirs, m'inspirèrent une conduite franche, nette et décisive.

J'avais conspiré dix-huit ans pour le bon sens; je voulus faire de la police pour le bon sens également; une police de conciliation, sans distinction des républicains de la veille ou du lendemain, une police qui ne mentît pas à la devise de LIBERTÉ et de FRATERNITÉ arborée par le nouveau régime.

J'explique, dans un écrit à part, qui sera publié prochainement, tous les actes de mon administration, et presque toutes les corporations de Paris rendront justice, j'en suis sûr, à mes décisions, à mes intentions. J'avais établi, à la Préfecture de police, une sorte de justice de paix, amiable, consentie par tous les intérêts, sous l'empire de circonstances exceptionnelles, et j'ai eu le bonheur de voir accepter avec satisfaction, et d'un commun accord, les arrangements que me dictaient ma raison et mon bon vouloir. Que de troubles ont été évités par cette fraternelle intervention! Services obscurs, dont on tient peu de compte, parce qu'ils ont prévenu secrètement le mal, au lieu de le réparer bruyamment. Vingt heures de travail par jour, qui, au bout de deux mois et demi, avaient abattu mes forces, ont été consacrées à cette tâche ingrate; et, je le proclame avec empressement, j'ai trouvé dans tous les agents de l'administration, même précédente, comme dans mes nouveaux auxiliaires, un zèle infatigable pour aider à cette œuvre pénible. Tous avaient jugé la loyauté de mes intentions; tous se montrèrent ardents à les seconder.

Le compte-rendu de mon administration sera donc public. Vous y verrez que je n'ai pas failli à mes devoirs. Le 15 mai, on m'avait exclu du concours que tous les dépositaires de l'autorité devaient prêter au maintien de l'ordre. Je dirai comment, si je ne dis pas pourquoi. Cet exposé (j'en suis certain) dissipera pour vous, mes concitoyens, pour vous tous, à qui je ne demande que de l'impartialité, les fables répandues sur l'état de siége de la Préfecture, et sur les prétendus projets de mes amis et de mes auxiliaires.

L'honneur me dictait ma démission comme Préfet ; ma reconnaissance pour vous me commandait, comme représentant, de venir me retremper dans votre confiance. Je sollicite, aujourd'hui, vos suffrages, au nom des efforts, heureux peut-être, que j'ai faits pour rendre à la capitale la tranquillité dont elle jouit. Cette démarche suffit, je le crois, pour démentir et écarter de vos esprits ces accusations perfides de conspiration que propagent contre moi ceux que ma retraite n'a pas encore satisfaits. En me renvoyant au sein de l'Assemblée, vous y renverrez un défenseur ardent et sincère de notre République de 1848, et un ami de la légalité et de la conciliation, qui peuvent seules la consolider.

CAUSSIDIÈRE.

LV.

PROTESTATION DES OUVRIERS DES ATELIERS NATIONAUX.

Citoyens,

Depuis trois jours, nous nous réveillons au bruit du rappel : nous descendons dans la rue, nous nous informons de ce qui en est la cause, et nous sommes fort étonnés d'apprendre que ce sont les ouvriers des ateliers nationaux qui troublent la tranquillité publique.

Nous nous demandons quelle peut être la source de ces prises d'armes que l'on renouvelle ainsi. Nous ne pouvons nous les expliquer qu'en parcourant les rues où l'on rencontre des groupes. N'est-il pas facile d'y remarquer des hommes qui font les récriminations les plus malveillantes, les plus absurdes, les plus calomnieuses contre les citoyens qui composent nos ateliers nationaux. N'est-il pas évident que des meneurs, à la solde de différents partis réactionnaires, cherchent, par de fausses insinuations, à amener une collision entre des citoyens qui n'ont qu'un même but, qu'une même pensée. Que demandons-nous ? Que l'on s'occupe sérieusement de décréter, de sanctionner notre droit au travail, d'établir sur de larges bases le principe d'association et les moyens de le réaliser. Hommes de labeur, nous ne cherchons point à vivre dans l'oisiveté, nous voulons un travail productif. Pour cela, organisez-le de manière que nos facultés soient employées efficacement.

Si cette manifestation n'avait eu lieu que samedi 27, nous l'aurions comprise ; car d'après la disparition du citoyen E. THOMAS, on pouvait craindre une protestation en sa faveur. Mais comment voulez-vous que nous prenions fait et cause pour quelqu'un lorsque nous ignorons même ce qu'on lui impute. Seulement, il est incroyable que le Gouvernement exécutif reste muet à son égard, en face de ce qui se passe. L'opinion publique, n'en doutons pas, fera justice de ces odieuses calomnies et flétrira les individus qui se servent de tels moyens pour parvenir à leur but.

Vive la République démocratique et sociale !

Membres de la Commission des délégués :

Bachelot, 27, r. Vieux-Colombier.
Chocat, 17, rue de la Huchette.
Cornu, 7, rue Zacharie.
Labache, 75, rue du Four.

Ligonier, 14, rue St-Séverin.
Laffitte, 28, rue de Vaugirard.
Lambert, 30, rue Racine.

Bacon, président ; Gibon, secrétaire ; Eugène Garsin, secrétaire ; Ch. Courtet, délégué.

LVI.

Ateliers Nationaux.

AUX OUVRIERS EMBRIGADÉS DU BUREAU CENTRAL.

CITOYENS,

Vous devez toujours être prêts à défendre la Patrie, à protéger la République tricolore. Dès que le rappel général bat dans les rues, que chacun se rende à sa Mairie, et abandonne tout pour s'y rendre ; armés ou non, votre présence est utile au maintien de l'ordre ; les bannières et les drapeaux de nos Compagnies des Ateliers nationaux, vous devez les porter avec vous ; ils doivent flotter au milieu des rangs de la Garde nationale. En cas de danger, ralliez-vous à l'Abeille de l'Ecole centrale ; nos braves camarades seront fiers de vous guider.

Nous sommes soixante-six mille, tous dévoués à notre

chère République et au Gouvernement provisoire que nous avons établi.

Salut et Fraternité.

ÉMILE THOMAS,
Commissaire de la République, Directeur des Ateliers nationaux.

LVII.

Association Nationale

CAISSE PHILANTHROPIQUE-FRATERNELLE.
des Gardes Nationales de France.

Citoyens gardes nationaux,

Un gouvernement avide et corrompu, ennemi des institutions populaires, vient de disparaître, grâce au courage du peuple secondé par la garde nationale de Paris et de la banlieue.

Aujour'hui que la République, ce gouvernement de tous et pour tous, a replacé sur le drapeau national cette noble devise : *Liberté, Egalité, Fraternité*, oriflamme du Christ et palladium de la Patrie, il est du devoir de tout bon citoyen de consacrer ses sentiments, son zèle et ses efforts aux améliorations sociales ayant pour but le bonheur des hommes, et de mettre ainsi en pratique la *Fraternité*, la plus douce comme la plus sainte des vertus humaines : elle seule ferait le bonheur de la terre.

Dès le 12 avril 1831, nous avions déjà dressé, devant notaire, le règlement constitutif de l'Association nationale que nous rétablissons aujourd'hui sur les plus solides garanties. On pourra s'en convaincre en prenant connaissance de nos statuts au siége de l'administration et chez tous les capitaines des gardes nationales de Paris et de la banlieue.

C'est aussi avec l'assurance la plus complète que nous garantissons à nos souscripteurs des avantages que nulle autre combinaison n'aura encore pu atteindre : aussi, avons-nous déjà obtenu de grands encouragements.

Au moyen d'une souscription de 12 fr. par année, payables par douzièmes de mois en mois, chaque souscripteur recevra :

En cas d'accidents, des indemnités immédiates ;

En cas de maladie, des secours instantanés qui pourront être de 2 à 4 fr., suivant les catégories établies aux statuts ;

Et les pensions de 200 fr. après 5 ans, de 300 fr. après 10 ans, de 400 fr. après 15 ans, de 500 fr. après 20 ans, et de 600 fr. après 25 ans de souscription.

Cés pensions sont viagères et reversibles par moitié sur les veuves et orphelins des souscripteurs.

Ces secours, indemnités et pensions, établis sur des calculs aussi rationnels que possibles, seront énormes, comparés à la modicité des sommes versées, ce qui démontrera d'une manière irrévocable que ce n'est que par de grandes associations que l'on pourra améliorer le sort de ceux qui souffrent depuis longtemps et qu'il faut soulager par le zèle et la fraternité.

Le conseil d'administration de l'association sera composé ainsi :

1° Le général commandant de la garde nationale de Paris et de la banlieue ;
2° Les douze colonels des légions de Paris ;
3° Les deux colonels de celles de la banlieue ;
4° Le colonel de la garde nationale à cheval ;
5° Le colonel de l'artillerie ;
6° Le colonel du génie ;
7° Les quatre chefs de bataillon en premier de chaque légion, pris par ordre de numéros de légion et à tour de rôle ;
8° Et vingt-un citoyens choisis parmi les notabilités civiles et qui sont dénommés aux statuts.

Et le conseil de surveillance :

De tous les capitaines de la garde nationale de Paris et de la banlieue qui, tous et isolément, pourront chaque jour prendre connaissance de l'ensemble et des détails de la situation de l'association.

Le siége de l'association est établi à Paris, *boulevart Poissonnière*, 6, *au premier*, où les souscriptions seront reçues à partir du 1er juin prochain.

Paris, le 20 mai 1848.

Le directeur fondateur de l'Association nationale,

EYMIN.

LVIII.

AUX OUVRIERS DE TOUTES LES CORPORATIONS.

Le Comité de la Typographie Parisienne, s'associant de cœur aux protestations des Délégués de toutes les Corporations, déclare qu'elle n'assistera pas à la Fête *dite* de la CONCORDE proposée par le Gouvernement.

Afin que l'on ne puisse élever aucun doute fâcheux sur

son refus, la Typographie Parisienne doit compte au public de sa non coopération à cette fête patriotique.

Elle s'y refuse :

1° Parce qu'il n'est point dans les mœurs du Peuple Français, qui a toujours servi de jalon aux libéraux de l'Europe, de se réjouir quand ces mêmes peuples sont égorgés par les royautés absolues, aristocratiques et cléricales ;

2° Elle s'y refuse encore parce qu'elle croit que cette fête n'est point nationale, surtout dans un moment où la classe ouvrière est sans travaux et sans pain ;

3° Elle s'y refuse d'autant plus que nos Représentants ont accueilli d'une manière presque dérisoire les propositions qui leur ont été faites pour l'Organisation du Travail.

Par toutes ces considérations, elle a décidé, à l'unanimité, qu'aucun membre de la typographie n'assisterait à cette prétendue fête de la Concorde.

Pour le Comité Typographique,

BARRAUD, *Président.*

LIX.

VOUS QUI AIMEZ VOTRE PAYS, LISEZ !

Continuez, Rédacteurs de la Commune ! Écrivez, et trompez toujours ce peuple dont vous vous dites les fermes défenseurs, et que sans vous en apercevoir vous plongez dans la misère ! Pourquoi donc n'opposez-vous pas une digue à ces flots de fiel pernicieux qui découlent du bec de votre plume ? Heureusement que vous trouvez peu d'adeptes ! Autrement, savez-vous bien que vos diatribes insensées feraient bientôt de notre belle Patrie un monceau de ruines, un désert affreux !... C'est ce que vous voulez ! Est-ce que vous ne trouvez pas quelque chose de plus beau, de plus grand, de plus majestueux, dans les plis de votre esprit inquiet, qui se révolutionnerait lui-même, s'il ne trouvait plus aucun choc ailleurs ? Mais vous vous trompez, quand vous vous dites Républicains ! Vous ne l'êtes pas du tout ! Personne ne vous croit !

Peut-être y a-t-il chez vous un degré de certaine ambition que nous ne pouvons comprendre ? Peut-être avez-vous rêvé dans un lointain d'histoire ? Romulus et Remus occuperaient-ils votre pensée ? Leur nourrice fut une louve, c'est vrai ! Mais eux furent braves et fondateurs. Est-ce que par hasard vous seriez heureux, en vous chauffant à l'idée qu'un jour on dira de vous : Ils ont sucé le lait d'une hyène, qui les a faits lâches et destructeurs ? En vérité Messieurs, je trouve en y réfléchissant, que je commets moi-même une bassesse en me donnant la peine de réfuter votre article de Lundi.

Sachez-le pourtant bien, la République ne périra pas ! Nous avons exposé notre vie pour la conquérir, nous serons encore là pour la défendre (Dieu veuille qu'il n'en soit pas besoin.)

Vous dites : Peuple, méfie-toi de la Bourgeoisie ! Bourgeoisie, crains le Peuple ! Singulière manière de prêcher et de comprendre la Fraternité ! Écoutez-bien ce que disent les vrais Républicains comme nous : Aujourd'hui, il n'y a ni Bourgeoisie ni Peuple, ni Peuple ni Bourgeoisie ; désormais, ce qui existe en France, c'est une unité bien franche, toujours prête à se lever comme un seul homme, si on osait attaquer la République.

Nous venons de conquérir sur une Monarchie Spoliatrice le Sol le plus fécond du Globe. Sur cette terre promise, à tout jamais Républicaine, nous voulons fonder et nous fonderons un Édifice indestructible qui sera le vrai dépôt des droits bien reconnus de chacun... Vous cherchez avez vos torches de discorde à mettre le feu à ce monument à peine sorti de terre... Mais, croyez-bien, que nous, Peuple Français, nous ne chercherons jamais à éteindre l'incendie avec des jets de sang ; vous cherchez en vain à nous désunir.

L'avenir nous montrera les Coupables de Rouen, de Limoges, etc., etc. Nous, honnêtes gens, nous leur pardonnerons, nous leur tendrons une main amie, en même temps que nous aurons à sécher leurs larmes de repentir ; nous ferons même taire chez eux le ressentiment que vous aurez soulevé à votre Profit. Et s'il est vrai, qu'il reste encore après comme vous cherchez à nous le faire craindre, des gens à l'instinct d'hyène, à la malice du tigre, le vrai Peuple qui aime sa patrie, sera là, confiant dans la force que donne le bon droit, avec le courage et la générosité du lion.

Ecrivez donc toujours !... Plus vous le ferez, moins vous aurez de Lecteurs ; votre faiblesse se dévoilera dans la force factice dont vous voulez faire parade.

Soyez sans inquiétude. Nous autres ne demandons pas de Tête ; pas même les Vôtres, Nous regrettons seulement que certains hommes reçoivent le jour d'une Patrie qu'ils savent si peu glorifier.

Frumence Duchemin.

LX.

VOUS QUI AIMEZ VOTRE PAYS, LISEZ ENCORE !!!

Je ne connaissais pas, avant la lecture de sa réponse à mon affiche, le nom du citoyen gérant de *la Commune.*

Je lis sur son placard : Au nom de l'humanité... etc., etc. Eh bien ! moi, c'est à ce titre aussi que mon devoir de bon républicain me pousse à éloigner mes frères du bord de l'abime dans lequel on veut nous précipiter.

C'est pourquoi je leur dis :

Ne nous laissons pas prendre à ces semblants d'intérêt qu'on nous porte, en nous montrant la République incomprise. L'Assemblée nationale qui émane du vote général prendra soin de tous nos intérêts. Ne nous laissons donc pas désunir ; ayons confiance dans l'avenir ; n'écoutons que la voix du patriotisme qui doit nous animer. Commentons bien tous les écrits ; ceux qui les font peuvent donner aux plus absurdes mensonges les couleurs de la plus franche vérité !

On nous crie : Peuple on te trompe... prends les armes... et si le plomb qui sort de ton fusil renverse ton frère ou ta sœur, ne t'arrête pas pour les secourir ! tue... tue toujours ! pour renverser un pouvoir qui satisferait notre ambition, nous t'accordons jusqu'au droit de massacrer ton père ! Une fois au pouvoir, sachez-le mes frères, leur intérêt d'abord, et le nôtre... peut-être jamais : notre confiance dans certains hommes qui se disent républicains, et qui ne sont que du parti de ceux que l'envie de gouverner chatouille, nous ferait exposer notre honneur, notre vie en pure perte.

Oui, nous gémissons ensemble de leurs efforts à séparer, pour les animer les uns contre les autres, la grande famille française en trois catégories, la bourgeoisie, comme ils disent, le peuple et la troupe. La troupe qui est appelée à défendre le territoire qui nous fait vivre ; la troupe qui a tant de droits à notre fraternelle affection, serait bientôt reléguée dans des forteresses d'où elle ne pourrait sortir.

Pourquoi donc aussi cette manière de nous parler en dictateur? « Peuple... c'est bien ! tu as été grand ! tu devais t'armer contre tes frères, tu ne l'as pas fait !... » Ils ont l'air d'en être étonnés !.. Mais, mon Dieu, sommes-nous donc des enfants? avons-nous besoin de conseils ou d'approbations pour faire notre devoir ? Et contre qui, s'il vous plaît, nous soulever, puisque nous marchons en masse sous le même drapeau ? Demandons-leur donc ce qu'ils veulent dire, et à travers quel verre trompeur ils voient du peuple et de la bourgeoisie ?

Écoutez, mes bons Frères, chers Citoyens, ne nous dissimulons pas qu'il y a dans ce moment un parti qui paye l'autre, et qui profiterait de nos divisions pour ramener la royauté en France.

La Pologne, que nous sauverons, a été grande et forte !... elle s'est divisée ; depuis ce temps nous pleurons sur ses ruines.

PÈRE DUCHÊNE,

Permettez-moi, mon vieux bonhomme (puisque vous êtes né en 93), de vous dire que vous radotez en me traitant de Réactionnaire ; je suis au contraire diablement Républicain, bien avéré, bien reconnu, et très-fortement imbu du programme du Gouvernement Provisoire.

Je ne vous conteste pas le mot *viédase*; mais, je suppose que vos lunettes n'étaient pas plus diaphanes que votre jugement, quand vous avez lu mon placard.

P. S. Surtout, pas de colère devant LE FRANC RÉPUBLICAIN.

FRUMENCE-DUCHEMIN.

LXI.

MASSACRES DE CRACOVIE.

M. Krieg, commissaire du gouvernement autrichien à Cracovie, ayant donné des ordres pour que la frontière de la Galicie fût interdite aux émigrés polonais, cette mesure provoqua de la part de la population cracovienne une manifestation à la suite de laquelle M. Krieg fut contraint de céder au vœu général. Il s'exécuta de mauvaise grâce, et donna ordre de lever cette consigne sévère. Le lendemain, des forces considérables furent appelées à Cracovie, et lorsque des Polonais, sans armes, allèrent faire l'exercice sur un terrain en dehors de la ville destiné à cet effet, ils furent immédiatement cernés par des troupes autrichiennes qui les mitraillèrent à bout portant. Ne pouvant résister à des troupes aussi nombreuses et à une artillerie qui diminuait leurs rangs, les Polonais se retirèrent dans la ville, firent des barricades, et avec les armes qu'ils purent se procurer à la hâte, telles que piques, lances, faulx, pistolets, etc., ils opposèrent une résistance héroïque à leurs sauvages agresseurs. Le général Castiglione donna alors ordre à ses troupes de cesser l'attaque des barricades défendues d'une manière aussi vigoureuse, et à laquelle toute la population prenait une part glorieuse; il quitta la ville, fit braquer les canons sur elle, et commença un bombardement qui mit bientôt le feu sur plusieurs points.

Les habitants voyant que leurs efforts seraient absolument infructueux, et n'aboutiraient qu'à la destruction complète de leur cité, envoyèrent une délégation au général autrichien; il leur fut répondu que le général consentait à faire cesser le feu, mais à condition que, dans trois jours, tous les émigrés auraient évacué la ville et la Galicie. Une convention dans ce genre fut immédiatement signée. En conséquence, une colonne déjà venant de Cracovie, à la suite de ces événements, vient de passer par Breslau, et c'est des témoins oculaires que je tiens tous ces détails. Le nombre des morts et des blessés est considérable. Nous savons pour la plupart leurs noms. Je ne vous en fais pas l'énumération, vous l'apprendrez par les acteurs eux-mêmes de l'événement, qui seront sans doute aujourd'hui à Berlin.

Dans trois jours, tous les émigrés polonais actuellement à Cracovie auront quitté le territoire autrichien. Que deviendront-ils ? et la Prusse réactionnaire leur laissera-t-elle un passage libre jusqu'en France ? Les Polonais à Berlin ont déjà reçu l'ordre de se diriger sur Magdebourg, et on est en droit de craindre une nouvelle trahison de la part de cet autre gouvernement. Cette agression sauvage, cet acte de lâche barbarie dont la ville de Cracovie a été le théâtre, n'est-il point un éclatant démenti aux paroles de M. de Lamartine : « CRACOVIE EST LIBRE. »

LXII.

BULLETIN DE POSEN.

AU PEUPLE FRANÇAIS.

Depuis les nouvelles de Cracovie publiées par les journaux, voici ce que nous recevons de Posen, en date du 2 mai 1848.

La loyauté du gouvernement prussien se dévoile dans toute sa hideuse nudité. Après un piège infâme tendu à la bonne foi des Polonais de Posen, il livre aujourd'hui toute la province à une affreuse boucherie. Presque entièrement dépourvus d'armes, cernés de toute part par des forces écrasantes, les Polonais sont réduits à une lutte sans espoir. Peut-être même succomberont-ils dans cette lutte inégale, si la France républicaine les abandonne comme les abandonna la France royaliste. Mais ils n'en vendront pas moins cher leur vie ; ils y sont résolus, et déjà ils l'ont prouvé à Odolanow, à Raszkow, tout récemment à Xionz. La petite ville de Xionz est, comme on le sait, un des points désignés par la convention passée entre le général Willisen et le comité national de Posen, où devaient se réunir des volontaires de la future armée polonaise. Il s'y était donc formé un petit camp de sept cents hommes, dont à peine le tiers avait des armes à feu. Samedi, 29 avril, le camp de Xionz fut attaqué par un corps de 6,000 soldats prussiens. Ils étaient dix contre un ! La lutte s'engagea, terrible et sanglante ; elle dura quatre heures ! Trois fois les hussards et les cuirassiers furent repoussés avec perte ; les Prussiens démasquèrent alors leur artillerie, et un affreux carnage commença. Trois cents Polonais sont morts en héros ; la ville de Xionz n'est plus qu'un morceau de cendres ; les débris du camp polonais se sont retirés sur Nowé-Miasto.

Dans tous ces engagements, les quelques émigrés qui ont pu parvenir jusqu'au camp se distinguèrent par leur héroïsme. Ainsi, à Xionz, le major Dombrowski, commandant du camp, atteint d'un premier coup de feu qui lui fracassa la mâchoire, et d'un second qui lui creva un œil, ne cessa de combattre jusqu'au moment où une troisième balle lui traversa la poitrine.

La plume ne suffirait pas d'ailleurs à retracer les meurtres et les excès sans nombre commis sur des gens isolés dans les campagnes. Pour n'en citer qu'un seul exemple, un sous-officier prussien, accompagné de dix hussards, entra dans la demeure d'un patriote éprouvé, Félix Sadowski, condamné à mort, il y a deux ans, puis délivré pendant la révolution de Berlin : « Êtes-vous Sadowski, le condamné à mort? » lui demanda-t-il, « Oui, » lui répondit Sadowski ; et, à ce mot, le sous officier prussien lui lâcha un coup de pistolet à bout portant, et l'étendit roide mort à ses pieds. Ces atroces violences se répètent chaque jour sur des gens désarmés, des femmes, des vieillards. La soldatesque prussienne semble vouloir surpasser la barbarie moscovite, et les autorités civiles se font un jeu de l'y provoquer. Que le gouvernement prussien s'en réjouisse s'il le veut, qu'il se mette lui-même au pilori, l'Europe saura le juger !

Les émigrés polonais qui se trouvent en Prusse sont saisis par la police, et forcément conduits aux forteresses de Magdebourg et de Minden ; déjà même une colonne de ceux qui ont quitté Cracovie vient d'y être envoyée.

P. S. « Nous apprenons à l'instant que le général Colomb a fait attaquer le camp de Miloslaw, commandé par Mieroslawski ; la lutte a été terrible : les Prussiens ont été repoussés trois fois : 1,200 hommes sont tombés des deux côtés. Mais la victoire, dit-on, est restée aux Polonais ; ils sont restés maîtres de Miloslaw, et se sont avancés jusqu'à Szroda. On dit même que 800 soldats polonais, au service de la Prusse, sont passés du côté des Polonais. »

D'après les dernières nouvelles que nous avons reçues, l'insurrection ou plutôt la croisade, est proclamée dans le grand duché de Posen. Qu'en dites-vous, Peuple français ? Est-ce enfin, oui ou non, le moment le secourir la Pologne ?

Les Membres de la Commission exécutive de la Société démocratique polonaise.

Stanislas WORCELL. TECLAW, WROBLEWSKI, STACHERSKI, E. KORABIEWICZ.

LXIII.

AUX OUVRIERS DES ATELIERS NATIONAUX.

Mes chers amis,

Je suis entièrement étranger à vos travaux, je suis seulement l'ami particulier de quelques-uns de vos camarades, car qui est-ce qui ne compte pas un frère, un père un ami parmi vous?

C'est donc comme votre ami à tous et dans votre intérêt seul que je viens, comme un frère, vous faire part de mes pensées

Plus de fausse honte, plus de cet égoïsme qui nous fait renfermer en nous-même des idées qui pourraient être bonnes et utiles à quelque chose.

Parlons-nous, éclairons-nous, n'ayons pas peur de mal exprimer nos sentiments, de mal choisir nos paroles, si les uns et les autres partent d'un bon cœur.

Je vais vous donner l'exemple de la franchise et vous dire ce que je pense; que chacun en fasse autant, qu'on prenne le meilleur entre tout ce que nous dirons, que cela serve à l'intérêt général; je crois que voilà notre devoir et ce que nous voulons tous.

Comme tout ce que j'aurais à vous dire serait trop long, je vais seulement vous parler du plus pressé et du but sur lequel doivent se concentrer, selon moi, toutes vos idées!

Le voici : J'étais dimanche à votre assemblée. Je commence par vous remercier du plaisir que vous m'y avez fait éprouver. J'ai vu dans l'ensemble de vos discussions régner un esprit juste, fraternel, organisateur. J'ai vu enfin que vous compreniez qu'il y avait encore beaucoup à faire pour améliorer le grand OEUVRE DES ATELIERS NATIONAUX.

Je vous ai promis d'être franc. Je vous ai fait compliment de ce que je vous ai entendu dire, mais laissez-moi donc vous faire reproche de ce que je n'ai pas entendu et de ce que j'aurais dû entendre.

Vous n'avez pas fait, dimanche, selon moi, tout ce que vous auriez dû faire; vous vous êtes occupés d'orner votre arbre, d'y suspendre des fleurs, mais vous n'avez pas songé aux racines!

Votre arbre est planté, c'est une grande chose; mais êtes-vous sûrs que les racines soient bien prises? Qui est-ce qui doit vous défendre, vous soutenir, vous représenter à l'Assemblée Nationale?

Mes amis, y pensez-vous bien? C'est dimanche que vous devez nommer vos représentants, les défenseurs de vos intérêts, et je n'ai pas entendu déjà leurs noms répétés cent fois par vos bouches! Êtes-vous bien renseignés, bien éclairés sur ceux entre les mains desquels vous allez remettre peut-être tout l'avenir de la patrie?

Mes amis, ne vous fiez pas aux belles paroles : rien n'est plus beau, mais rien aussi n'est plus trompeur.

Défiez-vous des noms populaires, il n'y a souvent chez eux de populaire que le nom!

Nommez surtout des travailleurs pour obtenir et diriger des travaux : chacun son métier!

Pénétrons-nous donc bien de cette grande idée et n'en sortons pas; ce qu'il nous faut, ce qui est indispensable à notre existence, ce sont deux choses :

La République et les Ateliers Nationaux!

La République, l'existence du cœur l'amour de la patrie!

Les Ateliers nationaux, l'existence du corps, le travail!

Pas de travail, pas d'ateliers, et il en faut.

Il faut donc que vous soyez bien sûrs de vos Représentants, il faut qu'ils comprennent bien l'importante mission dont vous allez les charger, et qu'ils représentent dignement vos intentions.

Il faut qu'ils disent de votre part au Gouvernement provisoire : « Les ouvriers savent que depuis la Révolution ils ne vous ont pas rendu en travail ce que vous leur avez donné en argent! »

Les ouvriers ont compris, jusqu'à présent, qu'ils ne pouvaient pas obtenir de suite des travaux appropriés à leurs spécialités, mais ils seraient humiliés si, après les élections, ils ne voyaient pas le Gouvernement leur délivrer des travaux plus en rapport avec les services qu'ils peuvent et veulent rendre au pays!

Les ouvriers ne demandent pas de secours : ils demandent de l'ouvrage.

Je pense donc mes amis, que votre cœur s'est déjà entendu avec le mien, que vous avez pensé comme moi que les premiers, les plus dignes de vous représenter, sont ceux qui, depuis un mois seulement, ont plus fait, plus obtenu pour vous, que trois cents députés n'ont fait pendant 18 ans!

Ce sont ceux que j'ai vus nuit et jour travailler pour concilier, soulager, améliorer vos travaux!

Ce sont ceux que j'ai vus, malgré leurs fatigues et leurs préoccupations, recevoir toujours avec la même bonté, les demandes, les conseils, les plaintes de plus de soixante mille ouvriers; ceux que je veux nommer, sont, selon moi, vos meilleurs amis, vos véritables frères,

C'est Émile THOMAS, c'est JAIME!

Ce qu'ils ont fait déjà pour vous doit prouver ce qu'ils feront encore, ou il faudrait douter de la lumière du ciel!

Vive la République! Vivent les Ateliers Nationaux!

Juste VINCENT.

LXIV

LE CITOYEN ÉMILE THOMAS,
Commissaire de la République, Directeur des Ateliers Nationaux,

À tous les Ouvriers de Paris.

CITOYENS,

J'ai accepté une tâche pénible et difficile. Je sers vos intérêts avec dévouement, vous le savez. Et cependant des calomnies et des bruits attentatoires à mon honneur sont répandus au milieu de vous par des hommes qui se prétendent délégués de vos corporations.

Je déclare ici formellement, que je n'ai pas cessé de m'occuper des intérêts *matériels* des Ouvriers et ne me suis employé à aucune manœuvre électorale;

Que j'ai suivi en tout et pour tout les ordres du Gouvernement provisoire;

Que par les ordres du Gouvernement j'ai convoqué les Ouvriers des Ateliers nationaux, à Saint-Maur, pour y être passés en revue; Que cette revue a été contremandée par le Gouvernement lui-même, de crainte qu'on ne lui attribue un sens électoral, et qu'elle aura lieu immédiatement après les élections; Que la haute paye qui en était la conséquence était la juste rétribution du *Travail*, imposé pour cette revue;

Qu'il n'a jamais été question de mon arrestation;

Que je n'ai pas convoqué les Ouvriers des Ateliers nationaux au Champ-de-Mars, et qu'au contraire, je les ai exhortés à ne pas s'y rendre, afin que leur vote ne soit pas influencé.

Salut et Fraternité.

Émile THOMAS.

LXV.

PROJET DE CONSTITUTION POPULAIRE
pour la République française.

DÉCLARATION DE PRINCIPES.

I. LE TRAVAIL, *intellectuel* ou *corporel*, est la condition fondamentale de l'existence MORALE et PHYSIQUE des individus, des sociétés, du genre humain.

II. Le travail nous est utile à tous.

Le travail est père de toutes les vertus, comme l'oisiveté est mère de tous les vices.

III. Par le travail, l'HUMANITÉ accomplit la loi suprême de son progrès, et assure le triomphe de la force *morale* sur la force *brutale*.

IV. Le travail est l'unique source de tous les capitaux, de tous les revenus, *rentes* ou *salaires*, de tous les DROITS.

V. Le travail émancipe les individus et les sociétés de tout régime de *tutelle*, et les conduit au régime de l'*association*.

VI. Le travail du peuple est la base positive de sa souveraineté.

VII. La souveraineté du peuple appelle l'organisation politique et sociale la plus avantageuse aux travailleurs *des deux sexes*.

VIII. Par le DROIT DU TRAVAIL, tous les membres de la société, sans aucun privilége de *sexe* ou de *race*, de *naissance* ou de *fortune*, obtiendront :

Au nom de la LIBERTÉ !

L'*œuvre* selon la *capacité*, le *crédit* selon la *solvabilité* ;

Au nom de l'ÉGALITÉ !

Le *salaire* selon le *travail*, la *rente* selon le *capital* ;

Au nom de la FRATERNITÉ !

Une éducation *commune* et une instruction *spéciale* selon la *vocation* ;

Une *justice de famille*, par l'institution d'*arbitres* et de *conseils publics* ;

Des *soins de famille* pour les *invalides* du travail, par l'organisation des *officiers de la santé publique*, et l'établissement des *hôtels* et des *pensions* de retraite.

IX. Par le DROIT DE PROPRIÉTÉ, tous disposeront librement de leurs revenus, *salaires* ou *rentes*, et de leurs biens de toute nature, légalement acquis ou transmis,

Sous la réserve du paiement de l'impôt et de l'expropriation pour cause d'utilité publique, moyennant une juste et préalable indemnité.

X. Ainsi, toutes les institutions politiques et sociales, toutes les lois, tous les décrets, tous les actes d'administration, auront pour but l'amélioration la plus prompte et la plus complète de l'existence *morale* et *physique* des travailleurs *des deux sexes* les moins rétribués et les plus nombreux, sous la triple consécration de la *Liberté*, de l'*Egalité* et de la *Fraternité*.

OLINDE RODRIGUES.

LXVI.

OUVRIERS BOULANGERS DE PARIS
et du département de la Seine.

La calomnie la plus infâme vient d'être portée contre nous, et notre devoir est d'y répondre dans le plus bref délai, sans détour ni arrière-pensée, et faire voir la vérité aux yeux de tous.

Le *Bulletin des Halles et Marchés*, dans son numéro du 21 mai, réclame une augmentation sur la taxe du pain en faveur des Maîtres Boulangers, vu qu'il leur est impossible de travailler fructueusement, et qu'ils ne peuvent subvenir aux frais qu'entraîne notre augmentation de salaire.

Il est de notre devoir de démentir cet article, vu que nous n'avons pas demandé une augmentation de salaire, comme il prétend le dire, mais bien la régularisation de prix établis sur le prix le plus élevé qui existait dans les différentes boutiques, avant le Tarif qui nous a été accordé; nous pouvons même prouver que nous avons des ouvriers qui ont été diminués pour être réduits aux prix de notre nouveau Tarif; en conséquence, puisqu'il n'y a qu'une même taxe pour tous, ils peuvent payer tous le même prix en faisant le même travail.

Et, mieux que cela, nous sommes prêts à donner des preuves que la taxe périodique du pain est basée sur un taux bien plus bas que ne leur produit un sac de farine, sans compter les mystères qui existent dans le système de fabrication, qui n'est connu que du maître et de l'ouvrier, et qui pèse sur toute la masse des consommateurs, et ce serait un acte de barbarie de faire supporter à tous nos frères travailleurs l'augmentation que demandent les maîtres boulangers.

CITOYENS ET FRÈRES,

La calomnie la plus infâme vient d'être lancée contre nous: l'on nous accuse d'avoir agi avec menaces et brutalité pour obtenir notre tarif; nous devons et pouvons démentir l'inventeur d'un tel mensonge, car, lorsqu'il s'est agi de la régularisation du prix des boutiques, le syndicat de la boulangerie a accepté le tarif sans menaces et sans brutalité, d'un commun accord avec les délégués des ouvriers boulangers, et du consentement du Gouvernement, qui en a ordonné instantanément l'exécution.

La brutalité dont on nous accuse, quand même elle serait réelle, n'est pas comparable aux actes ignobles que font les maîtres boulangers pour introduire la corruption parmi les ouvriers, en faisant des faux en écriture; ils vont même jusqu'à tromper la confiance des commissaires de police de leurs quartiers.

Le même article dit que la régularisation que nous avons obtenue n'est pas légitime, vu que nous étions le corps d'état le mieux payé.

Nous voudrions savoir comment il prétend dire que nous étions déjà rétribués grandement.

Ici, nous prouverons le contraire, car, lorsque des ouvriers d'un autre corps d'état travaillent de nuit, ils sont payés double journée;

tandis que nous, nous ne sommes payés que la journée ordinaire ; ajoutez à cela un travail de quinze à dix-huit heures sans interruption, et souvent dans des caves malsaines, et sur des fours à une chaleur qui est presque comparable à celle de cuisson.

Nota. Les maîtres boulangers de la ville de Versailles ont obtenu de la Mairie de ladite ville l'augmentation d'un centime par kilo de pain, ayant pour prétexte qu'ils payeraient leurs ouvriers à l'instar de ceux de Paris ; cependant les ouvriers boulangers de Versailles ne sont rétribués que très-médiocrement ; le maître boulanger qui emploie deux sacs de farine par jour a donc 4 fr. de bénéfice par jour en plus ; il a pour salaire de ses ouvriers 1 fr. 50 c. en plus ; les habitants de la ville de Versailles payent le surplus des ouvriers, et dotent encore le maître de 2 fr. 50 c. tous les jours.

Salut et fraternité.

Les Membres du Conseil :

Parmentier, *président* ; Loiseau, *vice-président* ; Coudert, Baritel, Cottin, Tachot, Veillas, Tournesac, Rivière ; Gardien, *secrétaire*.

Comité :

Jalanihac, *président* ; Germain, Turpin, Meurdefroid, Petit.

LXVII.

République française.

Liberté,—Egalité,—Fraternité.

Citoyens.

Quelques personnes malveillantes faisant circuler sur le compte du citoyen Emile Thomas des bruits attentatoires à son honneur, nous croyons devoir donner connaissance au public de la lettre ci-après écrite par M. Trélat, ministre des travaux publics, à la Commission chargée de faire un rapport sur les Ateliers nationaux, lettre qui dément suffisamment toutes les attaques dirigées contre le citoyen Emile Thomas.

« CITOYENS,

« Je me hâte de répondre à votre rapport : il n'y a rien eu, dans
« la mesure prise à l'égard de M. Émile THOMAS, qui puisse por-
« ter atteinte à son caractère, *à son honneur*, et lui diminuer la
« justice rendue à ses services.

« Ce que vous avez obtenu de MM. les Élèves des Écoles cen-
« trales ne me surprend pas ; le pays attend d'eux de longs ser-
« vices, et ils ne peuvent méconnaître combien il importe que
« tous les efforts s'unissent pour diminuer et guérir les souffrances
« qui se font sentir.

« Veuillez, je vous prie, Messieurs, recevoir mes remercîments
« pour l'empressement que vous avez mis à remplir votre mission,
« et l'assurance de mes sentiments dévoués.

« *Le Ministre des Travaux publics,*
« TRÉLAT. »

Nous croyons devoir nous abstenir de toute réflexion ; nous avons seulement voulu contredire les bruits malveillants répandus sur le citoyen Emile Thomas.

Nous engageons les travailleurs au calme, au respect de l'ordre, et à se souvenir qu'en citoyens républicains ils ont le droit de pétition pour réclamer contre toute mesure qui leur semble injuste et inique.

Salut et fraternité. *Un Chef des Ateliers nationaux.*

LXVIII.

A LA COMMISSION EXÉCUTIVE, A L'ASSEMBLÉE NATIONALE
et au brave et juste peuple Français.

Citoyens,

Napoléon a prédit que dans 50 ans l'Europe entière deviendra ou républicaine ou cosaque, despotique (russo-mongolique), et ce moment est là. L'inaction du républicanisme fortifie le monarchisme. Ne favorisez pas les Cosaques barbares par votre inactivité; mais soutenez les républicains de tous les moyens. Tous les peuples, toute l'humanité vous seront reconnaissants dans leurs postérités les plus reculées. Mettez à profit l'occasion présente très-favorable. Tant que le fer est chaud et rouge forgez-le, car après ce sera trop tard. La république est une vérité très-contagieuse qui empoisonne toutes les monarchies, et tôt ou tard les tue de la mort pestilentielle. Les monarques le savent bien, c'est pourquoi ils s'organisent déjà et se lient en une ligue colossale pour prévenir l'avénement et le règne des républiques

La Russie, la Prusse, l'Autriche, le Danemark, la Suède et la Norvége, etc., se sont déjà déclarés pour former et ont formé cette ligue; les autres roitelets, préfets de police des plus grands rois dans leurs pays respectifs (quasi-suzerains) sont et seront forcés de faire la même chose : c'est leur rôle et métier. Les rois feront toujours la besogne de la royauté, comme nous l'a démontré Louis-Philippe à Paris (nommé roi par d'autres rois, à condition de tuer la révolution en France), comme Nicolas en Pologne, comme le roi de Prusse à Berlin, comme l'empereur d'Autriche à Vienne, etc. Tous ont escamoté la révolution.

Le Christ a dit : Aimez votre prochain comme vous-mêmes; donc aimez votre peuple prochain (polonais) comme le vôtre. Pensez que vous voulez le règne de la République; donc entourez la République française d'autres Républiques comme d'un bouclier : elles défendront la République française en se défendant elles-mêmes. Jamais les ennemis n'entreront en France. — Faites une alliance des républiques et des peuples, comme le font, ont fait, et feront toujours les les monarques, et vous serez invincibles, et, pour toujours.

Vos frères! Français du Nord (les Polonais) vous ont rendu de grands services sans aucune arrière pensée. Ils vous ont servi depuis la première révolution jusqu'à la chute de l'empereur Napoléon, trahi par deux Français (le duc Raguse et Talleyrand).

La statistique militaire de Pologne démontre que 18,000 Polonais sont restés sur le champ de bataille pour la France, en Espagne, en Portugal, en Italie, en Autriche, en Prusse, en Barière, dans la confédération Germanique, en Pologne, à trois reprises, enfin à la retraite de Moscou, où, sans les Polonais aucun des Français ne se-

rail pas retourné. Quoi de plus! pour vous les Polonais ont traversé leur pays natal, l'ont abandonné aux ravages des Russes, se sont battus de nouveau contre tous les alliés ennemis de la France jusque sous les murs de Paris. Tous vous abandonnés; les Polonais non; même en 1830 et 1831 l'avant-garde de l'armée russe contre la France (le corps d'armée polonais) s'est fait votre avant-garde et a combattu pour vous. Elle a refoulé la Russie de vous vers l'Asie, et vous a procuré la paix de 17 ans sous Louis Philippe, escamoteur de vos libertés et de la guerre des Polonais contre la Russie despotique 1830 et 1831.

Dans ces luttes continuelles, la Pologne a vu tomber 17,000 de ses enfants pour la France. Vous alléguiez que Louis-Philippe ne vous laissait pas défendre la Pologne. Il n'est plus, soyez justes et réciproques; rendez aux Polonais au moins la moitié de l'armée de 18,000 soldats, de cette dette sacrée; avec votre et notre drapeau tricolore nous vous assurerons la paix en Europe pour des siècles, car nous élèverons une barrière infranchissable contre la Russie ou contre les Moscowo-mongolisme (cœur, tête), centre de gravitation et de pouvoirs de toutes les monarchies dont l'estime et la vie est basée sur la mort des Républiques et de la Pologne (1772-1796).

Nobles Français! soyez aussi dévoués aux Polonais, vos anciens frères d'armes une fois, comme ceux-ci l'étaient à vous tant de fois; plus vous attendrez, plus la ligne monarchique, despotique s'affermira pour tromper mieux les peuples trop crédules et confiants, comme vous l'a fait Louis-Philippe de votre brave peuple, comme le roi à Berlin, comme l'empereur à Vienne. Citoyens, si votre ami cordial est maltraité dans la rue par quelqu'un, votre cœur, votre conscience vous poussent à le défendre et vous le faites. Faites la même chose pour le peuple polonais, votre ami de corps et d'âme. Ne le laissez pas assassiner par trois rois coalisés, vos ennemis acharnés à mort. Profitez au plus tôt possible de l'occasion actuelle: en 1830 vous n'en avez pas su profiter; vous étiez devenus le jouet de Louis-Philippe le complice avec les autres rois actuels. Citoyens! sachez devenir les Whasington de toute l'Europe; vos noms feront pour la postérité le frontispice de l'histoire et du temple de la gloire.

Ceux qui vous dissuadent d'aller reconquérir et reconstituer la Pologne agissent à leur insu en monarchistes royalistes, parce qu'ils contribuent par cela même à la consolidation de la ligue monarchique, qui envoie déjà ses avant-gardes vers la France.

Napoléon à l'île d'Elbe a vivement regretté de ne pas avoir constitué la Pologne en forte barrière contre la Russie et le despotisme. Donc écoutez-le, et faites-la. Sans la Pologne indépendante et la France, pas de Républiques stables en Europe!

P. S. A ceux qui ont demandé au ministère ce que l'on a fait pour la Pologne, depuis le mois de février, on a répondu : rien! rien!

Quant aux légions polonaises décrétées, n'en est pas même commencée la formation!

VIVE LA FRANCE! VIVE LA POLOGNE!

BRAWACKI, docteur médecin, ancien militaire de la France du temps de l'Empereur, démocrate républicain, un des combattants du 5, 6 juillet et du 23 et 24 février, un des débris de la grande armée française de Napoléon à la retraite de Moscou.

LXIX.

PÉTITION NATIONALE POUR L'ABOLITION DES DÉCORATIONS CIVILES.

Le Gouvernement provisoire a décrété la suppression des titres de noblesse, comme étant inconciliables avec le principe d'égalité qui régit la République. Le corollaire forcé de cette décision est l'abolition des décorations qui, elles aussi, sont une marque d'inégalité et de privilège entre les citoyens.

Il ne s'agit ici que des décorations civiles, car, pour celles militaires, elles trouvent leur justification dans le sentiment d'émulation et de gloire nécessaire à entretenir dans l'armée. La croix, pour le soldat, est la juste récompense du sang versé pour la Patrie. Mais la croix doit être inséparable de l'uniforme.

Bonaparte, il est vrai, a fait participer le ciel au partage des décorations; c'était dans un but de domination et d'asservissement que la République ne peut imiter.

L'Empire au moins a évité l'abus; mais, depuis, la croix d'honneur a été aveuglément prodiguée et a perdu l'éclat de son origine. Les ministres de Louis-Philippe l'ont fait tomber en pluie abondante pour arroser le champ de la fraude et de l'intrigue; monnaie courante employée fréquemment à solder de honteux services. Aussi, plus d'un honnête citoyen l'avait-il répudiée, rougissant de la porter encore.

La République se hâtera donc d'interdire ces tristes et ridicules oripeaux du passé. Le vrai mérite ne s'en offensera pas et se passera bien de cette enseigne discréditée. Tous les bons Citoyens se réjouiront de voir qu'avec le retour de l'égalité, l'honneur a cessé d'être monopolisé au profit de quelques-uns. L'honneur est le partage de toutes les âmes françaises, et dans l'impossibilité de discerner celles qui lui offrent une plus sainte demeure, le mieux est d'en laisser briller l'étoile sur la France entière.

La croix de Juillet n'a pas été avilie comme l'autre, c'est le contraire. Le dernier Gouvernement s'en est montré avare. Pour la maintenir avec équité aujourd'hui, il faudrait la multiplier comme les pavés des barricades; de sorte que si la prodigalité a fait de la croix d'honneur un mensonge, la parcimonie a fait de celle de Juillet une injustice. Pour revenir à des idées véritablement saines d'égalité, contentons-nous de les placer toutes deux sur l'uniforme soit des défenseurs du pays, soit des gardiens de la cité. Mais qu'elles disparaissent l'une et l'autre de l'habit bourgeois, où elles donneraient un trop violent démenti au principe de vie de la République, l'égalité.

Il faut cependant, on en conviendra, dans un pays comme la France, où l'héroïsme coule avec le sang dans les veines des Citoyens, terre fertile du génie et des beaux-arts, il faut que toutes les actions glorieuses et que tous les hauts mérites trouvent leur attestation éclatante. Il faut que le souvenir s'en perpétue plus solidement même que par la décoration éphémère d'un ruban. Cette gloire périodique étant la richesse de la France, il conviendrait de l'inscrire au LIVRE D'OR de la République; livre où seraient enregistrées toutes les belles actions, et où chaque Citoyen, dans sa sphère, pourrait trouver une illustration méritée et durable.

PROPOSITION.

1° Abolir les décorations civiles et interdire les autres sur l'habit bourgeois;

2° Supprimer la Chancellerie de la Légion-d'Honneur, en former une division au Ministère de la Guerre;

3° Ouvrir le LIVRE D'OR de la République, pour perpétuer le souvenir des faits utiles et glorieux accomplis par les Citoyens.

Vive la République.

LXX.

PROFESSION DE FOI DE M. ÉMILE DE GIRARDIN.

Je ne suis pas un républicain de la veille!!!

LXXI.

VICTOR HUGO A SES CONCITOYENS.

Mes concitoyens,

Je réponds à l'appel de soixante mille électeurs qui m'ont spontanément honoré de leurs suffrages aux élections de Paris. Je me présente à votre libre choix. Dans la situation politique telle qu'elle est, on me demande toute ma pensée. La voici :

Deux Républiques sont possibles.

L'une abattra le drapeau tricolore sous le drapeau rouge, fera des gros sous avec la colonne, jettera bas la statue de Napoléon et dressera la statue de Marat, détruira l'Institut, l'École Polytechnique et la Légion-d'Honneur, ajoutera à l'auguste devise : *Liberté, Égalité, Fraternité*, l'option sinistre : *ou la mort*; fera banqueroute, ruinera les riches sans enrichir les pauvres, anéantira le crédit, qui est la fortune de tous, et le travail, qui est le pain de chacun, abolira la propriété et la famille, promènera des têtes sur des piques, remplira les prisons par le soupçon et les videra par le massacre, mettra l'Europe en feu et la civilisation en cendres, fera de la France la patrie des ténèbres, égorgera la liberté, étouffera les arts, décapitera la pensée, niera Dieu, remettra en mouvement ces deux machines fatales qui ne vont pas l'une sans l'autre, la planche aux assignats et la bascule de la guillotine ; en un mot, fera froidement ce que les hommes de 93 ont fait ardemment, et après l'horrible dans le grand que nos pères ont vu, nous montrera le monstrueux dans le petit.

L'autre sera la sainte communion de tous les Français dès à présent, et de tous les peuples un jour, dans le principe démocratique, fondera une liberté sans usurpations et sans violences, une égalité qui admettra la croissance naturelle de chacun, une fraternité, non de moines dans un couvent, mais d'hommes libres, donnera à tous l'enseignement comme le soleil donne la lumière, gratuitement ; introduira la clémence dans la loi pénale et la conciliation dans la loi civile ; multipliera les chemins de fer, reboisera une partie du territoire, en défrichera une autre, décuplera la valeur du sol ; partira de ce principe, qu'il faut que tout homme commence par le travail et finisse par la propriété, assurera en conséquence la propriété comme la représentation du travail accompli et le travail comme l'élément de la propriété future ; respectera l'héritage, qui n'est autre chose que la main du père tendue aux enfants à travers le mur du tombeau ; combinera pacifiquement, pour résoudre le glorieux problème du bien-être universel, les accroissements continus de l'industrie, de la science, de l'art et de la pensée ; poursuivra, sans quitter terre pourtant, et sans sortir du possible et du vrai, la réalisation sereine de tous les grands rêves des sages ; bâtira le pouvoir sur la même base que la liberté, c'est-à-dire sur le droit ; subordonnera la force à l'intelligence ; dissoudra l'émeute et la guerre, ces deux formes de la barbarie ; fera de l'ordre la loi des citoyens et de la paix la loi des nations, vivra et rayonnera, grandira la France, conquerra le monde, sera, en un mot le majestueux embrassement du genre humain sous le regard de Dieu satisfait.

De ces deux Républiques, celle-ci s'appelle la civilisation, celle-là s'appelle la terreur. Je suis prêt à dévouer ma vie pour établir l'une et empêcher l'autre.

VICTOR HUGO.

Paris, 26 mai 1848.

NOTA. Un grand nombre d'affiches proclamèrent la candidature du prince Louis-Napoléon ; mais elles ne contiennent aucun document curieux pour l'histoire. La candidature du prince de Joinville ayant également été proposée, le placard fut saisi. Une caricature résuma ainsi la position de ces deux prétendants. Le premier, porte le petit chapeau et les grandes bottes de l'Empereur. Il se présente, un Aigle sur le bras, en disant : *Je suis le Neveu de mon Oncle*. Le second prétendant, en habit de marin, un Coq sur l'épaule, dit au contraire : *Je suis l'Oncle de mon Neveu*.

LXXII.

LES 115,000 OUVRIERS DES ATELIERS NATIONAUX
A M⁰ DUPIN.

Comme c'est toujours un devoir de relever les insinuations perfides, les ouvriers des ateliers nationaux protestent avec énergie contre ces paroles prononcées par M⁰ Dupin à la tribune nationale, dans la séance du 16 mai.

« *Nous avons tous le même but; nous sommes animés des mêmes
« sentiments, nous formons le même désir, et ce désir est le vœu
« de la France entière, le vœu de Paris, du* bon Paris. *Car il
« ne faut pas prendre pour l'expression de la capitale cette po-
« pulation de travailleurs en disponibilité, qu'il est si facile
« d'entraîner au gré des émotions les plus vives, cette population
« qu'on devrait envoyer dans des ateliers militairement organi-
« sés pour lui faire gagner, en travaillant, des salaires qu'elle
« obtient aujourd'hui en ne travaillant pas.* » (A droite, très-bien! très-bien!)

Eh! quel jour choisit-il, cet homme, pour faire du peuple deux catégories, l'une bonne, l'autre mauvaise?... Le lendemain du déplorable envahissement de l'Assemblée nationale!

Avec quelle perfidie il cherche à inoculer le venin dans la plaie!... Mieux eût valu, M⁰ Dupin, dire à la bourgeoisie armée : Fusillez cette canaille!... car c'est elle qui a chassé ce bon Philippe! c'est elle qui veut l'organisation du travail, c'est elle qui, victorieuse, nous tendit la main le 25 février, sans nous demander compte du passé! Cela eût été plus logique et plus franc.

. . . . . . Le reptile superbe
Mord le talon du maître et fuit rampant sous l'herbe.

Nous savons très-bien que M⁰ Dupin et les siens ne nous pardonneront jamais la révolution de février, dont ils voudraient étouffer les principes.

Détrompez-vous!... La réaction, quoi qu'elle fasse, sera débordée par la démocratie, non seulement parce que cette réaction est faible et étayée par la spoliation et le mensonge, mais bien parce que la démocratie est une vérité éternelle!

Vous demandez la décentralisation des ateliers nationaux pour ménager les deniers de l'Etat? Non, seigneur Dupin, non, mais bien pour éloigner de Paris et de ses aimables faubourgs les vrais et vigoureux soutiens de la République, votre éternel cauchemar.

Ah! nous ne gagnons pas l'argent qu'on nous donne!... Mais nos pères et nous, nous avons sué pour constituer un trésor capable de vous allouer annuellement 30,000 fr., et par jour 25 fr. de commission sur votre débit de paroles... Quand nous arrivons *trop tard sur les travaux, on ne nous solde que moitié! Imitez-nous, grand économe moraliste! ne recevez qu'en raison de votre aptitude et de votre travail. Ce sera justice, et le trésor public, le nôtre, sera moins grevé. Vous qui nous insultez, organisez le travail de manière à ce que l'homme ne soit plus exploité par l'homme; et chacun de nous, reprenant ses outils spéciaux, ne sera plus obligé de mendier, comme vous le dites, la pioche à la main. Sachez, et sachez bien, M° Dupin, que, si cette maxime — celui-là seul qui travaille a droit de vivre — était exécutée, beaucoup de fonctionnaires seraient aux abois.*

MAGOT; RENAUD, chef d'escouade: POIRSON, brigadier aux ateliers nationaux; SEGRETIN, BOGIOT, DUBOIS, COTTIN.

LXXIII.

AUX HABITANTS DE PARIS UN DE LEURS CONCITOYENS.

Paris, 27 juin 1848, six heures du matin.

Il y a quelques jours à peine, vous sembliez partagés en autant de camps qu'il y avait entre vous de passions et d'intérêts divers. Chaque jour, créant parmi vous un besoin nouveau, voyait naître en vous une division nouvelle. Tout était pour vous matière, raison prétexte à discorde, et, fiers de vos libertés sans limites, vous auriez cru pouvoir tout oser entre vous, contre vous-mêmes.

Un volcan est sorti de ce sol que vous tourmentiez sous vos pieds; le canon a grondé, la main de Dieu s'est appesantie sur vous; vous vous êtes battus et tués entre frères, et vous avez trouvé, en présence du danger, dans l'union, ce qui ne manquera jamais à l'union, la force. Je vous ai tous vus réunis contre l'égarement, contre la folie, contre la perversité des conspirateurs et des anarchistes, pour le salut commun, pour le salut de la République.

Habitants de Paris! un gouvernement républicain peut seul soutenir des luttes pareilles sans succomber. Il n'y a qu'au nom de tous, qu'avec le consentement mutuel qu'on peut faire tomber le bras malade pour sauver le cœur et la tête.

Rendez donc hommage au principe républicain qui peut seul sortir triomphant de pareilles luttes. Quel homme, en son nom, au nom d'une famille, d'une dynastie, eût osé l'entreprendre?

Habitants de Paris, l'union ne doit pas faire que la force; il faut qu'elle fasse aussi la raison, le sang-froid, la patience, la justice. Que serait la force qui ne serait ni juste ni sensée!

Que cette cruelle leçon nous profite à tous! Soyons humbles

devant ces flots de sang répandus et cette union née de la force; que la raison, cette raison souveraine que la France a toujours retrouvée dans les périls extrêmes, la conserve.

Si la concorde, si la fraternité ne sortent pas de cette terre encore rouge et fumante du sang répandu depuis quatorze jours pour la purifier, c'en est fait de la liberté et de la société, car il n'y a de liberté et de société possibles qu'entre frères. Des lois, fussent-elles dictées par un pouvoir infaillible, ne sauraient unir que des frères.

Le chef du pouvoir exécutif vous a conduits, son cœur en saignait, au combat. Il lui reste, et Dieu lui en donne la force, à vous conduire à la paix. Or, je vous le répète, il n'y a de paix qu'entre frères.

Citoyens, la France, la République, la liberté, la société ont été en péril; c'est le sang de la France, c'est le sang de la République qui coule, c'est le sang de l'ordre social atteint au cœur, comme beaucoup de ses défenseurs. L'union, l'union seule peut panser, peut guérir de si cruelles blessures.

Unissez-vous donc, non plus pour ou contre un passé dont aucun de nous n'est innocent, mais contre l'avenir, mais pour l'avenir veux-je dire, dont tous les droits, dont tous les devoirs, dont toutes les garanties sont dans ces trois mots bien compris : Liberté, Egalité, Fraternité.

La République, que tous le sachent, ce n'est pas la satisfaction de chacun, ce n'est pas, ce ne doit pas être l'apaisement de tous les besoins égoïstes, la fin de toutes les infirmités constitutives de notre nature ; c'est l'abnégation, c'est l'oubli de soi-même en vue du bien public.

Les conquêtes de la République devront assurer, agrandir le bien-être matériel de ceux que l'ordre des choses avait oubliés, mais la réalisation de ses conquêtes matérielles ne peut venir qu'après des conquêtes plus précieuses, puisque par elle seulement les autres sont assurées. Je veux parler des conquêtes des droits moraux et politiques qui consacrent l'égalité de tous les citoyens dans la patrie, et qui, en peu d'années, si nous le voulons tous, feront de la France républicaine la plus grande, la plus enviée et pourtant la plus aimée de toutes les nations.

Vive la République !   Un Combattant de Juin.

LIVRE II.

JOURNÉES DE L'INSURRECTION DE JUIN 1848.

LIVRE II.

Journées des 23, 24, 25 et 26 Juin 1848.

Journée du vendredi 23 juin.

SOMMAIRE. — Préambule. — Discours du citoyen Caussidière. — Origine de l'Insurrection. — Barricades de la porte Saint-Martin. — Barricades de la porte Saint-Denis. — Combat rue du Faubourg-Poissonnière. — Aspect de la Rive Gauche. — Premières hostilités dans ce quartier. — Faits divers. — Assemblée nationale. — Actes officiels.

Une vague agitation régnait dans Paris depuis plusieurs jours. L'Assemblée nationale s'occupait activement d'organiser, sur des bases sérieuses, le travail des ateliers nationaux. D'une part, des abus graves existaient par suite de l'inscription d'ouvriers déjà occupés dans des ateliers particuliers, ou même inscrits sans titres suffisants; d'autre part, un grand nombre de travailleurs, doublement inscrits, jouissaient d'une double paye. Un recensement fut ordonné. On voulut substituer le travail à la tâche au travail à la journée. Ces mesures étaient impérieusement réclamées pour garantir la conservation des ateliers nationaux qui, dans ces circonstances difficiles, offraient un refuge salutaire à bien des ouvriers honnêtes.

Cependant les ressources publiques s'épuisaient à soutenir ce travail improductif qui réunissait 115,000 bras.

Il fallait aussi songer à l'industrie ; il fallait enfin tâcher de faire retourner les ouvriers sérieux à leurs travaux spéciaux. La question fut vivement agitée, mais les principaux orateurs qui voulurent la traiter furent voués à la vindicte publique par des placards menaçants. Dans cette lutte, le citoyen Caussidière perdit une grande partie de sa popularité, par suite du discours qu'il avait prononcé dans la séance du 20 juin. Rappelons-en les termes :

« Prenons des mesures urgentes, marchons vers l'association, mais dans la mesure du possible ; il ne faut pas écraser ce qui existe ; il ne faut pas que les ennemis de la République puissent dire qu'elle a tout écrasé et n'a rien su créer.

« Nous avons bien des terres à défricher : appelons les bras vers le sol, encourageons les travaux, et je parie que Paris sortira bientôt du bourbier dans lequel il patauge depuis trois mois.

« Vous verrez les ouvriers reprendre du cœur. On vous parlait tout à l'heure des ouvriers du bâtiment, ce sont des hommes vigoureux ; envoyez-les défricher les terres incultes, et vous aurez bientôt créé une nouvelle Alsace, une nouvelle Normandie.

« Nous sommes sûrs maintenant d'avoir une belle récolte ; assurons du pain à l'ouvrier, et qu'il trouve dans un grand atelier national l'avenir socialiste vers lequel il aspire. Que les hommes d'intelligence montrent l'exemple ; qu'ils ne rougissent pas de labourer et gratter la terre.

« Travaillons, à l'envi, à assurer le bonheur de la France ; faisons une fusion à droite et à gauche et renonçons pour toujours à ces saturnales de divisions et de petits amours-propres.

« Vous verrez qu'alors les ouvriers viendront : ils sont bons ; n'écoutez pas ceux qui les calomnient ; ils veulent avoir un morceau de pain, nous devons le leur assurer.

« Nous avons assez parlé, il est temps d'agir ; procédons par l'exportation, la colonisation et le défrichement : la terre ne nous manquera pas. »

On égara les travailleurs : l'erreur, le désir de l'oisiveté et les passions de tous genres provoquèrent ce sentiment de révolte.

Dès le 22 au soir, des groupes s'étaient formés et s'étaient même montrés menaçants. Ils parcoururent la rue Saint-Jacques jusqu'au Panthéon, et c'est en cet endroit qu'ils se donnèrent rendez-vous pour le lendemain matin.

Le 23, à huit heures et demie, une colonne forte de quatre à cinq mille individus a quitté le faubourg, et, drapeau en tête, est descendue sur le quai de l'Hôtel-de-Ville, a traversé la place et pris la direction du faubourg du Temple, où elle devait faire jonction avec les ouvriers des quartiers du Temple et Saint-Antoine.

La place de l'Hôtel-de-Ville a été interdite à la circulation après le passage de la colonne, le pont d'Arcole a été occupé militairement.

De faibles mesures de précaution avaient été prises la veille pendant la soirée. Une convocation partielle de la garde nationale avait été faite à domicile.

A dix heures, un escadron de dragons et plusieurs compagnies de troupe de ligne, de garde mobile et de garde nationale sont venus bivouaquer sur la place de l'Hôtel-de-Ville. A onze heures, un bataillon de la ligne a pris possession de la cour de la Préfecture de police.

Jusqu'à midi, le rappel a été battu dans toutes les légions.

En même temps s'est répandue la nouvelle que des barricades s'élevaient à la Porte Saint-Martin.

Bientôt le mouvement s'est propagé. A onze heures, des barricades se dressaient simultanément, rue Saint-Martin, rue du Faubourg-Saint-Martin, rue Saint-Denis et rue du Faubourg-Saint-Denis, jusqu'à la hauteur de la rue d'Enghien. Tout passant était contraint d'apporter la contribution d'un pavé.

11 *heures et demie*. — On s'est mis à former une barricade sur le boulevard Bonne-Nouvelle, à la hauteur de la rue de Cléry.

Le poste situé sur ce boulevard a été abandonné par la garde mobile ; il est occupé par des gardes nationaux.

Dans tout le quartier, et sur toute l'étendue des boulevards, les boutiques et les cafés se sont fermés dès le matin.

Jusqu'à midi, rien ne paraît avoir été tenté pour troubler l'entreprise des insurgés.

A cette heure, des détachements de la garde nationale arrivent par la rue Saint-Martin. Ils sont reçus à coups de fusil partis des barricades. La garde nationale riposte.

Elle parvient à chasser les insurgés, qui se replient sur la porte Saint-Denis.

Quelques coups de feu ont été tirés des croisées.

Midi et demi. — Un bataillon de la garde nationale de la 2⁰ légion s'est avancé près de la barricade de la porte Saint-Denis.

Les gardes nationaux, reçus par quelques coups de fusil, ont risposté par trois ou quatre feux de peloton et, par humanité, ont déchargé leurs fusils en l'air. Les insurgés ont répondu par de nouveaux coups de feu.

A ce moment, un fort détachement de la 2⁰ légion est venu renforcer le bataillon qui se trouvait engagé.

Après la fusion des deux corps, un silence plein d'anxiété a régné pendant quelques instants sur le boulevard.

Ce silence a été bientôt rompu par des feux de peloton qui se succédaient sans interruption pendant près d'un quart-d'heure, et auquel les insurgés répondaient par un feu de tirailleurs soutenu.

Il est impossible de rendre l'effet produit par cette épouvantable fusillade sur les masses qui encombraient le boulevard à une certaine distance, et qui, de temps à autre, à mesure que le feu redoublait, s'enfuyaient sous l'empire d'une indicible terreur. Bientôt une panique plus générale encore s'est manifestée à la vue de quelques gardes nationaux qui se retiraient.

On dit que le mouvement de retraite a été produit par le manque de cartouches. Quelques gardes nationaux, en se repliant, ont été désarmés. A la même heure, une vive fusillade est engagée dans la rue saint-Denis, à la hauteur de la rue Sainte-Appoline, entre les insurgés qui ont établi une barricade sur ce point et un bataillon de la 5e légion, dont on entend les feux de peloton répétés.

Un petit engagement a lieu près d'une autre barricade élevée dans la rue Saint-Martin, au coin de la rue des Arcis.

A une heure. — Des forces imposantes, sous le commandement du général Lamoricière, arrivent par le boulevard, du côté de la Madeleine.

Elles se composent du 11e léger, de deux bataillons de la garde mobile, de plusieurs bataillons de la 2e légion, d'un escadron de lanciers et d'une batterie d'artillerie. Mais, à l'arrivée de ces troupes, la garde nationale s'était emparée de la barricade de la porte Saint-Denis.

Le *Constitutionnel* a rapporté ces diverses scènes d'une manière fort détaillée; il s'exprime en ces termes:

« Un des plus sanglants, un des plus douloureux épisodes de la journée s'est passé à la porte Saint-Denis, théâtre des rassemblements tumultueux qui ont agité Paris. Vers neuf heures, une cinquantaine d'hommes en blouse avaient commencé à former une barricade. Un omnibus et quelques haquets de porteurs d'eau avaient servi à barrer la voie publique, et derrière cet abri la rue avait été dépavée.

« Une bande de deux cents individus parcourut la rue Beauregard en criant: Aux armes! on égorge nos frères, alors que pas un coup de fusil n'avait été tiré, et qu'eux seuls semaient l'alarme! Plusieurs d'entre eux portaient des fusils; d'autres étaient armés de pistolets, de sabres ou de barres de fer. Ils s'efforçaient évidemment de jeter le tumulte dans le quartier, et d'entraîner dans leurs rangs la population ouvrière. Ils réussirent, quant à la première partie de leur tâche : les boutiques se fermèrent sur leur passage; mais les ouvriers n'accueillaient en général leurs invitations à la violence qu'avec des marques d'incrédulité, ou qu'en leur montrant les insignes de la garde nationale, qu'ils étaient allé revêtir au premier signal.

« Après avoir traversé ainsi quelques rues, les agitateurs se replièrent sur la porte Saint-Denis. Il paraît qu'ils envahirent la maison où se trouve l'établissement du gantier Jouvin, et dont le rez-de-chaussée est occupé par la boutique d'un marchand de vin, signalée, lors des émeutes de la porte Saint-Denis, comme l'un des lieux de rendez-vous des agents du désordre.

« Cependant le rappel était battu dans les rues voisines. Les tambours étaient escortés, selon l'usage. Une faible escouade de la garde nationale, composée de trente hommes tout au plus, accompagnait quatre tambours; à la vue de la barricade, ils s'avancèrent, l'arme au bras, en faisant signe de ne pas tirer, et en criant que de leur côté ils ne feraient pas feu. Quand ils furent à quelques pas de la barricade, ils furent assaillis par des coups de feu partant de derrière les voitures. Au même instant une décharge les prit en flanc; elle partait de la maison dont les insurgés s'étaient emparés. Une dizaine de gardes nationaux tombèrent victimes de leur dévouement et de leur confiance. Leurs camarades durent se retirer.

« Au bruit de la fusillade, une centaine de gardes nationaux accoururent spontanément pour prendre part à la lutte. Ils s'avancèrent bravement, mais en désordre, sur la barricade. Ils y furent accueillis par des décharges bien nourries. Ils ripostèrent, mais ils tiraient sur des hommes abrités derrière la barricade et dans les embrasures des fenêtres, et ils recevaient en pleine poitrine la fusillade de leurs adversaires. Ils n'étaient pas d'ailleurs assez nombreux pour venir à bout de leur entreprise. Les émeutiers, sentant la supériorité de leurs forces, sortirent de la barricade et des maisons voisines, se jetèrent, au nombre de deux ou trois cents, sur les quatre-vingts gardes nationaux, pris entre plusieurs feux, et qui n'avaient pas eu le temps de former leurs rangs. Ces derniers furent contraints de se disperser, en laissant sur le pavé une dizaine de cadavres.

« Mais au même instant, arrive en bon ordre un bataillon de la deuxième légion de la garde nationale. Ces braves n'avaient pas d'ordres; mais les corps de leurs frères étaient gisants sous leurs yeux; le feu des insurgés continuait. Ils prirent leur parti en gens de cœur. Se déployant par rang, et se présentant à découvert aux balles de l'émeute, ils engagèrent vigoureusement des feux de peloton. On vit bientôt se dégarnir les rangs des insurgés qui gardaient la barricade. Plusieurs gardes nationaux furent tués ou dangereusement blessés. Parmi les premiers se trouvait un ouvrier en costume de travail.

« Un fort détachement d'infanterie vint les soutenir. L'action des assaillants devint plus énergique, et bientôt les gardes nationaux et les soldats de la ligne, croisant la baïonnette, enlevèrent la barricade, pénétrèrent dans la maison où s'étaient retranchés les émeutiers, et en dispersèrent les défenseurs.

« En même temps venaient des forces considérables. Une forte colonne, sous le commandement de M. le général Lamoricière, se dirigeait à marche forcée le long du boulevard. Elle se composait d'un bataillon du 14° de ligne, d'un bataillon de garde mobile, d'un escadron de lanciers.

« La lutte était terminée ; mais la victoire avait été chèrement achetée. On ramassa les corps de trente gardes nationaux environ. Les restes mortels de ces valeureux soldats de l'ordre et de la liberté furent emportés sur des civières. Ce cortége funèbre se mit en marche sur le boulevard. C'est avec la plus profonde émotion qu'on voyait passer les cadavres de ces pères de famille, tombés martyrs de la cause de la civilisation et de la société.

« Cependant, la générale battait dans toutes les rues du quartier. En l'absence d'ordres émanés des pouvoirs officiels, les gardes nationaux, avec cet admirable esprit d'initiative dont ils ont donné tant de preuves dans ces temps critiques, organisaient eux-mêmes la défense et la police de la voie publique. Des détachements se plaçaient à l'encoignure des rues. On y empêchait la formation des groupes, et l'on interdisait la circulation à toutes les personnes que leurs intérêts ou leurs affaires n'appelaient pas dans le quartier. Chaque passant était conduit jusqu'à son domicile par un garde national. Ce service, fait avec intelligence et fermeté, eut pour but d'empêcher la construction des barricades. On ne saurait trop donner d'éloge aux gardes nationaux qui l'ont continué avec un zèle infatigable, en dépit des torrents de pluie qui sont tombés vers cinq heures.

« Un combat terrible a été livré rue du Faubourg-Poissonnière, entre trois et quatre heures du soir. Une première barricade avait été élevée à la hauteur de la rue Richer. Les révoltés ne l'ont point défendue ; ils ont préféré concentrer leurs forces derrière une autre barricade, très-forte, qu'ils avaient formée en travers de la rue du Faubourg-Poissonnière, au-dessus de la caserne, au point où aboutissent les rues de Bellefond et Lafayette.

« Ils s'étaient, en outre, emparés de ces deux rues, ils étaient entrés de force dans les maisons de la rue de Bellefond. Leur nombre était considérable, ils avaient des armes et obéissaient avec une certaine régularité aux ordres d'un individu revêtu du costume d'officier de la garde nationale.

« La garde mobile est arrivée la première, et elle a occupé la largeur de la rue. Bientôt le 7e léger, suivi d'un nombreux détachement de la garde nationale sédentaire, s'est présenté. L'officier supérieur qui commandait la ligne s'est placé, avec les soldats sous ses ordres, en tête de la troupe d'attaque. La garde mobile venait après, puis la garde nationale.

« Les sommations ont été faites inutilement, et aussitôt l'engagement a commencé. Il a duré plus de vingt minutes. Aux décharges régulières de l'armée, les émeutiers répondaient par des feux dirigés non-seulement de la barricade, mais encore des rues de Bellefond et Lafayette. Enfin, ils ont été contraints de fuir, mais non sans avoir fait éprouver les pertes les plus douloureuses aux braves défenseurs de l'ordre et de la liberté. Un officier supérieur de la garde nationale a été blessé; on a dû l'emporter sur une civière. Plusieurs gardes nationaux, un assez grand nombre d'hommes de l'armée et de la garde mobile sont tombés. Le combat s'est prolongé dans la rue Lafayette; on y a fait beaucoup d'arrestations, ainsi que dans la rue de Bellefond. Des barricades formées avec des planches, des voitures renversées barraient encore, à six heures du soir, les rues des Petits-Hôtels, du Faubourg-Poissonnière et rue Rochechouart, aux environs de la barrière; mais elles n'étaient pas défendues. La caserne de la rue du Faubourg-Poissonnière a servi d'asile provisoire pour les blessés. La troupe de ligne, vaillamment secondée par les soldats de la garde mobile et de la garde nationale, a fait noblement son devoir.

« On a conduit prisonniers à la caserne un grand nombre d'insurgés. Parmi eux se trouvait leur chef, porteur de l'uniforme de la garde nationale. On estime à soixante ou quatre-vingts en tout le nombre des blessés. Il y a eu de dix à quinze morts. »

Revenons à la rive gauche.

« Une vive émotion régnait dès le matin autour du Palais-de-Justice. On voyait des groupes d'hommes en blouse se placer silencieusement au coin des rues anguleuses et étroites de ce quartier, sans pousser un cri de ralliement, sans déployer de drapeau, comme des soldats qui ont reçu le mot d'ordre et qui exécutent leur consigne. Malgré l'agitation de la veille, on ne croyait pas généralement à des projets sinistres, et le Palais-de-Justice était le rendez-vous habituel des avocats, des avoués, des hommes d'affaires et des plaideurs. Les audiences étaient ouvertes.

« Le Palais était protégé, comme la veille, par un bataillon de garde mobile, qui avait reçu l'ordre exprès de ne pas quitter son poste et de le défendre, quoi qu'il pût advenir. De forts piquets avaient été placés aux grilles. Grâce à ces précautions, cette jeune et brave milice, dont l'attitude était d'ailleurs excellente, pouvait, sans craindre une surprise, attendre l'événement.

« Vers deux heures, des rumeurs sinistres commencèrent à circuler. On apprit que des barricades avaient été commencées au coin de la rue Planche-Mibray, célèbre dans les annales des insurrections parisiennes, et que plusieurs boutiques d'armuriers avaient été pillées sur le quai. Les affidés silencieux dont nous parlions tout-à-l'heure les avaient commencées inopinément, comme s'ils eussent fait une chose convenue. On entendait en même temps le bruit lointain du rappel, qu'on battait dans les rues de la Cité. Un incident emplit de tumulte la salle des Pas-Perdus. Un homme en blouse s'était jeté brusquement sur un officier de la garde mobile pour lui arracher son sabre. Il avait été arrêté, et on l'amena, non sans une assez vive résistance de sa part, au parquet du procureur de la République. On avait aussi arrêté un autre individu qui, armé d'une tige pesante de fer, s'efforçait de détacher des pavés dans la rue de la Barillerie.

« Ces faits motivèrent la remise de toutes les affaires, et les audiences se fermèrent. Tous les magistrats du parquet étaient dans l'exercice de leurs fonctions. On savait que le procureur de la République n'était pas nommé. En l'absence du chef du parquet de première instance, les fonctions étaient remplies, sur une délégation du procureur général, par M. Levesque, l'un des substituts de ce dernier.

« Du haut de l'escalier du perron d'honneur, à la façade principale du Palais-de-Justice, on apercevait une grande foule dans la rue Constantine. Bientôt des tombereaux furent renversés, et l'on vit s'élever deux barricades qui obstruaient le passage dans cette rue spacieuse.

« Liés par leur consigne, les gardes mobiles ne purent qu'assister de loin à ce spectacle. Nous devons dire, nous, qui nous sommes mêlés à leurs rangs et qui avons entendu leurs paroles, qu'ils regrettaient amèrement de ne pouvoir mettre fin, par leur intervention, à ces scènes de désordre.

« Des coups de feu retentirent dans la direction de Notre-Dame. Un odieux attentat y avait été commis. Des soldats de la ligne stationnaient, l'arme au pied, sur le Petit-Pont. Des groupes assez nombreux s'étaient formés autour d'eux. Du sein de ces groupes on tira sur la troupe. Quatre voltigeurs tombèrent. Plusieurs autres furent blessés. Avant que les soldats fussent revenus de leur surprise, les meurtriers s'étaient perdus dans la foule.

« Enfin, des ordres sont apportés par des officiers supérieurs. Le tambour bat, les gardes mobiles prennent les armes, ils chargent leurs fusils. En quelques secondes, ils font évacuer la place du Palais. En même temps, un bataillon de la garde nationale sédentaire débouche sur le quai. Les barricades de la rue Constantine sont enlevées. Il en est de même de celles qui ont été faites dans les rues avoisinantes. Vers deux heures, le quartier était au pouvoir des défenseurs de l'ordre.

« A trois heures, la Cité a été le théâtre de nouveaux désordres. Une colonne d'environ deux cents individus s'est formée sur la place Dauphine, sous la direction d'un personnage déjà âgé, bien connu du quartier, et qui y avait organisé le mouvement du 15 mai. Plusieurs soldats de l'ancienne garde républicaine, en uniforme, mais sans armes, faisaient partie de la cohorte. Après avoir bu nombre de bouteilles de bière au café qui forme le coin de la place, ces individus annoncèrent l'intention de se rendre à l'Assemblée nationale. Ils se mirent en marche en criant : *Vive la République démocratique et sociale !* En avant ceux qui ont du cœur !

« Cette colonne n'obtint pas de succès. Elle ne tarda point à revenir ; mais elle se dispersa promptement à l'arrivée de la garde nationale.

« Une barricade avait été construite sur le pont Saint-Michel. Un drapeau rouge y fut planté. Cette barricade fut enlevée par la garde nationale.

« Des conflits partiels s'engagèrent le long des quais. On tenta de désarmer des gardes nationaux, on tira sur des officiers. Néanmoins, vers six heures, le calme paraissait rétabli de ce côté ; mais la lutte n'a pas tardé à s'engager de nouveau entre les insurgés retranchés sur la rive gauche et les défenseurs de l'ordre. »

Neuf heures du soir. — La lutte, entamée d'assez grand matin dans le quartier Saint-Jacques, est encore terrible en ce moment aux abords du pont Saint-Michel et du Petit-Pont. Les insurgés, fortement barricadés, sont établis sur la rive gauche d'où ils font un feu nourri, auquel la garde nationale et la troupe de ligne ripostent avec énergie. Plusieurs coups de canon ont été tirés sur ce point. Le passage est interdit sur le Pont-Neuf. Des balles, parties des environs du pont Saint-Michel, sont venues frapper à l'angle de la Monnaie.

L'état-major général est établi à l'Hôtel-de-Ville, d'où il peut diriger les opérations contre les barricades du faubourg Saint-Antoine, et contre celles du quartier Saint-Jacques et du quartier Saint-Marceau.

L'artillerie est placée sur le pont Notre-Dame. Les coups de canon dirigés de ce point sur la rue de la Cité et le bas de la rue Saint-Jacques ont déjà fait beaucoup de mal aux barricades établies dans cette direction. De fortes barricades sont aussi établies rue de la Harpe. Le sang a coulé dans ces quartiers.

A partir de la rue Dauphine, en remontant vers le faubourg, il n'y a pas de barricades, et les troupes sont nombreuses.

Dans le faubourg Saint-Antoine, vers le soir, les insurgés se sont portés à la petite caserne de la rue de Montreuil, où restaient une trentaine de soldats de la garde mobile, et les ont forcés de marcher avec eux.

Le canon a été tiré rue Saint-Maur.

Mais à partir du boulevard, en traversant la place des Vosges, et venant joindre les quartiers du centre par la rue Rambuteau, la ville est tranquille.

Les quais de la rive droite et les boulevards sont libres.

Le Louvre, le Carrousel, le jardin des Tuileries, sont occupés militairement, ainsi que les abords de l'Assemblée nationale.

Le faubourg Saint-Germain est tout-à-fait tranquille ; on ne peut approcher du Luxembourg plus près que le carrefour Bussy.

Faits divers.

— Plusieurs représentants se sont joints aux colonnes de gardes nationaux dirigées contre les insurgés. On cite MM. de Treveneuc, Tessier-Lamotte, Vavin, qui ont quitté l'Assemblée à deux heures et demie.

— Deux officiers de la garde nationale passant rue Bergère pour se rendre à leur poste ont été tués par deux coups de pistolet tirés à bout portant.

— Les gardes nationaux de la banlieue ont été prévenus. Ceux de Bercy arrivent pour prêter secours à l'ordre menacé.

— A l'heure ordinaire des réunions de l'Assemblée nationale, la 10e légion, qui gardait l'Assemblée et la place située en avant de son palais, vit déboucher par la rue de Bourgogne une colonne de 7 à 800 personnes conduites par quelques individus revêtus du costume de l'ancienne garde républicaine et qui ne portaient aucune arme apparente. Cette colonne venait, au dire de ceux qui en faisaient partie, apporter une pétition à l'Assemblée nationale. Les pétitionnaires avaient choisi un moment si inopportun, que la garde nationale les avait arrêtés au passage. Cette colonne avait commencé à répandre l'alarme dans tout ce quartier.

— A La Chapelle-Saint-Denis, une grave collision a eu lieu entre la garde mobile et les insurgés, qui ont élevé une barricade en face même de la barrière Saint-Denis. La garde mobile a essayé vainement d'emporter cette barricade ; elle a été repoussée avec perte de plusieurs hommes. La garde nationale de La Chapelle-Saint-Denis n'a pas été plus heureuse.

— M. François Masson, avoué, quai des Orfèvres, chef de bataillon de la 11e légion, a été tué dans l'après-midi au moment où il parlementait, en conciliateur, devant les insurgés de la barricade de la rue Saint-Séverin. M. Masson avait déjà donné dans la matinée des preuves de la plus grande intrépidité.

— Un garde national de la 3e légion, nommé Leclercq, voit tomber à côté de lui son fils mortellement frappé.—J'ai laissé mon autre fils auprès de sa mère. Je vais le chercher, il saura mourir aussi pour la cause de l'ordre.—En effet, il remporte son fils blessé sur ses épaules, et revient au combat accompagné de son second fils.

ASSEMBLÉE NATIONALE.

Séance permanente du 23 au 26 juin.

Au milieu de la séance, M. LE GÉNÉRAL CAVAIGNAC monte à la tribune. Un profond silence s'établit.

M. LE GÉNÉRAL CAVAIGNAC. — Citoyens, je viens rendre compte à l'Assemblée de ce qui se passe dans la capitale. L'insurrection a commencé dans les faubourgs Saint-Denis et Saint-Martin. Des troupes ont été envoyées sur les points menacés, et, dans ce moment, on dégage ces quartiers. N'ayez aucune inquiétude, il n'y a rien de vraiment grave dans ces quartiers.

Il y a encore de l'insurrection dans le faubourg Saint-Antoine et dans une partie de la rue Saint-Jacques. J'espère avoir bientôt de bonnes nouvelles à vous annoncer.

Du reste, la troupe et la garde nationale se sont portées au devant du danger avec la plus grande ardeur. Sur certains points, la garde nationale s'est portée en avant de la ligne, et a fait le coup de feu au premier rang. La garde mobile, la garde républicaine, se sont également montrées dignes de la République, et ont déployé la plus grande énergie. D'après un dernier rapport que je reçois, la garde républicaine s'est montrée *admirable*, c'est l'expression du rapport.

Les cris de *vive la garde nationale! vive la garde mobile! vive l'armée! vive la garde républicaine!* s'élèvent sur tous les bancs.

M. LAGRANGE monte à la tribune.

Plusieurs voix. — Non! non! laissez parler M. Garnier-Pagès!

M. GARNIER-PAGÈS. — Citoyens représentants, si les membres de la commission exécutive ne sont pas venus plus tôt dans cette enceinte, c'est qu'il y a des moments solennels où il ne faut pas parler, mais agir. Oui, il faut agir avec force et vigueur, avec l'énergie du dévoûment, avec le sentiment du devoir, quand on est en présence de l'émeute armée, organisée, envahissant les rues de la capitale. (Très-bien! très-bien!)

Nous avons été prévenus depuis ce matin que l'émeute s'agitait, qu'on cherchait à solder les agitateurs. Nous n'avons pas cessé de donner des ordres pour que la garde nationale, la garde mobile, la garde républicaine fussent prêtes et disponibles; enfin notre brave armée, nous avons dû compter sur elle aussi, et, pour obtenir l'unité du commandement, qui est essentielle dans de telles circonstances, nous avons confié le commandement en chef de toutes les forces à la bravoure et à l'expérience du général Cavaignac, ministre de la guerre.

Le général Cavaignac, avec son énergie ordinaire et son patriotisme bien connu, a eu soin de concentrer toutes les forces autour de l'Assemblée nationale pour ensuite les répandre sur les points menacés. Jusqu'ici ces dispositions ont eu un plein succès; mais ce n'est pas tout, il faut en finir, (oui! oui!) il faut en finir avec les agitateurs. (Oui! oui!) Il faut que la République sorte pure et honnête de tous les dangers dont elle est environnée.

Le pouvoir que nous exerçons, nous avons hâte de le déposer; mais toutes les fois qu'il y a péril, nous devons être en avant, au premier rang, pour défendre l'ordre. La commission exécutive agira avec vigueur. Toutes les mesures sont prises pour que le désordre soit vaincu.

Citoyens représentants, nous avons un devoir à remplir, nous allons le remplir. Des nouvelles que nous recevons à chaque instant nous apprennent que la garde nationale, le peuple armé, le véritable peuple (très-bien! très-bien!) s'est montré partout avec un courage héroïque; s'il y a eu quelques victimes, et nous le déplorons, elles ont bien mérité de la patrie; elles ont donné un noble et généreux exemple.

Mais si la garde nationale, le peuple armé, dont il y a toujours une grande jouissance à faire l'éloge, a montré un noble courage, l'armée, elle qui est du peuple aussi, s'est montrée fidèle à la République, fidèle à l'Assemblée nationale (très-bien! bravo!); la garde nationale mobile, la garde républicaine, ont également bien mérité du pays. (Approbation.)

Quant à nous, nous venons vous dire, citoyens, que nous aussi nous ferons notre devoir; nous le ferons énergiquement. Dans ce moment solennel, nous sentons qu'il est un devoir que nous devons remplir, celui de veiller à la sécurité de l'Assemblée et au rétablissement de l'ordre dans Paris. C'est pour cela que nous allons parcourir les mairies et les rues de Paris, pour nous assurer par nous-mêmes de l'état de la capitale.

La pluie qui redouble à ce moment et les grondements du tonnerre interrompent ici l'honorable membre. Il fait de vains efforts pour se faire entendre.

Après quelques instants d'interruption, M. Garnier-Pagès reprend : Des mesures vigoureuses ont déjà été prises. Il faut des mesures plus vigoureuses encore. Il faut marcher directement à l'émeute, là où elle est; il faut détruire les barricades là où elles se font. Nous allons marcher aux barricades nous-mêmes, et avec une ardeur digne de vous! (Applaudissements.)

M. BONJEAN. — Citoyens, nous nous unissons aux paroles prononcées par le citoyen Garnier-Pagès. Il faut agir. Mais le soin d'agir, le laisserons-nous au Gouvernement seul? Serons-nous une Assemblée bonne seulement pour des discours et non pour l'action? Par l'organe de M. Lebreton, nous vous avons déjà proposé que l'Assemblée, en restant ici en nombre suffisant pour la délibération, envoyât un certain nombre de ses membres se mêler à la garde nationale, afin que les gardes nationaux voient que là où ils peuvent mourir nous sommes disposés à mourir aussi. Dans un des grands jours de la Révolution, la Convention est restée en permanence et a envoyé plusieurs de ses membres là où était le danger.

M. DE LAMARTINE. — Citoyens, je ne viens pas prolonger cette délibération, car, plus que personne, je comprends que c'est ici le moment d'agir. Mais quelques paroles qui viennent d'être prononcées me font monter à la tribune.

Je remercie les honorables membres de ce sentiment qui les a portés à s'exprimer comme ils l'ont fait. Nous rendons hommage à ces élans d'une Assemblée qui, depuis qu'elle existe, a été en face d'agitations incessantes et terribles, et a montré un courage égal au danger. Mais ce n'est pas le moment d'agir comme on le demande; ce n'est point là la forme d'action d'une Assemblée. Ce qui se passera ce soir et demain matin prouvera que nous avons fait notre devoir, et nous serons prêts demain à réclamer tous les bills d'indemnité que les circonstances auront pu rendre nécessaires.

En présence du danger qui s'éloigne, mais qui grandit encore et auquel nous ne devons pas laisser la nuit pour se développer, nous devons vous prier, citoyens, de rester ici à votre poste. Il faut que la France, personnifiée dans ses représentants sortis du suffrage universel, se montre ici sur ces bancs comme la patrie elle-même. Pour nous, nous irons où le danger, où la gloire nous appellent, nous irons où la garde nationale affronte les balles, et au sang si douloureusement versé nous serons heureux de joindre, s'il le faut, le nôtre.

M. MAUGUIN monte à la tribune.

Non! non! c'est inutile!

M. LAGRANGE. — Citoyens, je déclare retirer pour aujourd'hui les interpellations que je devais adresser au Gouvernement (au sujet des menées qui se couvrent du nom de Louis-Napoléon). Je demande que M. le président veuille bien lire la déclaration écrite que je lui ai remise à cet égard.

M. LE PRÉSIDENT SENARD, qui vient de reprendre le fauteuil.— Je vais lire cette déclaration. La voici : « Devant la gravité des circonstances, que mes interpellations avaient pour but de prévenir, et qui retentissent dans mon cœur avec autant de douleur que d'indignation, en l'absence de la commission exécutive, absence expliquée d'ailleurs par la situation elle-même, situation sur laquelle gémissent les vrais républicains, et dont ils repoussent la solidarité ; enfin, d'après l'invitation formelle de tous mes amis, je conclus à l'ajournement de mes interpellations. » (Approbation.)

M. LE PRÉSIDENT SENARD. — Citoyens, la situation est sérieuse. J'espère n'avoir pas besoin d'employer un autre mot. Ce succès jusqu'ici obtenu nous permettra, j'en ai la confiance, nous permettra, en se complétant, de ne pas employer un autre mot. Si l'Assemblée se séparait à l'heure ordinaire, ses membres, isolés dans leurs domiciles, pourraient éprouver de l'inquiétude; votre président, qui n'a pas quitté son poste, et qui, lui aussi, croit avoir fait son devoir, a besoin de vous demander ses inspirations, qu'il puise aussi en lui-même, mais sur lesquelles il peut avoir à vous entretenir. Je propose, en conséquence, une suspension en ce moment même et la reprise de la séance à huit heures.

UN MEMBRE. — Je propose que l'Assemblée soit en permanence.

M. LE PRÉSIDENT. — Evidemment, c'est ce que je propose moi-même ; mais, tout en se déclarant en permanence, l'Assemblée peut suspendre sa délibération pendant quelques heures. Si quelque événement nous rappelle, nous reprendrons immédiatement nos délibérations! sinon la reprise est pour huit heures.

M. MAUGUIN parle au milieu du bruit.

MM. les représentants quittent la salle à cinq heures moins vingt minutes.

A cinq heures, ils y rentrent précipitamment.

PLUSIEURS MEMBRES. — Il n'y a pas de vice-président présent; on pourrait faire présider par un secrétaire.

Autres voix. — Le président va venir.

M. SENARD monte au fauteuil. On lui remet divers papiers qu'il parcourt rapidement.

Plusieurs voix. — Lisez tout haut !

M. LE PRÉSIDENT. — Ces pièces donnent beaucoup de détails sur la situation, d'indications sur ce qu'il y a à faire. Il me semble que ce qu'il y a de plus convenable, c'est que je me retire à la présidence, où je trouverai, soit M. le général Cavaignac, soit d'autres membres du Gouvernement, avec qui je pourrai me concerter. (Adhésion.)

M. MAUGUIN reparaît à la tribune, et propose que le côté droit et le côté gauche de l'Assemblée restent alternativement en séance.

Voix nombreuses. — Mais non ! c'est inutile !

M. Senard cède le fauteuil à M. le vice-président Lacrosse.

M. Lacrosse, qui porte le costume de colonel de la garde nationale de Brest, s'excuse de siéger ainsi. Il passe son écharpe par dessus son habit, et annonce qu'encore bien que la séance soit suspendue jusqu'à huit heures, il va rester au fauteuil.

Une voix. — Reprenons la séance à sept heures !

M. LACROSSE. — On est convenu de huit heures, et cette heure doit être maintenue ; mais si quelque grave circonstance survenait, les représentants se retrouveraient ici en nombre suffisant pour pourvoir aux besoins de la situation, et prêter secours à la liberté et à l'ordre.

La salle des séances est de nouveau abandonnée par MM. les représentants. M. Lacrosse reste au fauteuil. Une vingtaine de membres seulement restent dans la salle. Les tribunes sont à peu près évacuées.

A sept heures, M. Lacrosse est remplacé au fauteuil par M. Georges Lafayette.

A huit heures, la séance est reprise, sous la présidence de M. Portalis.

En ce moment, une force militaire, au moins aussi considérable que celle du matin, continue de protéger le palais de l'Assemblée. Les portes des vingt derniers hôtels de la rue de Lille sont ouvertes, et les soldats de la ligne bivouaquent sous ces portes et dans les cours, leurs fusils réunis en faisceaux.

MM. les représentants sont très-nombreux sur leurs bancs.

M. LE PRÉSIDENT. — Citoyens représentants, je voudrais vous donner une communication officielle. Nous regrettons profondément de n'avoir pas à vous en donner. Nous pensons que quelque communication nous parviendra. Cependant j'ai à vous faire connaître une triste nouvelle. Un des nôtres, un de nos frères, un représentant, notre collègue Clément Thomas, a été blessé ; heureusement sa blessure n'est pas aussi grave qu'on pouvait le craindre.

Citoyens, beaucoup de sang a été répandu dans Paris. Le peuple attend de nous l'exemple du courage civil. Vous le lui donnerez.

La parole est à M. Considérant.

M. CONSIDÉRANT. — Citoyens, pendant les moments de suspension de la séance , j'ai entendu un nombre considérable de rapports faits par des personnes qui avaient été aujourd'hui dans les groupes, et qui avaient assisté aux scènes déplorables dont nous gémissons ; tous ces rapports ont prouvé qu'il y avait dans la population insurgée un malentendu déplorable, qu'un grand nombre d'hommes étaient égarés, qu'une démarche de l'Assemblée pourrait faciliter le rétablissement de la paix dans les murs ensanglantés de Paris. (Mouvements divers.) En conséquence, obéissant à ce sentiment, obéissant au désir de voir rétablir le plus tôt possible le calme dans nos murs, j'ai conçu un projet de proclamation dont, par une prudence que vous comprendrez, je ne demande pas à donner en ce moment lecture, mais que je demande à faire examiner. Je demande qu'une commission soit désignée par M. le président, afin que mon projet soit examiné. S'il est jugé acceptable, la commission avisera. Je demande que M. le président désigne cette commission.

M. PAYER. — Il est facile de s'expliquer que des rapports officiels ne nous soient pas encore parvenus. J'arrive du quartier Latin. J'ai vu là un grand nombre de rues occupées par les émeutiers. Deux membres du Gouvernement provisoire se sont mis eux-mêmes à la tête de bataillons, et ont, de leur personne, enlevé des barricades. M. Arago a enlevé, à la tête d'un bataillon, une barricade qui était au coin de la rue des Mathurins. M. de Lamartine faisait de même pour une barricade de la rue Saint-Séverin

Dans la rue de la Harpe, des coups de fusil étaient tirés de toutes les fenêtres. Les membres du Gouvernement provisoire sont arrivés, et leur exemple a ranimé la garde nationale.... (Bruit. Interruption.) Et les barricades ont été enlevées.

Plusieurs voix. — La garde nationale n'avait pas besoin de cet exemple ; elle n'avait pas besoin d'être ranimée.

M. PAYER. — Je serais fâché qu'on se méprît sur l'intention qui m'anime. Je dis seulement que la garde nationale se trouvait seule au milieu des coups de fusil qui étaient tirés de tous côtés. Elle demandait où était la troupe. La troupe était ailleurs, faisant face à l'émeute, sur d'autres points, avec beaucoup d'énergie.

Je parle de ce que j'ai vu, et je dis que MM. Arago et de Lamartine se sont conduits avec un courage admirable. Je pense que les autres membres du Gouvernement étaient occupés de même sur d'autres points.

M. DUCLERC, ministre des finances. — Citoyens, je suis monté à cheval avec M. de Lamartine. Nous accompagnions le général Cavaignac; M. Pierre Bonaparte était avec nous. Nous trouvâmes une barricade formidable dressée dans la rue Saint-Maur. On fit approcher une pièce de canon. Nous aurions voulu parlementer, mais malheureusement la lutte était engagée. L'artillerie fut reçue avec une très-grande énergie par les insurgés. Les artilleurs furent tués à leur pièce; les chevaux furent tués aussi. La pièce de canon se trouva un moment abandonnée. Le général Cavaignac fit immédiatement approcher une seconde pièce.

Je crois savoir que le général François a été blessé; un chef de bataillon d'état-major a été blessé pareillement.

Les troupes ont montré un courage admirable. La barricade dont je parle tient encore; mais je crois que, dans peu d'instants, elle sera enlevée et au pouvoir des troupes. Un régiment marche à pas accélérés vers ce point. Dans peu d'instants, j'ai lieu de croire que l'insurrection sera concentrée entre le Château-d'Eau, La Chapelle, l'Entrepôt et la Bastille.

Une voix. — Et les insurgés de la rue Saint-Jacques?

M. DUCLERC. — Je ne parle que de ce que j'ai vu. La lutte est concentrée entre les points que j'ai indiqués. J'ai tout lieu de croire que cette lutte sera terminée ce soir.

Quand nous nous rendions ici et que nous nous trouvions sur la place de la Concorde, la garde républicaine, qui est casernée allée des Veuves, et qui voulait marcher contre l'émeute, a fait demander à M. de Lamartine qu'il voulût bien se rendre auprès d'elle. M. de Lamartine a accédé à cette demande. Il va venir vous rendre compte de cette démarche.

M. le général Cavaignac m'a chargé de donner des ordres pour le sous-secrétaire d'Etat de la guerre. Je vais, si vous le permettez, m'acquitter de cette mission.

M. LE PRÉSIDENT. — Le citoyen Considérant annonce l'intention de produire une proposition, et il demande que le président désigne une commission pour l'examiner. Si la proposition de M. Considérant est bonne, qu'il la développe à la tribune; pour moi, je ne désignerai personne.

M. CONSIDÉRANT. — Je persiste à croire que quelques paroles émanées de l'Assemblée auraient en ce moment auprès de malheureux égarés une autorité immense.

A ce moment, un débat confus s'engage au pied de la tribune. Les cris de toute l'Assemblée sont impuissants à décider une vingtaine de membres qui sont dans l'hémicycle à regagner leurs bancs.

M. le président prend le parti de se couvrir.

Le calme étant à moitié rétabli, M. le président reprend la séance.

Citoyens, dit-il, M. Considérant ne veut pas lire sa proposition, malgré l'Assemblée. Il demande que l'Assemblée se forme en comité secret. (Non! non!)

M. BAZE. Je propose la question préalable. Je dis qu'il n'y a pas lieu à délibérer sur une proclamation quelconque. Vous avez investi votre président d'un pouvoir discrétionnaire; votre président a désigné le général Cavaignac pour prendre le commandement de toute la force armée. Le général Cavaignac est à son poste, il vous répond du salut de la patrie.

Nous partagerions en toute autre occasion le sentiment très-honorable qui anime notre collègue; mais je dis qu'en ce moment il faut vaincre l'émeute sans délibération, sans proclamation, quelle qu'elle soit.

Voix nombreuses. — La clôture! la clôture!

La clôture est prononcée. La question préalable est ensuite prononcée sur la proposition de M. Considérant.

M. LE PRÉSIDENT. — Citoyens, je dois vous faire connaître un fait qui n'aura sans doute aucune influence sur vos décisions, mais que vous devez connaître. M. Arago vient de dire qu'il avait passé la plus grande partie de cette journée au feu des barricades, et en faisant son devoir ; que plusieurs fois des accommodements, des transactions avaient été proposés, mais qu'il avait exigé pour condition première que les insurgés commençassent par mettre bas les armes ; qu'ainsi toute proclamation, toute exposition de principe serait dans ce moment un démenti funeste donné à l'énergie de la commission exécutive. Toutefois, citoyens, votre délibération n'est pas enchaînée par ce qu'a dit M. Arago. C'est l'opinion d'un homme de bien, mais vous pouvez avoir une opinion contraire.

UN MEMBRE. — Je demande que personne ne parle de sa place. Je demande que tout le monde garde le silence, excepté l'orateur que M. le président aura appelé à la tribune. Le silence aujourd'hui est non-seulement une question d'ordre, mais une question de dignité pour l'Assemblée.

Voix nombreuses. — L'ordre du jour! l'ordre du jour!

M. LE PRÉSIDENT. — L'ordre du jour serait la suite de la discussion sur les chemins de fer. Assurément l'Assemblée ne veut pas en ce moment continuer une discussion. Si quelqu'un a une proposition utile et nécessaire à faire, je lui donnerai la parole.

M. LÉON FAUCHER. — Je la demande, je demande l'autorisation d'interpeller demain M. le ministre de l'intérieur.... (Rumeurs sur plusieurs bancs. Interruption.)

M. Faucher se décide à quitter la tribune.

UN MEMBRE. — Je demande que, séance tenante, une commission soit nommée pour faire une adresse à la nation.

M. CAUSSIDIÈRE. — Citoyens, je viens d'apprendre qu'on parle de chemins de fer pendant que le sang coule....

Voix nombreuses. — Mais non! on ne discute pas les chemins de fer!

M. CAUSSIDIÈRE. — Ignorez-vous donc, citoyens, que vingt-cinq gardes nationaux de la 10e sont morts? N'y a-t-il pas quelque mesure à prendre?

Voulez-vous que douze représentants se joignent soit à la commission exécutive soit au commandement militaire....

Plusieurs voix. — Non!

M. CAUSSIDIÈRE. — Voulez-vous laisser s'entre-égorger les habitants de Paris? (Interruption.) Voulez-vous que des milliers de coups de fusil soient tirés? (Nouveau bruit.) Voulez-vous donc la destruction de la France? (Exclamation.) Voulez-vous qu'on dise de Paris que l'ordre règne à Paris comme il a régné à Varsovie? (Rumeurs.) Quand il y aura des milliers d'hommes massacrés, que deviendrez-vous? (De violentes interpellations sont adressées à l'orateur.) Que l'Assemblée se présente sans appareil devant le peuple.... (Nouvelle interruption.)

Plusieurs voix, à M. le président. — Suspendez la séance!

M. LE PRÉSIDENT. — On demande la suspension de la séance; c'est là une question d'ordre public qui doit avoir la priorité; je vais consulter l'Assemblée.

M. DUCLERC. — Je demande la parole.

Une voix. — Il faut entendre le ministre.

M. LE PRÉSIDENT. — On voudrait ensuite répondre au ministre, et de cette manière la proposition de suspendre la séance ne pourrait pas être prononcée.

M. DUCLERC. — On vous propose de quitter la salle.... (Non! non!) L'intention de ceux qui font cette proposition est bonne, mais le conseil est insensé. Votre place est ici. La place de votre commission exécutive est à côté de vous, elle y est. La place du ministre de la guerre est sur le lieu du combat, il y est.

Une voix. — Oui, il agit au lieu de délibérer.

M. DUCLERC. — Si vous étiez au milieu de la rue, que feriez-vous?

Une voix. — Nous ne voulons pas aller dans la rue.

M. DUCLERC. — Vous ne pourriez pas délibérer et vous empêcheriez d'agir. Maintenant, supposez une catastrophe dans la rue. Elle est impossible ici ; mais dans la rue elle serait possible. Que feriez-vous contre des hommes armés? et il n'y aurait plus de Gouvernement.

Tant que la commission exécutive et le ministre auront votre confiance, soutenez-les ; quand ils n'auront plus votre confiance, destituez-les ; mais jusque-là laissez-les agir.

L'orateur dit ici qu'il a parlé à des groupes nombreux, qu'il en a vu plusieurs qui étaient abusés sur les intentions de l'Assemblée ; qu'il les a détrompés et leur a affirmé que l'intention de l'Assemblée était de faire donner aux ouvriers du travail.

Citoyens, ajoute M. Duclerc, je suis convaincu que la plus grande partie du peuple est étrangère à l'émeute, mais tout le monde n'y est pas étranger. La barricade de la rue Saint-Maur, dont j'ai parlé, était occupée par la garde républicaine, non par la garde actuelle, mais par l'ancienne. (Exclamations.) Maintenant, comment était-elle armée? avec les fusils dont on a parlé il y a un mois. (Nouvelles exclamations.)

M. BEAUNE insiste dans le sens de M. Caussidière.

Le bruit qui s'élève sur tous les bancs décide l'orateur à quitter la tribune.

La séance est suspendue ; il est neuf heures et demie.

A dix heures, M. le président Senard reprend le fauteuil.

M. LE GÉNÉRAL CAVAIGNAC prend la parole. — Citoyens représentants, dit-il, vers trois heures de l'après-midi, une résistance tellement sérieuse s'est manifestée dans le faubourg du Temple, que j'ai dû m'y transporter avec presque toutes les troupes qui étaient autour de l'Assemblée.

Les boulevards sont entièrement occupés et dégagés. Une résistance plus sérieuse s'est produite dans les rues du faubourg Poissonnière, du faubourg Saint-Denis, du faubourg Saint-Martin, du faubourg du Temple. Les généraux, Lamoricière et Lafontaine ont pu se rendre maître des trois premiers de ces quartiers ; malheureusement, dans le quatrième, la résistance a été bien énergique. Il y a une heure, cette résistance a été surmontée. Toute la partie de la ville entre les boulevards et les barrières est, à ma connaissance, complétement dégagée.

Sur les faubourgs Saint-Antoine et Saint-Jacques, je donnerai des nouvelles dès qu'elles me seront parvenues. Le faubourg Saint-Antoine est presqu'entièrement occupé par les troupes que commande le général Bedeau ; le quartier latin est occupé par les troupes que commande le général Damesme.

Du reste, je vais employer la nuit à réunir toutes les portions de troupes qui ne sont plus nécessaires où on les avait concentrées, afin d'être prêt au point du jour pour les nouvelles mesures qui seraient nécessaires. J'ai donné l'ordre à toutes les troupes qui sont au bout de chaque chemin de fer de se rendre immédiatement à Paris. Inutile d'ajouter que tout ce qui était à Versailles et à Saint-Germain est depuis longtemps à Paris.

M. LE PRÉSIDENT. — Il ne nous est pas encore parvenu de rapports des généraux commandant dans les faubourgs Saint-Jacques et du Temple. Je n'ai encore que des rapports de police. Sur divers points des deux quartiers que je viens d'indiquer, des barricades ont été prises par la troupe, puis relevées par les insurgés. Il y a en ce moment un assez grand nombre de barricades encore debout ; les deux colonnes opèrent.

M. ÉTIENNE ARAGO. — Citoyens, toutes les malles-postes sont parties. Sur le seul chemin de fer du Nord, quelques rails ont été enlevés, mais on m'a informé que le rétablissement de ces rails ne prendrait qu'un quart d'heure. En ce moment, toutes les malles on quitté Paris.

M. LE PRÉSIDENT informe l'Assemblée que des rumeurs répandues dans Paris ont voulu jeter dans la population la croyance que l'Assemblée renonçait elle-même à continuer plus longtemps sa mission et était dissoute. Il propose et l'Assemblée adopte par acclamation le décret suivant :

« ART. 1er. L'Assemblée nationale se déclare en permanence.

« ART. 2. L'Assemblée nationale, décidée à remplir dans toute leur étendue les grands devoirs que la confiance de la nation lui impose, compte fermement, pour le maintien de l'ordre et des institutions démocratiques promises à la France, sur le concours de tous les bons citoyens. *Vive la République !*

M. LAGRANGE adresse à l'Assemblée une allocution dans laquelle il convie les représentants à tout faire avec dévouement pour mettre fin à une lutte fratricide.

La séance, à dix heures et demie, est de nouveau suspendue.

Actes officiels.

Citoyens,

Au milieu même de la sédition criminelle dont quelques ouvriers des ateliers nationaux affligent la capitale, le Gouvernement, obligé d'employer la force, éprouve le besoin de convaincre et d'éclairer la population.

Ouvriers de Paris! les factions qui soldent les meneurs cherchent à vous persuader que vous êtes compris dans les mesures qui tendent à éloigner de Paris les ouvriers des ateliers nationaux, dont la masse et les désordres pèsent en ce moment sur Paris et sur la République entière.

Ouvriers de Paris, ce sont d'odieuses calomnies! c'est dans votre intérêt à vous, c'est dans l'intérêt de la reprise de vos travaux, c'est pour que les ateliers libres se rouvrent à vous, que la République a résolu de rétablir énergiquement l'ordre régulier du travail, et d'affranchir Paris de la coalition de faux ouvriers, étrangers pour la plupart à la capitale. Ceux de ces ouvriers qui ont leur famille à Paris ne seront licenciés qu'après qu'ils auront trouvé de l'ouvrage dans les établissements privés ou des secours qui donnent le temps de pourvoir aux nécessités de leur situation.

Ceux qui sont étrangers à Paris calomnient le Gouvernement en l'accusant de dureté à leur égard.

La nation n'a pas cessé de s'occuper de leurs besoins, et aujourd'hui même, au moment où l'insurrection éclate en leur nom et consterne les travailleurs en effrayant le crédit et le commerce, ils ne sont congédiés qu'avec des secours de route et sur des points prescrits des départements, où des travaux utiles et des salaires leur sont assurés sans interruption. La pensée des travailleurs n'a pas cessé d'occuper un seul jour l'Assemblée nationale.

Ouvriers de Paris, rentrez dans le calme; laissez s'accomplir en ordre et en paix les mesures sages et nécessaires du Gouvernement pour la renaissance du travail.

Ne vous mêlez pas aux factions stipendiées par les ennemis de la République pour agiter la capitale, et pour propager la conspiration de la lassitude et du découragement!

La République en triomphera comme de toutes les autres, et les travailleurs sérieux et honnêtes en recueilleront les premiers bienfaits.

Vive la République!

Les membres de la commission du pouvoir exécutif,
Signé, ARAGO, GARNIER-PAGÈS, MARIE, LAMARTINE, LEDRU-ROLLIN.
Le secrétaire, PAGNERRE.

Paris, le 23 juin 1848, 3 heures après-midi.

« Citoyen maire,

« Vous êtes témoin depuis ce matin des efforts tentés par un petit nombre de turbulents pour jeter au sein de la population les plus vives alarmes.

« Les ennemis de la République prennent tous les masques; ils exploitent tous les malheurs, toutes les difficultés produites par les événements. Les agents étrangers se joignent à eux, les excitent et les paient. Ce n'est pas seulement la guerre civile qu'ils voudraient allumer parmi nous, c'est le pillage, la désorganisation sociale, c'est la ruine de la France qu'ils préparent, et l'on devine dans quel but.

« Paris est le siége principal de ces infâmes intrigues, Paris ne deviendra pas la capitale du désordre. Que la garde nationale, qui est la première gardienne de la paix publique et des propriétés, comprenne bien que c'est d'elle surtout qu'il s'agit, de ses intérêts, de son crédit, de son honneur. — Si elle s'abandonnait, c'est la patrie entière qu'elle livrerait à tous les hasards, ce sont les familles et les propriétés qu'elle laisserait exposées aux calamités les plus affreuses.

« Les troupes de la garnison sont sous les armes, nombreuses et parfaitement disposées. — Que les gardes nationaux se placent dans leurs quartiers, aux abords des rues; l'autorité fera son devoir, que la garde nationale fasse le sien.

« Salut et fraternité.

« Le représentant du peuple, maire de Paris,

« Signé, A. MARRAST.

« Par le maire :

Le secrétaire-général de la ville de Paris,

« Signé, FLOTARD. »

Journée du samedi 24 juin.

Sommaire. — Préparatifs des insurgés. — Coup d'œil sur le centre de Paris. — Barricade du Petit-Pont. — Attaque de la rue Saint-Jacques. — Barricade du faubourg Poissonnière. — Le faubourg Saint-Denis, le clos Saint-Lazare, le chemin de fer du Nord et le faubourg Saint-Antoine. — Physionomie lugubre de Paris. — Faits divers. — Assemblée nationale. — Actes officiels.

Pendant la nuit du 23 au 24, les insurgés ont fortifié les barricades. Celles élevées au centre de la ville avaient été déblayées par la garde nationale et la troupe de ligne dans la journée du 23. La journée du 24 devait être plus sérieuse, elle révéla les prodiges de valeur des enfants de Paris qui avaient formé la jeune garde mobile.

L'émeute s'est donc concentrée dans la rue Saint-Jacques, sur la place du Panthéon, dans la Cité, dans le faubourg Saint-Antoine, au haut du faubourg Saint-Denis, à la Chapelle, au Clos Saint-Lazare. La rue Saint-Jacques présente dans sa ligne escarpée et tortueuse une série de barricades formidables. Dans le faubourg Saint-Antoine, de véritables forteresses ont été élevées.

Le feu s'était maintenu toute la nuit. Entre deux et trois heures du matin l'action commença avec toutes les proportions d'une bataille et d'un blocus.

Avant de suivre ces diverses attaques, jetons un coup d'œil sur le centre de Paris. Il était resté calme. La stupeur régnait seulement sur tous les visages.

Les boulevards, depuis le Gymnase jusqu'à la port Saint-Martin, présentaient l'image d'un véritable camp. Sur le boulevard Bonne-Nouvelle stationnait un régiment de cuirassiers arrivé de la veille. Le boulevard Saint-Denis est occupé par la garde mobile et la garde nationale. Plusieurs escadrons de lanciers stationnent à la porte Saint-Martin.

La plus grande incertitude règne de toutes parts. De toutes parts circulent des bruits et des rapports les plus contradictoires. On entend les détonations non interrompues de la fusillade. Le canon tonne à des intervalles fort rapprochés.

C'est surtout sur le quartier Saint-Jacques que se dirigent les premiers mouvements de l'attaque. La résistance y est longue et désespérée. Les barricades sont enlevées une à une. Lorsqu'elles ne peuvent pas être attaquées de front, on crève les maisons pour les prendre par le flanc. La jeune garde mobile cherche aussi à profiter des fenêtres lorsqu'elle peut parvenir à se rendre maîtresse de quelques maisons. C'est un pêle-mêle terrible. C'est une confusion sanglante qu'aucune expression ne saurait dépeindre. 125 soldats de la garde mobile ont trouvé la mort, de la rue des Noyers à la place Cambrai.

Enfin, à une heure, l'insurrection a cédé sur ce point. Un grand nombre d'insurgés se sont rendus, d'autres se sont réfugiés dans le Panthéon; pour les débusquer de cette position, il faut employer le canon. Les portes sont enlevées à l'aide de boulets. Le monument a beaucoup souffert. De larges éclats ont été enlevés aux belles colonnes qui soutiennent le fronton.

Le général Bedeau, qui dirigeait l'attaque, fut blessé. Il a reçu cette blessure à la barricade de la rue des Noyers.

La garde mobile entre dans le Panthéon, où la lutte continue. Des insurgés placés dans les bâtiments en construction sur cette place dirigent sur la jeune troupe un feu bien meurtrier; mais bientôt ils sont forcés de quitter cette position et se replient par nombreuses colonnes du côté de la rue d'Ulm.

C'est seulement à l'aide du canon que l'on put enlever la barricade de la rue des Mathurins, qui protégeait l'émeute du côté de la rue de la Harpe. M. Arago avait cherché à faire entendre aux insurgés des paroles de conciliation qui furent repoussées avec énergie.

La garde mobile, maîtresse du centre de la rue Saint-Jacques à la hauteur de la rue du Foin jusqu'à la rue des Mathurins, se trouvait entre les feux croisés de la rue des Mathurins et de la rue des Noyers, occupées par les insurgés, où ils étaient retranchés derrière des barricades.

Ces barricades se reliaient avec celles de la place Maubert. Une vive fusillade retentissait sur tous ces points et dans toute la longueur du quai à partir du Petit-Pont jusqu'à l'Entrepôt.

La barricade du Petit-Pont fut une de celles qui pouvait offrir le plus de résistance, parce qu'elle n'était dominée par aucun point et qu'elle se trouvait, au contraire, protégée par des insurgés placés dans les maisons qui forment l'angle du quai.

Cette barricade fut enlevée par le concours réuni de gardes nationaux qui dirigèrent leur feu par les fenêtres dominant le poste du Petit-Pont; ensuite par la colonne d'attaque qui, après avoir enlevé la barricade de la *Belle-Jardinière*, arriva par le Petit-Pont. Enfin, du côté du quai Saint-Michel, une compagnie de la ligne l'attaqua également au pas de charge. Un détachement de la garde nationale de la 1re légion prit aussi part à cette expédition.

Dans le faubourg Saint-Marceau, le combat eut également un grand acharnement. Les insurgés ont défendu pied à pied les barricades qu'ils avaient élevées de distance en distance.

Sept barricades avaient été élevées dans la rue de la Montagne-Sainte-Geneviève, elles sont franchies par la garde mobile, qui rejoint ainsi la colonne maîtresse de la place du Panthéon.

Dans le haut du faubourg Poissonnière on avait construit une puissante barricade qui se trouvait pour ainsi dire adossée à la barrière. Cette barricade était construite en pierres de taille, et les insurgés s'étaient concentrés sur ce point. Un grand nombre d'entre eux défendaient cette construction. D'autres s'étaient groupés dans les maisons et sur les terrains qui avoisinent les abattoirs Rochechouart, adossés au mur d'enceinte. Enfin, une masse compacte s'était retranchée dans les bâtiments du nouvel hôpital qui s'élève dans le clos Saint-Lazare.

Une autre barricade également formidable est construite dans le faubourg Saint-Denis, en face de l'établissement de M. Cavé, mécanicien. La position de ces insurgés est ainsi excellente; par derrière, le mur d'enceinte les protège, le faubourg Poissonnière fait coude à l'extrémité, et il paraît impossible à la troupe de pouvoir utilement avoir recours à l'emploi du canon.

Cette difficulté fait ajourner l'attaque; vers trois heures des troupes nombreuses sont dirigées de ce côté. Le combat s'engage, il est meurtrier, les troupes y essuient des pertes notables. Les gardes nationaux de Pontoise et de Montmorency y ont perdu beaucoup de monde.

Enfin, vers quatre heures et demie, la barricade du faubourg Poissonnière est enlevée. Les insurgés se réfugient encore dans le clos Saint-Lazare et dans les bâtiments de l'hospice, où la cavalerie ne peut les atteindre.

Un autre combat, livré par un bataillon de la 1re légion, a lieu vers trois heures à quelques pas de là, à l'embarcadère du chemin du Nord. Les insurgés s'étaient emparés d'une maison en construction, d'où ils nourrissaient un feu continuel sur la garde nationale. En cet endroit, M. Clary, lieutenant-colonel de la première légion, est blessé au pied gauche : il est emporté sur une civière.

Le même jour, fut également blessé au pied, après avoir fait des prodiges de valeur, M. Clary, commandant le bataillon de la mobile, qui le 15 mai était entré le premier dans l'Assemblée nationale pour la protéger.

En résumé, le 24 au soir, trois points seulement restent au pouvoir des insurgés : Le clos Saint-Lazare, une barricade dans le faubourg du Temple, et le faubourg Saint-Antoine qui n'a pas encore été sérieusement attaqué.

Le soir, Paris offre réellement la physionomie d'une ville en état de siége. La population entière est sur pied, les armes à la main. Les plus tièdes, les plus indifférents ont rejoint leurs rangs. Toutes les places sont occupées par des forces considérables; toutes les rues sont gardées à leur extrémité, et nul ne passe s'il n'a justifié des motifs qui l'appellent hors de chez lui ou du poste qui lui est assigné. Les portes sont fermées, même les fenêtres, et rien ne trouble le silence des rues que le pas cadencé des patrouilles, ou les cris de : *Qui vive!* et *Sentinelle, prenez-garde à vous!*

Faits divers.

— A neuf heures du matin, le général Cavaignac avait fait cesser le feu sur tous les points, annonçant qu'il laissait une heure aux insurgés pour se soumettre. Ils n'ont pas voulu profiter de cette offre, et à l'heure dite, la lutte a été reprise avec une grande vigueur. Quelques obus ont été lancées sur certaines barricades où la résistance était plus difficile à vaincre.

— Pendant cette journée, on a vu des représentants dans tous les quartiers de Paris revêtus de leurs insignes, cherchant à porter des paroles de conciliation, lorsqu'ils pouvaient pénétrer jusqu'aux insurgés, et faisant renaître le calme et l'espoir au milieu des troupes et de la garde nationale. La présence des représentants dans les rangs de l'armée produisit également les plus heureux résultats [1].

---

[1] Ce concours offrait à la garde nationale sédentaire et mobile et à l'armée la preuve la plus certaine des sympathies de l'Assemblée, c'est-à-dire de la France, qui se résume en elle.

M. Henri de Tréveneuc, député des Côtes-du-Nord, est le premier qui ait proposé à l'Assemblée d'envoyer quelques uns de ses membres au milieu des défenseurs de l'ordre. Cette proposition, faite verbalement, n'eut pas de suite; mais M. de Tréveneuc, prenant dans son courage le mandat qu'il avait sollicité de l'Assemblée, monta immédiatement à cheval et se rendit aux barricades. Il accompagna le général Cavaignac dans la première reconnaissance que le ministre de la guerre fit sur les boulevards. Depuis lors, et jusqu'à la fin de la lutte, il ne quitta presque pas le combat, et suivit sans cesse les opérations des généraux Lamoricière, Lebreton et Hecquet, déployant à chaque instant cette intrépidité insouciante et aventureuse qu'il faudrait blâmer dans les circonstances ordinaires, mais qui avait ici une frappante utilité.

MM. Jules Favre, Landrin, Bonjean, Flandin, Avond, Léon Faucher avaient fait de la pensée de M. de Tréveneuc l'objet d'une proposition écrite dans l'après-midi du vendredi 23. L'Assemblée avait écarté alors la proposition, en laissant toutefois liberté entière à l'action individuelle de ses membres. MM. Jules Favre, Landrin, Bonjean, Vavin, Tessié de la Motte, usant de cette liberté, se portèrent aux barricades et assistèrent aux vifs combats qui s'y livrèrent, après avoir, pour la plupart, fait de vaines tentatives pour engager les insurgés à se soumettre.

M. Vavin, notamment, déploya le plus brillant courage, soit à la barricade de la rue Lafayette, soit à celle qui se trouvait au coin de la rue Rambuteau, et où fut tué le brave commandant Lefebvre.

Ce même jour vendredi, dans le faubourg Saint-Jacques fut grièvement blessé M. Bixio. C'est aussi vendredi, à la barricade du faubourg Poissonnière, que fut blessé M. Dornès, qui accompagnait alors M. Duclerc et deux autres représentants.

Aujourd'hui samedi, la lutte se prolongeant, l'Assemblée décida que soixante de ses membres se porteraient sur les différents points du combat. Ces soixante membres, désignés par les bureaux, se rendirent aussitôt, vingt dans les quartiers Saint-Denis et Saint-Martin; vingt sur l'Hôtel-de-Ville; vingt dans le faubourg Saint-Jacques. C'est sur ces trois points que se concentraient alors les efforts de l'insurrection.

Tous assistèrent aux combats meurtriers qui se livrèrent dans cette funeste journée.

MM. Oscar de Lafayette, Breymand, Saint-Victor, Gustave de Beaumont, qui faisaient partie du premier groupe de représentants, se trouvèrent un instant au pouvoir des insurgés, et ils couraient les plus grands dangers, quand l'un d'eux, M. le colonel Saint-Victor, les sauva par un mot énergique : « On vous connaît pour des voleurs, s'écria-t-il, devenez des assassins ! » Les rangs

— Un grand nombre de journaux ont rapporté le fait suivant : Derrière la place du Panthéon, au coin de la rue des Irlandais, se trouvait une barricade défendue par des insurgés. Cette barricade fut attaquée par la garde mobile et plusieurs fois prise et reprise. Dans le combat, cinq gardes furent faits prisonniers. Au moment où les rebelles, attaqués une dernière fois par la garde nationale, virent que la résistance était impossible, ils amenèrent leurs malheureux prisonniers sur la barricade même et leur coupèrent la tête en présence de leurs camarades. C'est, dit-on, un homme habillé en femme qui s'est chargé de cette atroce expédition.

des insurgés s'ouvrirent aussitôt devant les représentants, qui purent rejoindre les troupes.

M. Auguste Avond s'est trouvé aussi plusieurs fois au milieu des groupes menaçants. Il dut sa délivrance à la fermeté de son collègue M. Laurent (de la Haute-Loire), qui l'accompagnait. M. Victor Hugo a noblement rempli son rôle dans ces jours de combat.

Dimanche, l'attaque était concentrée aux faubourgs Saint-Antoine et du Temple. Dès le matin, on remarquait au milieu de la garde nationale et des troupes MM. Heeckeren, Thiers, A. Avond, Degeorges, Flandin, Bonjean, Bodet, Danjoy, Bérard, Saint-Gaudens. Ce dernier a reçu une balle au bras au milieu de ses collègues. Presque au même moment, une balle effleurait M. Thiers à la jambe.

Quatre représentants, MM. Charbonnel, de Falloux, de Vogué et Roussel, s'étaient rendus à la division du général Négrier, et se trouvaient sur la place de la Bastille au moment où le général est tombé frappé d'une balle meurtrière. M. Charbonnel, qui a été blessé au même moment, est mort trois jours après des suites de sa blessure.

Il serait impossible de rapporter en détail chacun des combats auxquels ont assisté les représentants, soit ceux qui furent désignés pour cette mission d'honneur par l'Assemblée, soit ceux qui prirent leur mandat dans leur dévouement. Nous nous bornerons à citer les noms de ceux qui ont été le plus remarqués et qui nous ont été signalés :

M. Ducoux, à cheval dès le premier moment, comme M. de Tréveneuc, et qui, non plus que lui, n'a presque pas quitté le général Lamoricière, à la disposition duquel il s'était mis;

M. Sarrans jeune, qui marcha en tête de la colonne d'attaque de la barricade du faubourg Poissonnière; M. Havin, M. Grandin, M. Levavasseur, qui se hâtèrent de venir joindre les gardes nationales de leur département; MM. Georges Lafayette, Rouher, de Vogué, d'Adelsward, David (d'Angers), etc.

Nous ne parlons pas des généraux Bedeau, Lamoricière, Duvivier, qui appartiennent à la représentation nationale. Ils ont rempli leur devoir militaire avec trop de gloire pour qu'il soit nécessaire d'ajouter rien à ce que leur nom seul dit à tous les cœurs.

— Une barricade assez forte avait été élevée au coin de la rue Royale-Saint-Martin et de la rue Saint-Hugues. Le premier bataillon de la première légion, sous les ordres de MM. Sudre et Briotet, et qui comptait dans ses rangs, comme simples soldats, le lieutenant-général Piré et le petit-fils du maréchal Jourdan, se disposa à l'emporter. Au moment où l'action allait s'engager, où les insurgés abaissaient leurs fusils, le général Piré sort des rangs, s'avance et grimpe seul sur la barricade. Aussitôt les insurgés, obéissant à une impression inexplicable, abandonnent la barricade et prennent la fuite. — Général, lui dit alors le chirurgien-major de la légion, vous venez de m'épargner bien de la besogne.

— Sur plusieurs points, notamment dans les quartiers de la Cité, Saint-Denis et Saint-Martin, on a vu des hommes faisant boire de l'eau-de-vie à des enfants de douze à quatorze ans, pour les lancer ensuite sur les barricades un fusil à la main. Quelques-uns de ces malheureux enfants ont été tués dans l'assaut des barricades.

— Des canons avaient été braqués pour la défense du Palais-National, où se trouve l'état-major de la garde mobile. Une pièce étant dirigée de la rue de Rohan sur le Carrousel, une autre pouvait enfiler la rue de Richelieu.

— On a conduit, vers trois heures et demie, dans la cour de l'Assemblée nationale, vingt-cinq à trente prisonniers faits sur divers points du Xe arrondissement. En tête de ces prisonniers, que l'on a momentanément déposés sous les voûtes du Palais-National, défilait une jeune et jolie fille de dix-huit à vingt ans, habillée en homme, costume d'ouvrier, avec un bourgeron.

— Sur plusieurs individus arrêtés, on a prétendu que des papiers avaient été saisis, dans lesquels les insurgés avaient dressé d'avance les clauses de la capitulation de Paris, tant ils se croyaient certains de la victoire! Ces articles étaient : 500 têtes à leur choix, 400 millions d'indemnité pour les travailleurs, quatre heures de pillage, la République rouge et la constitution de 93. Quoique ces faits aient été confirmés par beaucoup de journaux, il paraît vraiment impossible de croire à un pareil acte d'insanie!

— Le *Moniteur* annonce qu'un très-grand nombre d'individus, saisis les armes à la main ou porteurs de cartouches, ont été incarcérés. Tous ont été fouillés, soit au moment de leur arrestation, soit à leur arrivée à la Préfecture de police. Sur plusieurs d'entre eux, on a trouvé d'importantes sommes d'argent dont l'origine n'a pu être justifiée d'une manière satisfaisante, et les investigations sévères auxquelles procède le procureur général près la Cour d'appel ont fait recueillir des documents qui autorisent à penser que ces sommes ont été fournies à ces inculpés par des fauteurs de désordre.

ASSEMBLÉE NATIONALE.
Fin de la séance du 23 juin et séance du 24.
COMMUNICATION DU GOUVERNEMENT.

A onze heures et demie du soir, la séance est encore une fois reprise. M. Sénard préside.

M. LE PRÉSIDENT. La parole est au citoyen Garnier-Pagès, membre de la Commission exécutive. (Mouvement général d'attention.)

M. GARNIER-PAGÈS. — Citoyens représentants, je viens vous dire quelle est la position de Paris en ce moment.

Nous nous sommes rendus, comme nous vous l'avions annoncé, sur divers points de la capitale. Voici ce que nous avons vu et ce que nous avons fait.

Voix nombreuses. — Ecoutez! écoutez!

M. GARNIER-PAGÈS. — Le citoyen Arago s'est rendu dans le douzième arrondissement, et là, marchant sur les barricades, il a parlementé, et est parvenu à en franchir quelques-unes. Les autres résistant, il a sommé les insurgés de se rendre. Les sommations ont été inutiles; il a dû faire tirer le canon.

En ce moment, dans les 11e et 12e arrondissements, il n'y a plus que quelques points occupés par les insurgés.

Le général Damesme a entouré le foyer des barricades de manière à remporter la victoire sur les insurgés, sur les factieux.

Dans l'autre partie de Paris, nous avons visité les 1er, 2e, 3e, 4e, 5e, 6e, 7e et 8e arrondissements; nous devons dire que le pouvoir de l'ordre est triomphant sur tous ces points.

La circulation est rétablie; toutes les barricades ont été détruites.

La résistance continuait au faubourg du Temple.

Le général Cavaignac et le citoyen Lamartine s'y sont portés. Là, ils ont conduit dignement, bravement, les soldats, notre brave armée, notre brave garde nationale, et toutes les barricades du faubourg du Temple ont été successivement enlevées.

De son côté, le général Lamoricière, dans le faubourg Saint-Denis, a conduit bravement, dignement, notre brave armée, notre brave garde nationale, et les barricades ont été enlevées.

En ce moment, il ne reste plus que le faubourg Saint-Antoine où il y ait des barricades ; mais nous ne doutons pas qu'au point du jour, avec l'agglomération des forces qui se concentrent dans Paris, nous n'en ayons bientôt fini avec les insurgés.

Citoyens, nous devons vous dire que de tous côtés, dans la banlieue, la garde nationale des environs de Paris a répondu avec empressement aux rappels qui ont été faits. Les gardes nationaux de Versailles commencent à arriver. Nous avons invité à se rendre également à Paris les gardes nationaux de la Seine-Inférieure, du Loiret, de la Somme. Nous les avons invités à venir prêter force à la garde nationale de Paris. De plus, nous avons concentré les troupes de manière à ce qu'elles puissent marcher sur un même point.

Nous sommes sûrs, demain, de terminer cette fatale journée.

Citoyens, dans ces circonstances solennelles il est inutile de vous dire avec quelle énergie, avec quelle intrépidité, avec quelle bravoure, notre brave garde nationale, notre brave armée, notre brave garde mobile, notre brave garde républicaine, se sont comportés. Seulement j'ai la douleur de vous dire qu'il y a bien des pertes douloureuses à déplorer. Le citoyen Clément Thomas, représentant, a été blessé ; le général Bedeau a également reçu une blessure.

Malgré leurs blessures, ces honorables citoyens n'en continuent pas moins de remplir avec zèle leur devoir.

Des représentants de la France, des membres de cette Assemblée, ont montré aussi une grande énergie, une grande bravoure. J'ai l'honneur de vous annoncer que l'un d'eux, le citoyen Dornès, a été blessé.

Nous avons en outre la douleur de vous apprendre que l'un de vous, l'un de nous, a été grièvement, si grièvement frappé, que je ne sais si Dieu ne nous l'enlèvera pas cette nuit. (Marques de profonde émotion.)

Mais du moins il sera mort dignement, il sera mort sur le champ de bataille, pour défendre la République, l'ordre et la liberté. (Sensation.)

Demain, nous continuerons, citoyens, à faire notre devoir. Toutes les mesures sont prises. Demain, nous pourrons, avec la force, mettre un terme à ces insurrections qui prenaient tantôt un drapeau, tantôt un autre; à ces insurrections qui n'ont aucun drapeau, à ces insurrections en partie soudoyées.

Ce qui nous anime tous en ce moment, c'est que tous nous avons deux choses à défendre : l'ordre et la République.

Nous avons dit partout aux citoyens : Comptez sur l'Assemblée nationale, comptez sur nous. L'Assemblée nationale a confiance en nous, nous agirons avec vigueur.

Citoyens représentants, comptez sur nous. Demain nous vous prouverons que vous avez bien fait de compter sur nous. (Marques d'approbation.)

M. LE PRÉSIDENT. — Citoyens, il résulte du rapport que vous venez d'entendre qu'aucune mesure ne peut être prise d'ici à demain matin... (Interruption.)

M. DEGOUSÉE, l'un des questeurs, entre en ce moment dans la salle. Il s'approche du banc des ministres.

Plusieurs voix. — Parlez, parlez, citoyen Degousée.

M. DEGOUSÉE monte à la tribune. — Citoyens, dit-il, les malheurs de cette journée étaient prévus, annoncés, provoqués par les journalistes anarchistes. Vous savez ce qu'ils ont dit, ce qu'ils n'ont cessé de répéter : que l'Assemblée nationale était un foyer de corruption. Ces calomnies ont été répandues par plusieurs journaux. Je demande que le pouvoir exécutif fasse arrêter cette nuit même les rédacteurs de ces journaux. (Bruit. Exclamations.)

La garde nationale a fait son devoir, mais elle connaissait les provocateurs à l'émeute, à l'insurrection ; elle voulait se porter aux presses des journaux dont je parle. Je l'ai priée de n'en rien faire ; elle s'est rendue à ma prière. Mais, encore une fois, je demande que cette nuit on fasse arrêter une partie de ceux qui ont provoqué la guerre civile... (Protestation sur plusieurs bancs.)

Une voix de l'extrême gauche. — Demandez tout de suite l'état de siége.

M. DEGOUSÉE. — Je ne le demanderai pas; mais je demande ce que je crois utile et juste.

M. DUCLERC. — Citoyens, j'ai fait tous mes efforts tout-à-l'heure pour empêcher le citoyen Degousée de porter à la tribune les paroles que vous venez d'entendre. Je regrette de n'avoir pas réussi. Je crois qu'il est fâcheux que de telles propositions se produisent à la tribune. Il est nécessaire, indispensable, de montrer de l'énergie dans les circonstances où nous sommes. Le Gouvernement a dit qu'il aurait de l'énergie ; il vous a montré aujourd'hui qu'il en avait eu. Voulez-vous un coup-d'Etat? il ne le fera pas.

Il y a eu une conspiration, cela est évident; il y a longtemps qu'elle dure. Où sont les conspirateurs? ils sont un peu partout.

Quel est le devoir du Gouvernement? c'est de les saisir. Mais parce qu'un homme est journaliste, ce n'est pas une raison pour l'arrêter ; si cet homme a commis un crime, le procureur de la République donnera l'ordre de l'arrêter, et cet ordre sera exécuté. Quant à une mesure générale, à une mesure préventive, le Gouvernement n'en prendra pas.

M. DABEAUX. — Citoyens, depuis ce matin la garde nationale et l'armée sont égorgées pour la République, pour la France, pour nous ; cependant nous n'avons pas eu encore un mot de reconnaissance... (Explosions de rumeurs.)

Voix nombreuses. — A l'ordre ! à l'ordre !

M. LE PRÉSIDENT. — Dans une Assemblée qui, depuis ce matin, n'a pas cessé un seul instant d'exprimer tous les sentiments de reconnaissance...

Voix nombreuses. — C'est vrai ! c'est vrai !

M. LE PRÉSIDENT. — De reconnaissance que lui ont inspirés le courage et le dévouement de la garde nationale et de l'armée, il n'est pas possible de ne pas comprendre tout ce qu'il y a de malheureux dans les paroles de l'orateur. Cependant il a le droit de s'expliquer ; je lui maintiens la parole.

M. DABEAUX essaie de se faire entendre, mais les cris : A l'ordre ! couvrent sa voix.

M. LE PRÉSIDENT. — Aucune mission ne me paraissant devoir nécessiter plus longtemps la présence des membres de l'Assemblée, nous proposons de remettre la séance à demain huit heures du matin.

Une voix. — A six heures.

UN MEMBRE. — La garde nationale est dans les rues, décidée à y passer la nuit. Pourquoi ne passerions-nous pas la nuit sur nos bancs? (Très-bien ! très-bien !) Qu'il me soit permis maintenant de donner un conseil au Gouvernement. Il y a des barricades prises par la garde nationale et occupées par elle ; mais ces barricades ne sont pas occupées par des forces suffisantes. Il faut les mettre à l'abri d'un coup de main.

Voix nombreuses. — C'est au ministre de la guerre qu'il faut dire cela.

M. LE PRÉSIDENT. — Je propose à l'Assemblée de suspendre la séance jusqu'à demain matin huit heures.

L'Assemblée est en permanence ; la séance ne peut être levée, elle est seulement suspendue, et le bureau restera à son poste. Le fauteuil ne cessera pas d'être occupé.

MM. les représentants se retirent. Il est minuit et demi.

M. Corbon, vice-président, monte au fauteuil.

A quatre heures du matin, M. le vice-président Lafayette remplace au fauteuil M. Corbon.

Les lampes du bureau s'éteignent successivement. Sur plusieurs des bancs de la salle, quelques employés du palais, quelques gardes nationaux se sont installés pour dormir. Mais c'est la salle des conférences qui présente l'aspect le plus singulier : là, un certain nombre de représentants sont couchés sur des bancs, et se sont accommodés tant bien que mal pour dérober quelques heures aux préoccupations de la nuit et pour se préparer à des fatigues nouvelles.

Pendant ce temps, le canon et la fusillade font entendre leurs grondements lointains; aux abords du palais, les soldats bivouaquent dans les rues et sur les places; des feux sont allumés, et le repas du matin est pris à la hâte auprès des faisceaux d'armes.

La cour intérieure du palais, qui présente l'aspect d'un camp, est remplie de soldats occupés à faire une toilette matinale et à nettoyer leurs fusils.

A huit heures, la séance est reprise sous la présidence de M. Sénard.

L'Assemblée est très-nombreuse. Il n'y a qu'un petit nombre de spectateurs dans les tribunes.

M. LE PRÉSIDENT. — La séance est reprise.

Citoyens représentants, votre président doit vous faire connaître sommairement l'état des choses depuis l'heure à laquelle nous nous sommes séparés.

Toute la partie de la nuit, jusqu'à une heure même après le point du jour, on n'a attaqué ni d'une part ni de l'autre; des barricades toutefois avaient été relevées et renforcées sur plusieurs points pendant la nuit. Somme toute, dans les divers quartiers où hier il y avait eu lutte, il semble, et déjà sur plusieurs points c'est une certitude, que la lutte doit se reproduire aujourd'hui; les insurgés paraissent avoir, sur divers points, étendu leurs moyens; sur d'autres points, les mesures prescrites par l'autorité militaire ont amené une concentration telle qu'on a l'espérance, notamment dans le quartier Saint-Jacques et dans une partie du faubourg Saint-Antoine, que, d'ici à très-peu d'heures, l'insurrection sera dominée : elle est cernée par beaucoup de troupes qui exécutent des mouvements combinés d'une manière précise et vigoureuse. Toutefois il ne faut pas se dissimuler que les circonstances sont graves, et qu'il est impossible d'espérer une solution à moins d'une lutte très-énergique à laquelle est résolue l'armée, qui est dans les dispositions les meilleures, et la garde nationale, qui, en ce moment, répond sur tous les points à l'appel, et montre une considérable ardeur.

Des gardes nationales de la banlieue sont arrivées en très-grand nombre à diverses heures de la nuit, et, depuis ce matin, il en arrive encore; on nous a annoncé l'arrivée pendant la nuit de deux bataillons de la garde nationale de Versailles; on nous annonce également que d'autres gardes nationales sont en mouvement et vont arriver à diverses heures de la journée. De même le mouvement des régiments des garnisons voisines de Paris requis par le ministre de la guerre s'effectue, et, de moment en moment, les forces militaires de Paris s'augmenteront; enfin le ministre de la guerre a pris des dispositions telles que nous avons tout lieu d'espérer que la journée ne se passera pas sans que force demeure à la République. (Marques générales de satisfaction.)

Je viens, messieurs, au nom d'un grand nombre de vous, qui ont voulu que la pensée de leur président et la leur se formulassent par une déclaration émanée du président lui-même, je viens vous dire que cette pensée est que l'Assemblée réponde au dévouement que la garde nationale, que l'armée ont montré hier et qu'elles montrent encore à l'heure qu'il est; que l'Assemblée y réponde d'une manière digne d'elle, non pas en votant de ces stériles remercîments, stériles par les mots écrits dans un décret, et qui ne peuvent qu'affaiblir, quelque énergiquement que nous essayions de l'exprimer, le sentiment qui est dans nos cœurs pour ceux qui, en ce moment, versent leur sang pour la défense de la République; mais par un acte qui montre comment l'Assemblée nationale entend que chaque citoyen qui se dévoue à la République doit en être remercié. Cette pensée est celle-ci : « Que l'Assemblée déclare adopter, au nom de la République, les veuves et les enfants de ceux qui mourront en combattant pour la République. » (Acclamation universelle. — Cris : Oui! Bravo! Adopté!)

M. LE PRÉSIDENT. — J'avais l'intention, en vous proposant ou plutôt en vous soumettant cette résolution, car c'était moins une proposition de ma part que l'indication d'une résolution pour laquelle j'étais certain d'avance du sentiment unanime qui vient d'éclater, j'avais l'intention de vous proposer de nommer une commission chargée de rédiger le projet.

De toutes parts. — Non! non! à l'instant même!

Plusieurs membres au fond de la salle. — On n'a pas entendu, monsieur le président! (Agitation. — Ecoutez! écoutez!)

Un membre, siégeant au fond de la salle, se lève et s'avance au pied du bureau, et dit au président : — Nous avons interrompu, parce que nous n'avons pas entendu les derniers mots de votre proposition. Répétez-les!

M. LE PRÉSIDENT. — Je demande à l'Assemblée beaucoup de silence; elle entend combien j'ai de fatigue. Je prie ceux de mes collègues les plus rapprochés du bureau de faire en sorte que ceux qui sont éloignés puissent entendre.

J'ai dit que je soumettais à l'Assemblée une résolution d'adoption des veuves et des enfants de ceux qui sont morts en combattant pour la République. (Bravo! bravo!)

Maintenant j'ajoute qu'un de nos honorables collègues, au moment où j'allais me lever pour faire cette déclaration, c'est le citoyen Faucher, m'apporte... (Réclamations.)

M. CRÉMIEUX. — Nous avons tous des projets de décrets semblables.

Voix nombreuses. — Pas de noms propres! Toute l'Assemblée!

M. LE PRÉSIDENT. — Une résolution rédigée. Je ne l'ai pas lue. Si vous le permettez, je vais la lire, et nous allons l'apprécier.

Voix nombreuses. — Non! non! l'initiative vous en appartient au nom de l'Assemblée.

M. PASCAL DUPRAT. — Je demande que les paroles qui ont été prononcées par le président soient l'expression même de notre pensée, de notre reconnaissance, et qu'on écarte toutes les autres propositions.

De toutes parts. — Oui! oui! que le président rédige lui-même le décret!

M. LE PRÉSIDENT. — Je vais alors, pour satisfaire au vœu de l'Assemblée, lui indiquer ce que je viens de rédiger en quelques mots:

« La République adopte les enfants et les veuves de ceux qui ont succombé dans la journée d'hier et de ceux qui seront frappés encore en combattant pour sa défense. » (Oui! oui! Approbation générale.)

M. ODILON-BARROT. — « Au nom de la France reconnaissante, l'Assemblée nationale déclare adopter les enfants et les veuves de ceux qui sont morts pour sa défense. »

Voix nombreuses. — « Au nom de la République! »

De toutes parts. — Oui! oui! — Nous sommes unanimes! — Pas de division sur les mots!

M. AVOND. — Laissez donc le président seul rédiger la résolution. Point de discussion pour un pareil sujet!

M. ANTONY THOURET. — Point d'initiative personnelle! l'Assemblée veut que ce soit le président seul, au nom de tous, qui rédige la résolution. (Oui! oui!)

(Une vive animation règne dans l'Assemblée, pendant que le président rédige sur son bureau le projet de résolution.)

M. LE PRÉSIDENT. — J'ai l'honneur de soumettre à l'Assemblée la rédaction que voici de la résolution qu'elle vient d'adopter par ses acclamations:

« L'Assemblée nationale décrète :

« La République adopte les enfants et les veuves des citoyens qui ont succombé dans la journée du 23 juin et de ceux qui pourraient périr encore en combattant pour la défense de l'ordre, de la liberté et des institutions républicaines. » (Bravo! bravo!)

Je consulte l'Assemblée. Que ceux qui sont d'avis d'adopter la résolution que je viens de lire veuillent bien se lever.

(L'Assemblée tout entière se lève.)

De toutes parts. — A l'unanimité!

M. LE PRÉSIDENT. — Il n'y a pas de contre-épreuve possible quand tout le monde est debout.

Tous les représentants. — Non! non! adopté à l'unanimité!

Voix nombreuses. — L'impression et la publication immédiate!

M. LE PRÉSIDENT. — C'est bien entendu.

Voici une communication au nom d'un de nos collègues. M. de Saint-Georges, député du Morbihan, prie l'Assemblée d'agréer ses excuses s'il n'est pas à la séance de ce matin. Il est près de son fils blessé grièvement hier en défendant la République dans les rangs de la garde nationale. (Douloureuse sensation.)

M. DE LAROCHEJAQUELEIN. — Avons-nous des nouvelles de notre collègue Bixio?

M. LE PRÉSIDENT. — Nous avons eu, cette nuit, deux fois de ses nouvelles : une fois vers deux heures du matin; il avait été saigné deux fois. Son état paraissait plus satisfaisant.

Ce matin, à cinq heures et demie ou six heures, nous avons encore reçu de ses nouvelles : il y avait un mouvement fébrile considérable; cependant, quoique son état fût bien grave, il restait encore de sérieuses espérances. (Sensation.)

Voix diverses. — Et Dornès? Et les autres blessés?

M. LE PRÉSIDENT. — Nous n'avons pas eu de bulletin des autres blessés; mais, d'après les renseignements généraux qu'on nous a donnés, les blessures sont moins graves qu'on ne l'avait cru d'abord, notamment celles de nos collègues Dornès et Clément Thomas.

Plusieurs représentants. — Et le général Bedeau?

M. LE PRÉSIDENT. — Il en est de même pour le général Bedeau : sa blessure ne paraît pas grave.

On m'a parlé aussi du général Lamoricière. J'ai tout lieu de croire que le bruit d'une blessure qu'il aurait reçue est faux, ou sa blessure serait légère, car nous avons reçu de ses nouvelles, et il n'en est pas fait mention.

La séance est suspendue à neuf heures.

La séance est reprise à neuf heures trente-cinq minutes.

M. RAYNAL. — Monsieur le président, nous demandons le comité secret.

M. LE PRÉSIDENT. — Plus de cinq membres réclament le comité secret; conformément au règlement, l'Assemblée se forme en comité secret.

En conséquence, je vais donner des ordres pour faire évacuer les tribunes... (Vive émotion.)

M. D'ARAGON. — Il n'est pat exact de dire qu'il suffit de cinq membres pour le comité secret.

M. DUPIN (DE LA NIÈVRE). — Sans doute il faut que l'Assemblée vote.

Aux termes du règlement, il ne suffit pas que cinq membres aient demandé le comité secret pour qu'il ait lieu de droit.

L'Assemblée doit être consultée.

M. LE PRÉSIDENT. — C'est juste!

M. VIGNERTE. — Je demande la parole contre le comité secret.

M. LE PRÉSIDENT. — Vous voterez contre.

L'art. 48 du règlement est ainsi conçu :

« Lorsque cinq membres proposent à l'Assemblée de se former en comité secret, l'Assemblée prononce par assis et levé sans débat. »

M. MATHÉ. — Les noms des cinq membres! (Non! non! — Pas d'irritation! — Pas de personnalités!)

M. LE PRÉSIDENT. — Aucun débat ne se peut engager ni directement, ni indirectement. C'est un vote par assis et levé. (Aux voix! aux voix!)

Plusieurs membres à gauche. — L'Assemblée n'est pas complète.

M. LE PRÉSIDENT. — Citoyens, veuillez gagner vos places. (Aux voix! aux voix!)

Je consulte l'Assemblée sur sa formation en comité secret.

(Le comité secret, mis au voix, n'est pas adopté.)

M. LE PRÉSIDENT. — L'Assemblée reste en séance publique.

La parole est au citoyen Pascal Duprat pour une proposition.

M. PASCAL DUPRAT. — Ce n'est pas en mon nom particulier, c'est au nom de plusieurs de nos collègues, que je viens soumettre à la Chambre une proposition qui nous a été inspirée par la gravité des circonstances.

Les discours sont inutiles : il nous faut, aux uns et aux autres, des actes, des actes énergiques, des actes qui répondent aux besoins de la situation, et aux besoins de la République.

Voici le texte :

« L'Assemblée nationale décrète :

« *Article unique.* Paris est mis en état de siége; tous les pouvoirs sont concentrés dans les mains du général Cavaignac. »

M. LARABIT (vivement). — Je demande la parole.

M. BONJEAN. — Il y a une proposition plus complète.

M. DUPIN (DE LA NIÈVRE). — L'Assemblée n'entend pas déférer une dictature; elle n'entend pas se désister de ses droits, elle n'entend déléguer que le pouvoir exécutif. (Aux voix! aux voix!)

M. LARABIT. — J'approuve avec empressement la délégation. (Bruit. — Cris de toutes parts.) Attention, citoyens, je m'oppose à l'état de siége (Réclamations); je m'oppose à la dictature ; les lois suffisent, avec la force armée, pour rétablir l'ordre dans la cité : oui, l'énergie et le dévouement du général Cavaignac, le dévouement de la garde nationale et des troupes suffisent pour sauver la République; nous n'avons pas besoin de suspendre les lois; déléguons toute notre confiance au général Cavaignac; mais je m'oppose à l'état de siége. (Aux voix! aux voix!)

Un membre. — Allez donc voir ce qui se passe dans la rue!

M. PASCAL DUPRAT. — On me fait remarquer que ma proposition aliène les droits de l'Assemblée; ce n'est pas moi qui aurais jamais pu commettre une pareille erreur : il est bien entendu que l'Assemblée nationale ne perd rien de ses droits et de sa souveraineté; il est bien entendu qu'il ne s'agit ici que des pouvoirs exécutifs, et que, lors même que tous ces pouvoirs seront remis entre les mains du général Cavaignac, nous siégerons ici dans la majesté de notre souveraineté.

Je demande donc qu'on ajoute, pour répondre à ces scrupules, le mot *exécutifs, pouvoirs exécutifs.*

M. ANTONY THOURET. — Je ne viens pas faire de discussion; je viens vous proposer l'addition seulement de ces mots :

« L'Assemblée déclare se maintenir en permanence. »

Le reste comme la proposition du citoyen Pascal Duprat.

M. QUENTIN BAUCHART. — Voici une autre proposition que j'ai l'honneur de vous soumettre au nom d'un grand nombre de vos collègues... (Interruption.)

Vous choisirez.

« Considérant que, dans les circonstances douloureuses et graves où la patrie se trouve placée, il est du devoir de l'Assemblée nationale de prendre les mesures les plus énergiques pour faire cesser l'effusion du sang, rétablir l'ordre et assurer le salut de la République;

« Considérant que la première de ces mesures est la concentration entre les mains d'un chef militaire de tous les pouvoirs, au nom de l'Assemblée... (Non! non! — Bruit.)

« L'Assemblée nationale décrète :
« Art. 1er. La commission exécutive cesse à l'instant ses fonctions. (Oui! oui! — Non! non! — C'est de la passion!)
« Art. 2. Ces pouvoirs sont confiés au patriotisme du général Cavaignac.
« Art. 3. Le ministère actuel est provisoirement maintenu. »

M. DE LUPPÉ. — Je demande à faire une rectification au premier décret. Je propose de dire simplement :
« L'Assemblée nationale déclare Paris en état de siége, et délègue tous ses pouvoirs au général Cavaignac.

M. NACHET. — Je viens protester de toutes mes forces contre la déclaration de la mise en état de siége de Paris. J'appuie la proposition faite par M. Quentin Bauchart ; mais je fais une invocation à tous les souvenirs des hommes qui siégent dans cette Assemblée, et qui nous ont prêté leur appui en 1832 pour lutter contre la mise en état de siége de Paris. J'invoque l'autorité de mon honorable collègue Odilon-Barrot, qui est venu soutenir alors ces véritables principes, et qui aujourd'hui, apparemment, ne désertera pas une cause que nous avons soutenue ensemble à cette époque.

Un membre. — C'étaient des ordonnances alors !

M. BASTIDE, *ministre des affaires étrangères.* — Citoyens, au nom de la patrie, je vous supplie de mettre un terme à vos délibérations, et de voter le plus tôt possible : dans une heure peut-être l'Hôtel-de-Ville sera pris. (Interruptions.) On nous l'annonce à l'instant même.

M. TRÉVENEUC. — La garde nationale demande de tous côtés l'état de siége. (Oui! oui! — Réclamations!)

M. LANGLAIS. — C'est le vœu de la population tout entière.

M. LE PRÉSIDENT. — Je mets aux voix la proposition amendée, par suite des diverses observations, dans les termes que voici :
« L'Assemblée nationale décrète :
« Paris est mis en état de siége. (Vive agitation.)

Je vais lire la proposition, et puis, comme elle a deux paragraphes, que la division est demandée, et qu'elle est de droit, je mettrai les deux paragraphes aux voix l'un après l'autre.

Je lis l'ensemble :
« Tous les pouvoirs exécutifs sont délégués au général Cavaignac.
« Premier paragraphe :
« Paris est mis en état de siége » (Interruption. — Aux voix! aux voix!)

M. LARABIT, *à la tribune.* — Citoyens... (Non! non! — Aux voix!)

Un membre. — Vous faites perdre un temps précieux à l'Assemblée.

Un autre membre. — Vous ne savez donc pas qu'il y a des hommes qui demandent du renfort, et qu'il n'y a personne pour leur répondre!

(Un grand nombre de représentants viennent aux pieds de la tribune et engagent l'orateur à la quitter; les cris : A l'ordre! la clôture! se font entendre.)

M. ANTONY THOURET, *au milieu du bruit.* — Citoyen président, constatez dans le décret que l'Assemblée est en permanence, et le décret sera voté par acclamation.

M. LE PRÉSIDENT. — La clôture est demandée; je la mets aux voix!

(La clôture est prononcée.)

M. LARABIT. — Comment! on n'a donc pas le droit d'exprimer ses opinions?

(Le citoyen Larabit quitte la tribune.)

M. LE PRÉSIDENT. — Je consulte l'Assemblée paragraphe par paragraphe.

Paragraphe 1er. « L'Assemblée nationale se déclare en permanence. » (L'Assemblée se lève tout entière.)

M. LE PRÉSIDENT. — Il n'y a pas de contre-épreuve possible, puisqu'il y a unanimité.

Paragraphe 2. « Paris est mis en état de siége. »

(Ce paragraphe, mis aux voix, est adopté à une immense majorité.)

M. GERMAIN SARRUT. — Au nom des souvenirs de 1832, nous protestons contre l'état de siége. (Exclamations. — C'est voté! — A l'ordre!)

Paragraphe 3. « Tous les pouvoirs exécutifs sont délégués au général Cavaignac. »

(Le paragraphe est mis aux voix et adopté.)

M. JULES FAVRE. — Je demande la parole pour un article additionnel.

M. LE PRÉSIDENT. — Le citoyen Jules Favre demande la parole pour une disposition additionnelle. Il a la parole.

M. JULES FAVRE. — Citoyens, je vous propose un article additionnel ainsi conçu :

« La commission exécutive cesse à l'instant ses fonctions. » (Mouvements divers.)

De toutes parts. — Assez! assez! — Aux voix!

M. JULES FAVRE. — Laissez-moi m'expliquer. (Non, non! — Aux voix!)

(Beaucoup de membres entourent la tribune, et engagent le

citoyen Favre à ne pas insister. — Le citoyen Favre descend de la tribune.)

M. DUCLERC, *ministre des finances.* — Un mot seulement.

Citoyens vous venez de voter une mesure de salut public, je vous demande de ne pas voter une rancune. (Très-bien ! — Aux voix ! aux voix !)

De toutes parts. — La clôture !

M. LE PRÉSIDENT. — Je consulte l'Assemblée sur la clôture.

(L'Assemblée, consultée, prononce la clôture.)

M. LE PRÉSIDENT. — Je mets aux voix l'article additionnel qui vient d'être proposé par le citoyen Jules Favre.

(L'article additionnel est mis aux voix et n'est pas adopté.)

M. LE PRÉSIDENT. — Je consulte l'Assemblée sur l'ensemble du décret.

(L'ensemble du décret est mis aux voix et adopté.)

M. LE PRÉSIDENT. — Le décret va être immédiatement imprimé, affiché, placardé et distribué.

M. FLOCON, *ministre de l'agriculture et du commerce.* — Je demande, en outre, qu'à l'instant même communication du décret soit donnée au nom de l'Assemblée nationale dans toutes les mairies, et sur tous les points de rassemblement de la garde nationale.

De toutes parts. — Oui ! oui ! — Très-bien !

M. LE PRÉSIDENT. — Un mot, citoyens.

Hier, une proposition avait été faite d'envoyer des députations de représentants sur les divers points. Cette proposition a été écartée, l'Assemblée devant, en tant qu'Assemblée, demeurer toujours à son poste pour délibérer. Cependant quelques dévouements individuels de plusieurs de nos collègues n'ont pas pu être arrêtés, et en effet, l'action individuelle ne peut se trouver atteinte par les résolutions de l'Assemblée comme Assemblée.

Je dois maintenant faire savoir que sur plusieurs points aujourd'hui encore, pour la garde nationale surtout, la présence de quelques représentants individuellement, l'Assemblée restant d'ailleurs en place, peut avoir une utilité morale réelle. (Oui ! oui !) Je n'ai rien autre chose à dire.

M. FLOCON, *ministre du commerce et de l'agriculture.* — Pardon ! je demande la parole.

Je demande que la communication dont je viens de parler soit faite au nom de l'Assemblée nationale par des membres de l'Assemblée nationale, investis de cette mission par l'Assemblée nationale elle-même; ou bien, si elle veut, par son président. (Mouvements divers.) Les bonnes volontés ne manqueront pas. (Non ! non ! — Très-bien !)

M. DE LUPPÉ. — Je demande que les noms des membres de l'Assemblée soient tirés au sort (Exclamations), afin que ce soit l'Assemblée tout entière qui agisse, et non pas des membres en particulier. (Bruit.)

M. LE PRÉSIDENT. — Je ne peux pas mettre aux voix une proposition qui serait contraire à la résolution arrêtée hier par l'Assemblée. (Si! si! — Pourquoi?) J'ai dû me borner tout-à-l'heure à une simple indication de l'état des choses; rien ne doit être fait ni dit au delà. (Réclamations.)

M. ANTONY THOURET. — On demande que vous désigniez des citoyens représentants pour aller publier le décret de l'Assemblée. C'est là la proposition du citoyen ministre du commerce.

M. LE PRÉSIDENT. — Tous les représentants...

M. ANTONY THOURET. — Tout le monde ira, si vous ne désignez personne, ou si on ne tire pas au sort! (Agitation.)

Un représentant. — Il faudrait cinq commissaires pour chacune des douze légions. Il serait bon de les tirer au sort. (L'agitation continue.)

M. WOIRHAYE. — Toute la garde nationale désire voir les représentants.

M. LAUSSEDAT. — C'est moi qui ai dit hier que l'Assemblée était une et qu'elle devait être indivisible. Aujourd'hui je maintiens le même principe. Puisqu'il y a péril dans la rue, il faut qu'aucun de nous ne recule devant ce péril. (Non! non!)

Mais si tout le monde est abandonné à ses inspirations, nous irons tous.

Je demande donc que les noms de soixante représentants soient tirés au sort, et pas un, j'en suis sûr, ne reculera devant le danger. (Non, non!)

M. LE PRÉSIDENT. — De toutes les propositions qui sont faites, il y en a une qui, je l'avoue, à cause des différences d'âge, de position et de profession, me paraît impossible : c'est la voix du sort.

Permettez-moi, maintenant, de vous en proposer une autre.

Nous n'avons pas de discussions urgentes en ce moment; que l'Assemblée se retire dans les bureaux, et que dans chaque bureau quatre représentants, quatre commissaires, soient désignés.

Une voix. — Ce n'est pas assez.

Une autre voix. — Si! c'est assez, cela fait soixante, c'est assez!

M. FRESNEAU. — Comme le plus jeune membre de l'Assemblée, je demande que ce soient les jeunes hommes de l'Assemblée qui peuvent porter les armes, qui n'ont ni femmes ni enfants. (Explosion de murmures; vives interruptions.)

M. MARIE (DES CÔTES-DU-NORD). — L'âge n'y fait rien; nous réclamons tous l'honneur de mourir pour la patrie. (Bruit; interruption.)

M. LE PRÉSIDENT. — Vous oubliez, citoyens, ce que valent les minutes; j'invite l'Assemblée à se retirer dans les bureaux.

M. LAGRANGE. — Je proteste contre l'état de siége, c'est la violation de la fraternité.

M. GERMAIN SARRUT. — Nous, les victimes de l'état de siége en 1832, nous protestons de toute l'énergie de notre conscience contre l'état de siége de 1848.

M. BUVIGNIER. — Je me joins pour ma part, de tout cœur, à cette protestation.

M. CONSIDÉRANT. — En votant le décret sur l'état de siége, en investissant un militaire de tous les pouvoirs exécutifs, vous avez pris la mesure la plus énergique.

Je demande que, comme parallèle, vous fassiez une proclamation qui permette aux membres de l'Assemblée, non-seulement de représenter le principe de l'ordre, mais encore de parler de pacification au peuple. (Vive agitation.)

Une voix. — Quand les barricades seront prises.

(L'Assemblée se retire dans ses bureaux; les colloques les plus animés s'établissent entre les membres de la gauche, qui restent à leurs places, et les autres membres de l'Assemblée, qui se retirent dans les bureaux. La séance est suspendue pendant quelques instants.)

(A dix heures et demie, la séance est reprise sous la présidence du citoyen Sénard.)

M. LE PRÉSIDENT. — Je reçois à l'instant un message de la commission exécutive dont je dois donner communication à l'Assemblée; les membres présents le diront à ceux qui ne le sont pas :

« Citoyen président,

« La commission du pouvoir exécutif aurait manqué à la fois à ses devoirs et à son honneur en se retirant devant une sédition et devant un péril public; elle se retire seulement devant un vote de l'Assemblée.

« En remettant les pouvoirs dont vous l'aviez investie, elle rentre dans les rangs de la représentation nationale, pour se dévouer avec vous au danger commun et au salut de la République. (Très-bien! très-bien!)

« *Les membres de la commission du pouvoir exécutif,*
  « F. ARAGO, LEDRU-ROLLIN, GARNIER-PAGÈS, LAMARTINE, MARIE.

« *Le secrétaire,* PAGNERRE. »

Le général Cavaignac indique aux membres de l'Assemblée qui veulent se rendre dans les divers quartiers de la capitale les dispositions que voici :

Les membres de l'Assemblée pourront, chemin faisant ou autrement, se mettre en rapport avec les maires, les gardes nationaux, etc., et là dire tout ce que leur conscience et leur patriotisme leur dicteront.

En outre, ils sont priés de se réunir pour agir d'une manière définitive aux trois points que voici : au quartier général du général Lamoricière, porte Saint-Denis; au quartier général du général Duvivier, Hôtel-de-ville; au quartier général du général Damesme, place de la Sorbonne.

Ainsi trois points : porte Saint-Denis, Hôtel-de-Ville, place de la Sorbonne.

J'invite les membres qui sont désignés par leurs bureaux à se revêtir de leur écharpe...

Plusieurs représentants. — Nous n'en avons pas.

M. LE PRÉSIDENT. — Demandez-en à la questure, vous en aurez.

J'invite donc MM. les représentants à se concerter pour se réunir par tiers à peu près sur les trois points indiqués : porte Saint-Denis, place de l'Hôtel-de-Ville, place de la Sorbonne.

M. DE LAROCHEJAQUELEIN. — Le 6e bureau a refusé de nommer des commissaires. (Mouvement en sens divers.)

M. LE PRÉSIDENT. — S'il y a des bureaux qui n'ont pas nommé de commissaires, il en résulte que le droit individuel des membres de ces bureaux demeure entier. (C'est cela! — Très-bien!)

J'invite les commissaires à se réunir à la salle des conférences... (Oui! oui!)

Plusieurs membres. — Au 11e bureau!

M. LAGRANGE. — Un mot, un seul mot. Vous savez, citoyens, que je n'ai jamais en rien cherché à troubler vos réunions (Non! non!) Vous savez que j'ai fait tout ce que j'ai pu pour que l'union fût complète parmi vous; vous savez que j'aurais été tout prêt à aller me jeter au milieu des hommes du peuple, de mes camarades des barricades, pour leur dire : « Union ! union ! »

Mais, maintenant, je ne puis plus venir dire : « Nous sauverons vos enfants, » parce que vous venez de pousser le cri de guerre. (Rumeurs.)

Que vos consciences soient légères ! Quant à moi, vous ne me trouverez pas au milieu de la guerre civile, ni d'un côté, ni de l'autre. Je ne veux pas me mêler à ceux qui combattent frères contre frères.

Plusieurs membres. — On attaque; il faut bien se défendre!

M. LAGRANGE. — Citoyens, je proteste au nom de la France contre l'état de siège, contre la guerre civile. (Bruit et agitation.)

Voix nombreuses. — Suspendez la séance, M. le président, puisqu'il n'y a rien à faire.

M. LE PRÉSIDENT. — La séance est suspendue.

(Il est dix heures trois quarts.)

La séance est reprise à une heure moins un quart.

M. LE PRÉSIDENT. — La parole est au citoyen Duclerc.

M. DUCLERC, *ministre des finances.* — Citoyens, je suis envoyé vers vous par le chef du pouvoir exécutif. On vient de l'avertir d'un bruit qui s'était répandu parmi vous.

On vous aurait dit que, pour la défense des divers points de la capitale, les environs de l'Assemblée nationale avaient été dégarnis dans une certaine proportion. (Non! non!) Le fait est inexact; le général Cavaignac maintient autour de l'Assemblée toutes les forces nécessaires à sa défense.

Je suis également chargé de vous annoncer que, bien que l'insurrection combatte avec une très-grande énergie, les dernières nouvelles que nous avons reçues sont des plus rassurantes.

La place Maubert a été enlevée, vous le savez peut-être, par la garde mobile, avec une très-grande énergie et un élan admirable. Les barricades des rues environnantes ont également été enlevées par la garde mobile et la troupe de ligne.

Dans ce moment, les insurgés sont refoulés vers l'entrepôt des vins et de la rue Saint-Victor.

Plusieurs représentants. — Et l'Hôtel-de-Ville!

LE MINISTRE DES FINANCES. — L'Hôtel-de-Ville est couvert par quatorze bataillons, qui sont commandés par le général Duvivier.

(La séance est suspendue de nouveau à une heure moins dix minutes.)

UNE HEURE ET UN QUART.

M. LE PRÉSIDENT. — Citoyens représentants, je suis heureux d'avoir à vous annoncer la nouvelle qui vient de nous être transmise en ces termes :

« Citoyen président,

« J'ai l'honneur de vous annoncer que le Panthéon vient d'être repris après une vive canonnade. Le citoyen Boulay (de la Meurthe), qui y est entré à la tête d'une colonne de la troupe de ligne et de la garde nationale, a bien voulu me prendre à ses côtés pour vous l'apprendre.

« DOZERY,
« *Elève de l'école normale.* »

J'annonce en même temps à la Chambre que la barricade qui avait été élevée à la place Maubert a également été complétement détruite.

Le citoyen Douesnel a la parole.

M. DOUESNEL (l'un des représentants désignés pour se rendre sur les différents points de la capitale). Citoyens, nous n'avons à vous rendre compte que de l'effet produit par la démarche dont nous avait chargés l'Assemblée nationale. Nous n'avons pas à nous occuper des opérations stratégiques auxquelles nous sommes à-peu-près étrangers, et qui ne pourraient intéresser la Chambre, attendu que les renseignements, d'après la source d'où ils émaneraient, manqueraient d'autorité en semblable matière; mais nous pouvons vous dire que partout où nous avons passé, nous avons été accueillis par des cris unanimes de *Vive l'Assemblée nationale! vive la République!* que partout l'annonce du décret qui venait de déclarer Paris en état de siège et d'investir du pouvoir exécutif le général Cavaignac a été accueilli avec l'expression de la joie la plus vive; que partout, également, il faut le dire, la démission de la commission exécutive a été reçue avec le même enthousiasme (Mouvement); qu'enfin cet enthousiasme a été à son comble alors que nous avons dit, au nom de l'Assemblée nationale, que la République adoptait les enfants et les veuves de tous les gardes nationaux morts dans la journée d'hier ou qui pourraient succomber pour la défense de l'ordre et de la liberté.

Le général Lamoricière, près duquel nous nous sommes rendus, tenait au faubourg du Temple; une lutte était engagée dans la rue Saint-Nicolas et la rue du Temple. Dans la rue Saint-Nicolas, une fusillade assez vive existait; les insurgés s'étaient retranchés dans une maison où ils étaient vigoureusement attaqués.

Le général Lamoricière paraissait désirer du renfort. En revenant, nous avons rencontré ce renfort qui se rendait près de lui en toute hâte. Maintenant nous avons complète tranquillité sur ce point.

Quant à la fusillade engagée dans la rue du Temple, elle nous a paru beaucoup moins intense que celle de la rue Saint-Nicolas.

M. LE PRÉSIDENT. — Si personne ne demande la parole, la séance va être suspendue.

UNE HEURE QUARANTE MINUTES.

Quelques-uns des représentants délégués auprès des maires de Paris rentrent dans la salle des délibérations.

M. LE PRÉSIDENT (au citoyen Raynal, l'un des délégués). — Citoyen, accomplissez votre mission.

M. RAYNAL. — Citoyens représentants, chargés par le sixième bureau de nous rendre dans quelques mairies, afin de pouvoir vous rapporter un compte exact de la situation de Paris, nous avons accompli notre mission; je viens vous en faire connaître les résultats.

La consternation règne dans la cité; les boulevards et les rues que nous avons parcourus sont déserts; nous avons été accueillis partout par la garde nationale qui se pressait sur notre passage avec le plus grand enthousiasme aux cris de : *Vive l'Assemblée nationale! vive la République!* La population et la garde nationale nous ont chargés de vous dire qu'elles sont toutes unanimes pour consacrer tous leurs efforts à la conservation de la République que vous avez fondée en Février.

Jusqu'au boulevard Saint-Denis, l'ordre le plus complet règne partout; au boulevard Saint-Denis, la fusillade se fait entendre du côté du faubourg ; dans la partie du faubourg du Temple, la fusillade est assez nourrie.

Dans la rue Vendôme, les gardes nationaux, qui n'étaient qu'en petit nombre ce matin, arrivent avec une affluence extraordinaire. A l'heure où nous sommes, la barricade qui se trouve à l'angle de la rue Boucherat sera probablement enlevée. Les munitions leur manquaient dans la matinée; un ordre, je crois du général Lebreton, je ne sais pas quel est ce général...

Un membre. — C'est le représentant.

M. RAYNAL. — Ordre a été donné de délivrer toutes les cartouches appartenant à la mairie. L'enthousiasme est complet; les insurgés qui se trouvaient dans la rue du Temple, près de la rue Notre-Dame-Nazareth, ont été refoulés jusqu'à la rue de la Corderie. Encore quelques moments, quelques heures, peut-être, et l'ordre renaîtra dans ce quartier. Les décrets que vous avez rendus ont été accueillis avec le plus grand enthousiasme ; tout le monde n'a poussé qu'un cri, ce cri dont nous venons et dont nous devons nous faire l'écho : *Vive la République! la République ne peut pas, ne doit pas périr!* (Vive adhésion.)

M. DE DAMPIERRE. — Je viens d'apprendre d'un colonel qui arrive à l'instant que quinze cents insurgés ont mis bas les armes place du Panthéon. Je m'empresse d'annoncer cette nouvelle à l'Assemblée. (Marque de satisfaction.)

DEUX HEURES ET DEMIE.

M. LE PRÉSIDENT. — La parole est au citoyen de Beaumont (de la Somme).

M. DE BEAUMONT (DE LA SOMME). — Chargé par l'Assemblée d'entrer en communication avec les autorités établies à l'Hôtel-de-Ville, le général Duvivier, le maire de Paris et le général Rey, nous sommes arrivés; nous avons trouvé sur notre passage beaucoup de gardes nationaux auxquels nous avons communiqué les deux décrets que l'Assemblée a rendus : à savoir, le décret sur la mise en état de siége de Paris, la délégation au général Cavaignac du pouvoir exécutif, et le décret sur l'adoption par la République de tous les enfants des braves morts pour la liberté et la République. L'annonce de ces deux décrets a excité un très-grand enthousiasme. Les cris de : *Vive l'Assemblée nationale! vive la République!* ont retenti sur notre passage. Arrivés à l'Hôtel-de-Ville, nous sommes entrés en communication, ainsi que notre délégation le voulait, avec le général Duvivier. Nous avons trouvé les abords de l'Hôtel-de-Ville fort tranquilles. On attaquait, au moment où nous étions-là, les barricades près de la place Maubert. Avant notre départ, nous avons su qu'elles étaient enlevées. Plusieurs insurgés ont envoyé des parlementaires au général Duvivier pour demander des conditions et mettre bas les armes. Le général Duvivier leur a expliqué ce que voulait l'Assemblée nationale, le pouvoir exécutif, la République elle-même. Les parlementaires ont pris l'engagement de rapporter à leurs camarades insurgés les paroles du général, et ils se sont engagés à leur faire mettre bas les armes. Nous sommes partis avant les résultats de cette espèce de négociation. Nous avons laissé sur les lieux quatre de nos collègues qui auront à vous rendre compte des suites de ces ouvertures. Nous nous sommes partagés en deux parties, nous étions seize membres. Une partie de nous s'est portée sur le 6e arrondissement, le 5e et le 4e; l'autre, dont je faisais partie, sur le 3e, le 2e et le 1er.

Partout nous avons proclamé ces deux décrets, partout nous avons été reçus avec enthousiasme; partout nous avons rencontré le concours très-empressé, non-seulement de tous les citoyens de Paris, mais encore de l'armée et de la garde nationale mobile.

Seulement je dois vous dire que la garde nationale mobile, sur plusieurs points, est depuis plus de trente-six heures sous les armes, qu'elle est très-fatiguée, et qu'il serait bon qu'elle fût relevée momentanément.

Plusieurs voix. — Cela regarde le général Cavaignac.

M. DE BEAUMONT (DE LA SOMME). — Je le dis ici, non pas pour que l'Assemblée nationale prenne des mesures, mais pour que le président, qui m'entend, puisse le communiquer au général Cavaignac. (Comme renseignement!) Comme renseignement.

Je n'étais chargé de vous faire de rapport que sur cette partie de notre mission.

Probablement nos autres collègues viendront incessamment vous rendre compte de l'autre partie de la mission, et vous apporteront des renseignements aussi rassurants.

M. LE PRÉSIDENT. — La parole est au citoyen Favart.

M. BONJEAN, *de sa place*. — Je demande à ajouter un mot d'explication. (Interruption.) Ce n'est qu'un mot à ajouter au rapport que l'Assemblée a reçu ; c'est pour désigner à sa reconnaissance et à son admiration... (On n'entend pas !)

M. VICTOR LEFRANC. — Je crois qu'il serait convenable de faire ces rapports au président ; car il peut être quelquefois donné connaissance de choses qu'il vaudrait mieux dire au tuyau de l'oreille.

M. BONJEAN. — Je crois, citoyens, que ce que j'ai à vous dire ne doit pas être dit dans le tuyau de l'oreille, mais doit être proclamé bien haut comme un des faits les plus héroïques dont l'histoire fasse mention. Le voici en deux mots ; tout développement affaiblirait ce qu'il y a de magnifique dans l'action que je vais vous raconter.

Un ancien soldat, décoré de la Légion-d'Honneur, se trouvait dans les rangs de la garde nationale avec son fils aîné.

Le fils est frappé d'une balle ; le père le prend dans ses bras pour l'emporter chez lui ; au même instant une seconde balle arrive et frappe le jeune homme de mort. Que fait le père ? Il va chercher son second fils et lui remet dans les mains le fusil de son frère aîné qui vient d'être tué.

Le nom de cet héroïque citoyen est Leclerc, de la 3e légion.

M. FAVART. — Citoyens, je viens vous faire le rapport de ce que j'ai vu avec quelques-uns de mes collègues.

Après la décision prise par les bureaux, nous nous sommes réunis au nombre de vingt ou vingt-cinq pour nous transporter à l'état-major du général Lamoricière.

Nous avons parcouru, au milieu de deux pelotons de la troupe de ligne, tous les boulevards jusqu'à la porte Saint-Denis ; partout... (Interruption.)

Une voix. — Nous connaissons ce fait. (Non ! — Parlez !)

M. FAVART. — Partout nous avons trouvé la garde nationale et la troupe de ligne dévouées à la défense de la République et de l'ordre (Très-bien !)

Arrivés auprès du général Lamoricière, nous nous sommes divisés. Deux de mes honorables collègues, les citoyens Dufour, Dupont (de Périgueux) et moi, nous avons parcouru la rue Saint-Denis dans toute sa longueur. Nous avons visité et harangué tous les postes de la garde nationale et de la troupe de ligne. Nous avons trouvé dans tous les cœurs le même enthousiasme, le même dévouement à l'ordre et à la République. (Très-bien !)

Nous voulions pénétrer dans la rue Saint-Martin ; mais les gardes nationaux s'y sont opposés, parce que, dans cette rue, ils entendaient retentir de temps en temps, à des intervalles très-rares, des coups de fusil, et c'est en quelque sorte de vive force que les gardes nationaux nous ont empêchés de pénétrer dans cette rue.

Nous avons parcouru la rue Mauconseil. Là, nous avons trouvé le même enthousiasme et le même dévouement. Nous sommes arrivés à la pointe Saint-Eustache, en face de la rue Rambuteau. Là, une barricade était établie; la garde nationale et la troupe de ligne étaient toutes dévouées pour l'enlever. Je me suis acquitté d'une mission particulière dont je n'ai pas à rendre compte à l'Assemblée, car il y a des choses que l'on ne doit pas lui annoncer; mais j'en ai rendu compte au président et au général Cavaignac.

Nous avons visité tous les postes; ils sont tous décidés à s'ensevelir sous les ruines de Paris pour la défense de l'ordre et de la République.

Vous êtes sûrs de trouver dans la garde nationale et dans la troupe de ligne un dévouement sublime; rien ne pourra les épuiser; ils disent qu'ils resteront à leur poste le jour et la nuit, et que les décrets que l'Assemblée nationale a rendus sont pour elle, sont pour tous, une garantie du dévouement de l'Assemblée à la République et du dévouement de tous à l'ordre et à la liberté.

M. LE PRÉSIDENT. — La parole est au citoyen Laboulie.

M. LABOULIE. — Citoyens représentants, j'avais l'honneur de faire partie du détachement des représentants qui est allé rejoindre le général Lamoricière. Il m'a été donné pour mission de parcourir toutes les rues depuis la rue de Cléry jusqu'à la place du Caire, occupée par des détachements de la 5e légion de la garde nationale. J'ai parcouru tous ces quartiers, j'ai parlé à la 5e légion, j'ai harangué les détachements, j'ai fait connaître tous vos décrets, je n'ai qu'un mot à dire, ce mot n'étonnera personne : c'est qu'ils sont prêts à faire leur devoir et à mourir pour la patrie. (Sensation.)

M. LE PRÉSIDENT. — La parole est au citoyen Culmann.

M. CULMANN. — J'ai parcouru aussi différentes rues, j'ai voulu me transporter sur l'un des points d'attaque, à la place Maubert. Il y avait une vingtaine de barricades qui ont été enlevées depuis ce matin par le 18e de ligne, la garde mobile et la garde républicaine; la conduite de ces trois corps est admirable. Il y a eu des pertes considérables, quarante hommes sur cent trente (Profonde sensation), et cette perte cruelle n'a pas ralenti l'ardeur de ceux qui restent.

Toute la Cité maintenant est tranquille, la place Maubert est entièrement occupée; une première barricade barrait la rue de la Montagne, cette barricade a été enlevée; la garde républicain s'est avancée au pas de charge et l'a enlevée avec une fermeté et un enthousiasme admirables, aux cris de *vive la République!*

Je crois qu'il est utile de propager parmi vous une manière d'attaque que je puis indiquer au Gouvernement exécutif..... (Vive interruption.)

Plusieurs représentants. — Donnez ces renseignements au ministre de la guerre (Oui! oui!). On doit rapporter les faits, et non pas les discuter.

M. CULMANN. — En un mot, vous pouvez être parfaitement tranquilles sur la situation; il n'y a pas le moindre danger. Partout le même enthousiasme pour la liberté et pour la République.

M. D'ARAGON. — Je demande qu'on communique d'abord au président les rapports qui doivent être faits à l'Assemblée. Il peut se faire que des députés répètent à plusieurs reprises ce qui aura été dit par un autre représentant. C'est inutile, et d'ailleurs il ne sera dit ainsi que ce qui doit être su par l'Assemblée.

M. CHARAMAULE. — Je n'ai rien à répéter; je viens compléter seulement par le récit d'un fait honorable pour la garde mobile ce qui vous a été raconté tout à l'heure touchant l'enlèvement de la barricade de la place Maubert.

Un membre. — Dites-le au président.

M. CHARAMAULE. — Je le lui ait déjà dit.

La barricade de la place Maubert a été enlevée, et, sur cette barricade, le drapeau de l'insurrection.

Oudart, du 18ᵉ bataillon de la garde mobile, a lui-même arraché le drapeau de cette barricade, et sur ce drapeau était inscrit : 13ᵉ *barricade des ateliers nationaux, école centrale.* Au milieu, sur la zône blanche, le drapeau était souillé d'un bonnet rouge. (Mouvements divers.)

M. D'ARAGON. — Monsieur le président, je demande que vous veuillez mettre aux voix ma proposition.

M. HOVYN-TRANCHÈRE. — Je viens appuyer la proposition faite par le citoyen d'Aragon. En effet, chargés de la mission qui nous avait été confiée, nous nous sommes transportés au sixième arrondissement, et les faits parvenus à notre connaissance, dès notre arrivée dans cette assemblée, nous les avons transmis à M. le général Cavaignac et à M. le président. Là, suivant moi, se bornait notre devoir, et c'est ce que nous avons fait. (Très-bien!)

M. DEMESMAY. — Je suis heureux de pouvoir annoncer à l'Assemblée que l'état de notre honorable collègue Bixio continue à être aussi rassurant que possible, malgré la gravité de sa blessure. Je viens de le voir et de lui rapporter l'intérêt profond dont il est l'objet de la part de l'Assemblée. Il m'a chargé d'être auprès de vous l'interprète de sa gratitude.

M. LE PRÉSIDENT. — La parole est au citoyen ministre des finances.

M. DUCLERC, *ministre des finances.* — Messieurs, j'ai à donner à la Chambre une explication personnelle. C'est un peu délicat; je sollicite la bienveillance de l'Assemblée.

Lorsque vous avez confié le pouvoir exécutif au général Cavaignac, le général nous a fait appeler; il m'a demandé mon concours, je lui ai répondu : « Général, je suis à l'Assemblée nationale et à vous jusqu'à la fin de la bataille. Quand la bataille sera finie, je demanderai la permission de reprendre ma liberté. » (Très-bien!)

M. JEAN RAYNAUD. — Tous les ministres ont déclaré la même chose.

TROIS HEURES UN QUART.

Le citoyen Lacrosse, vice président, remplace le citoyen Portalis, vice-président, au fauteuil.

M. DEGOUSÉE. — Un chasseur de la 11ᵉ légion, le citoyen Belin, me remet de la part du docteur Gerdy la note que voici :

« Le représentant Bixio est dans un état satisfaisant. J'ai extrait la balle ainsi que le drap qui pouvait l'envelopper ; il y a grande espérance. »

Sachant tout l'intérêt que nous portons à notre collègue et ami, j'ai cru devoir vous annoncer cette bonne nouvelle. (Mouvement de satisfaction.)

M. LE PRÉSIDENT. — J'ajouterai un renseignement que l'Assemblée entendra avec satisfaction. Il y a trois quarts d'heure, j'étais auprès du lit du général Bedeau. La blessure qu'il a reçue, en combattant pour la République, est grave; mais elle ne laisse aucune inquiétude pour sa vie, et dans peu le brave général Bedeau pourra reprendre ses travaux de représentant, et servir ensuite la patrie partout où la patrie l'appellera à l'honneur de verser son sang pour elle. (Très-bien! très-bien!)

Voix nombreuses. — Et Dornès?

M. DESESSART. — Nous avons eu des nouvelles positives de M. Dornès par un de ses amis qui vient de le quitter. Il a reçu une balle dans le haut de la cuisse. Bien que la balle ait traversé l'os, on nous a assuré qu'elle n'avait attaqué aucune partie essentielle, et la situation dans laquelle il est est aussi satisfaisante que possible. On ne conçoit pas d'inquiétude pour sa vie. (Vif mouvement de satisfaction.)

SIX HEURES.

M. LE PRÉSIDENT. — Aucune communication n'est parvenue au président de l'Assemblée, si ce n'est l'annonce déjà réalisée de l'arrivée de la garde nationale de Rouen. Cette annonce était ainsi conçue :

« Neuf cents hommes de Rouen se mettent en route à midi. »
Cette force vient d'arriver à Paris.

M. FAVART. — La garde nationale d'Amiens est arrivée également avec une compagnie d'artillerie et une compagnie de sapeurs-pompiers.

Voix diverses. — Rouen! Amiens! Poissy! Beauvais! Clermont (Oise) et beaucoup d'autres!

M. LANDRIN. — Il y a plus de sept mille gardes nationaux de Seine-et-Oise d'arrivés!

M. LE PRÉSIDENT. — Toutes les populations rivalisent de zèle pour défendre la République et se grouper autour de l'Assemblée nationale.

Il n'est pas étonnant que nous ne fassions pas l'énumération de toutes les gardes nationales dont les drapeaux viennent se joindre aux drapeaux de la garde nationale de Paris.

Je le répète, aucune autre communication n'est parvenue au bureau. (La séance est suspendue.)

SIX HEURES DIX MINUTES.

M. LE PRÉSIDENT. — Tous les renseignements qui nous sont parvenus donnent l'assurance qu'avant peu la victoire contre l'anarchie sera complète.

Dans cette situation, nous devons vous engager à vous réunir à huit heures; c'est l'heure où les rapports des opérations qui termineront cette soirée devront être parvenus au Gouvernement, et alors il sera possible d'en donner communication à l'Assemblée.

(La séance est suspendue.)

La séance est reprise à huit heures du soir.

M. Portalis, vice-président, est au fauteuil.

M. LE PRÉSIDENT. — La parole est au citoyen Babaud-Laribière pour faire une communication.

M. BABAUD-LARIBIÈRE. — Messieurs, je suis chargé par M. le général Lamoricière de communiquer quelques nouvelles importantes à l'Assemblée. J'ai été rencontré, à la hauteur du passage de l'Opéra, par un aide-de-camp du général Lamoricière, qui demandait que, s'il y avait quelques troupes disponibles pour la soirée, on les fit marcher de ce côté...

Un membre à gauche. — C'est au ministre de la guerre...

(Vives réclamations.)

M. BABAUD-LARIBIÈRE. — Ce sont des nouvelles rassurantes; si l'Assemblée ne désire pas les entendre...

Voix nombreuses. — Si! au contraire; parlez!

M. BABAUD-LARIBIÈRE. — J'avais l'honneur de dire à l'Assemblée qu'à l'entrée du passage de l'Opéra, j'avais rencontré un officier d'ordonnance du général Lamoricière, qui l'envoyait demander du renfort, non pas qu'il en eût besoin immédiatement, mais pour les éventualités de la nuit et pour la matinée de demain. J'ai rencontré en ce moment un de nos collègues qui arrivait avec deux ou trois bataillons de la garde nationale d'Amiens. Nous nous sommes rendus alors auprès du général Lamoricière, que nous avons trouvé à la hauteur du Château-d'Eau, accompagné de notre collègue M. Ducoux.

Une fusillade très-vive était engagée dans les deux rues adjacentes. A ce moment arrivait la garde nationale d'Amiens, conduite par le représentant Parion, maire d'Amiens, et que le général a cantonnée au Château-d'Eau, en annonçant l'intention où il était de cerner les barricades cette nuit, et de remettre leur attaque à demain.

Voici maintenant ce qu'il y a de très-rassurant. M. Dumesnil, commandant chargé par le général Lamoricière du commandement de la porte Saint-Denis et des quartiers adjacents, annonce que la rive droite est entièrement libre, que les événements du faubourg Saint-Denis sont complètement terminés; qu'en ce moment même, le 6e arrondissement demandait à capituler; que le boulevard Beaumarchais ne présente plus aucune difficulté, et qu'il ne restera pour la matinée de demain que le faubourg Saint-Antoine et une partie du Marais.

Ce qu'il y a de consolant, c'est que partout, sur tous les points, la population, l'armée et la garde nationale n'ont qu'un double cri, mais un cri spontané, celui de : *Vive la République! vive l'Assemblée nationale!* (Très-bien!)

M. VALETTE (DU JURA). — La garde nationale du 10e et du 11e arrondissement ont partout accueilli avec le plus vif enthousiasme votre décret sur la mise en état de siège de Paris.

J'ai assisté, avec mes collègues MM. Boulay (de la Meurthe), Turck, Desabes et Lemaire (du Nord), qui l'accompagnaient comme commissaires, à la prise du Panthéon. Vous avez su cela par une lettre, et, si je prends la parole, c'est pour remplir un devoir que j'ai accepté.

A l'enlèvement d'une barricade de la rue de l'Estrapade, près de la rue de Fourcy, j'ai vu tomber le commandant de la garde mobile, le général Damesme. Il fut transporté immédiatement dans la cour d'une maison voisine. J'avais mon écharpe, je me suis approché de lui; il était sur un matelas; je lui dis que je lui serrais la main au nom de l'Assemblée nationale (Bravo!)

Il eut un moment de défaillance. On lui fit l'opération, on retira la balle qu'il avait reçue dans la cuisse; et, comme il revenait à lui, il me chercha. Il ne me connaissait pas du tout, il demanda à me serrer de nouveau la main. Je lui demandai comment il se trouvait. Il me répondit par le cri de : *Vive la*

République ! (Bravo !), et il ajouta : « Je vous prie de faire connaitre à l'Assemblée la manière dont j'ai rempli mon devoir. »

Effectivement, il avait toujours marché en avant, donnant l'exemple à la garde nationale mobile. (Très-bien ! très-bien !)

J'ai cru que c'était un devoir que j'avais à accomplir auprès de l'Assemblée. (Mouvement d'approbation.)

Un membre. — Il a bien mérité de la patrie. (Oui ! oui !)

M. VALETTE. — Je dois ajouter à l'Assemblée, tout le monde le sait du reste, que la garde nationale mobile s'est conduite d'une manière admirable (Oui ! oui !), ainsi que la garde sédentaire et l'armée. Je dois ajouter aussi que j'ai vu la garde républicaine à cheval faisant le service à pied avec le plus grand zèle et la plus grande ardeur, mêlée dans les rangs de la garde nationale. (C'est vrai ! c'est vrai !)

Plusieurs représentants. — Quelle est la blessure du général de la garde nationale mobile ?

M. VALETTE. — Il n'y a pas de fracture. La balle s'est engagée dans les chairs.

M. LE PRÉSIDENT. — On n'a pas de nouvelles, du moins que je sache, du citoyen Dornès.

M. LAROCHEJAQUELEIN. — La blessure n'est pas grave.

M. LE PRÉSIDENT. — Quant au citoyen Bixio, le citoyen Gerdy, notre collègue, nous a donné des nouvelles très-rassurantes.

Un représentant. — Et le général Bedeau ? on le dit blessé.

M. LE PRÉSIDENT. — La blessure n'était pas très-grave.

Plusieurs voix. — Et le général Thomas ?

M. LAUSSEDAT. — Je puis donner à l'Assemblée des nouvelles du citoyen Clément Thomas. Je l'ai visité comme médecin : sa blessure a été faite par un fragment de balle qui a traversé la cuisse dans la partie antérieure et moyenne. Elle n'a pas atteint l'os ; cependant, comme elle a passé sous l'aponévrose, et que cette blessure pouvait devenir grave, s'il ne restait pas dans son lit, je lui ai conseillé de rester en repos ; mais vous le connaissez, il a une ardeur qui l'entraîne toujours ; je lui ai dit que je garantirais à l'Assemblée son zèle et sa bonne volonté ; mais je l'ai engagé à ménager ses forces. (Très-bien ! très-bien !)

(La séance est suspendue.)

NEUF HEURES DU MATIN.

Le président Sénard occupe le fauteuil. Les représentants, en grand nombre, gagnent leurs places.

M. LE PRÉSIDENT. — J'invite l'Assemblée au silence.

J'ai, messieurs, à vous rendre compte des principaux faits qui se sont accomplis dans la journée d'aujourd'hui, sommairement et sans détails, pour arriver à vous faire connaitre exactement la situation des choses, à l'heure où nous sommes.

Vous savez comment les forces ont été réparties sur trois points principaux, comment trois généraux ont été chargés, par le ministre de la guerre, d'opérer de manière à attaquer les insurgés partout où il y avait à redouter de les voir se fortifier. J'insiste sur ce détail, attendu que plusieurs alarmes se sont répandues à diverses reprises dans la journée, sur ce qu'il n'y avait pas de troupes ici, sur ce qu'il n'y en avait pas là, et que cependant on voyait tel ou tel attroupement et même des engagements à coups de fusil qui n'étaient pas réprimés avec une vigueur suffisante. Si l'état des choses se continuait demain pendant une partie du jour, vous sauriez qu'il ne faut prendre aucun souci de cela.

La stratégie à laquelle on a dû avoir recours impliquait nécessairement l'emploi de masses et une action dirigée sur des points déterminés ; on a laissé de côté, volontairement, quelques points sur lesquels on se repliera plus tard. (Très-bien.)

Maintenant j'ai à vous dire les résultats obtenus dans les trois parties essentielles où il a été opéré.

Le faubourg Saint-Jacques, sur lequel les insurgés avaient concentré une grande partie de leurs forces, où les luttes ont été violentes, acharnées, est maintenant complétement ou à peu près complétement dégagé. Partout le succès a couronné les armes des défenseurs de la République ; et déjà, dans le cours de la journée, vous avez eu des détails sur le courage avec lequel des points, vigoureusement et énergiquement défendus, ont été plus vigoureusement encore, plus énergiquement attaqués par nos braves soldats, par les gardes nationales, par les gardes mobiles, par les gardes républicaines, de sorte que, enfin, force est partout là demeuré à la loi.

Le faubourg Saint-Marceau avait résisté beaucoup plus longtemps ; les dernières nouvelles que nous avons reçues, il y a quelques minutes, nous annoncent que l'émeute est partout dominée, et le général Bréa nous transmet la nouvelle que les barricades mêmes de la rue Mouffetard sont emportées ; qu'il a poussé là ses reconnaissances jusqu'au Jardin des-Plantes, de sorte qu'on est maître de toutes ces parties du faubourg St-Marceau, dans lesquelles toute la journée avait régné un désordre qui a tenu à ce que, dans cette partie, les hommes auxquels la répression était confiée se trouvaient dans des conditions telles que cette répression n'avait pas été apportée ; je n'ai pas besoin de m'expliquer plus amplement sur l'état de la 12e légion. Il y avait eu pendant toute la journée du désordre, des hésitations considérables. Grâce à Dieu ! tous les rapports que j'ai eu à peine le temps de lire avant de venir, et qui viennent de m'être expédiés par le général Bréa, m'annoncent, en propres termes, que l'émeute est partout dominée, et qu'on s'est emparé des barricades de la rue Mouffetard.

Quant à l'Hôtel-de-Ville, tout est bien. Le général Duvivier n'a pas pu agir avec autant de vigueur ou plutôt de résultat que d'abord on l'aurait espéré.

Il faut tenir compte des difficultés du quartier et de la situation, et quoiqu'il ait eu à sa disposition douze à treize bataillons et huit pièces de canon, il n'a pu obtenir les résultats qu'il aurait désirés, c'est-à-dire ce résultat actif qui détruise complétement l'émeute.

Enfin, non-seulement il a tenu sa position, mais il a avancé, il a gagné du terrain; les insurgés ont reperdu le terrain que dans la matinée ils semblaient avoir gagné, et l'émeute est maintenant refoulée assez loin de l'Hôtel-de-Ville pour que nous puissions dire que si ce quartier n'est pas encore balayé, grâce à la vigueur de nos troupes, à la bonne direction qu'elles reçoivent, demain, dans la matinée au plus tard, j'espère que là encore la République sera victorieuse.

Quant à la troisième colonne, sous les ordres du général Lamoricière, elle a eu des difficultés considérables à vaincre; elle a obtenu, partout où il lui a été possible d'engager la lutte d'une manière complète, un succès aussi complet.

Les faubourgs Saint-Denis, Saint-Martin et Poissonnière sont nettoyés jusqu'à très-peu de distance des barrières. Des barricades restent encore les unes sur les barrières mêmes, et les autres près des barrières; mais la circulation est libre dans presque toutes les parties, dans les parties importantes du faubourg.

Il y a un point sur lequel l'action n'a pu encore être portée vivement, c'est le point du clos Saint-Lazare, de l'hôpital Louis-Philippe. Là il n'y a pas eu de la part de la force armée une répression immédiate possible, à cause du mouvement des colonnes; on reste là en lutte; mais il y a nécessité indispensable d'ajourner l'action jusqu'à ce que les autres points aient été complétement emportés.

Deux dernières barricades restent encore non attaquées dans le faubourg du Temple. Le général Lamoricière me mande qu'il ne les attaquera pas ce soir, parce que les troupes sont fatiguées; mais qu'il les emportera demain matin, au point du jour.

On avait répandu le bruit, au milieu de beaucoup de pertes douloureuses, de la mort du brave général Korte. Je suis heureux de démentir complètement ces bruits; il a reçu une blessure très-légère qui ne l'empêche pas de rester à son commandement. (Applaudissements.)

Nous avons eu, messieurs, sur beaucoup de points, des pertes bien douloureuses; mais nous avons dit : A demain le deuil et les larmes; aujourd'hui tout pour l'action!

Je n'ai qu'un mot à vous dire sur la manière dont partout les efforts de nos braves généraux ont été secondés. Nommer la garde nationale de Paris, c'est dire que partout il y a eu ardeur, zèle, dévouement, courage. Nommer la garde mobile, c'est dire que ces jeune gens, ces enfants ont fait des prodiges sur tous les points. (C'est vrai! — Bravo! bravo!)

Nommer notre brave armée, nommer les troupes de ligne, c'est dire qu'elle a été ce qu'elle est toujours, l'armée française : tout se résume dans ce mot. (Bravo! bravo!)

Plusieurs voix. — Et la garde républicaine?

M. LE PRÉSIDENT. — Un mot encore pour la garde républicaine qui a donné avec une énergie, avec un zèle, avec un dévouement au-dessus de tout éloge. (Très-bien! très-bien!)

Un mot, enfin, pour tous ces citoyens non classés dans les catégories que je viens d'indiquer, ou bien appartenant à des groupes en dehors de ceux que je viens de désigner, et qui, tous, ont bravement, courageusement et dignement fait leur devoir.

Plusieurs voix. — Et les départements? et la banlieue?

M. LE PRÉSIDENT. — Un instant, messieurs, laissez dire votre président.

A tous ces corps qui appartiennent éminemment à la défense de Paris, à tous ces corps à qui la défense de Paris était naturellement confiée, ajoutons, et c'est là, messieurs, l'occasion d'une énumération que je n'aurais certes pas oubliée, ajoutons que, de toutes parts, sur l'avis transmis hier, soit par le télégraphe, soit par des correspondances plus longues, de la gravité des événements qui se passaient à Paris, de toutes parts les gardes nationales volontaires sont venues, à toutes les heures du jour. Nous avons eu à adresser, au nom de l'Assemblée nationale, des remercîments de cœur à ces braves Français, à ceux qui sont venus à la défense de la République, à la défense de l'Assemblée, à la défense de Paris. Plusieurs, déjà, ont été employés à toutes les heures du jour, à mesure qu'ils arrivaient; des directions leur étaient données; ils ne demandaient pas une minute de repos; ils demandaient à marcher là où ils savaient qu'il y avait du péril, là où ils savaient qu'il fallait combattre, et ils accueillaient avec bien plus d'enthousiasme encore l'ordre qui leur arrivait de marcher que les remercîments que je leur offrais en votre nom. (Bravos prolongés.)

Aux détails généraux que je viens de vous donner, on ajoute un renseignement fourni par le citoyen Carion-Nisas, qui arrive de l'église Saint-Vincent-de-Paul et de la barrière Poissonnière, qui nous annonce que tout y était dégagé.

Plusieurs voix. — Et les écoles?

M. LE PRÉSIDENT. — Maintenant, nous avons à mentionner les écoles : l'Ecole Polytechnique, l'Ecole de Saint-Cyr, l'Ecole normale, toutes les écoles enfin, tous ces jeunes gens qui ont voulu venir aussi faire acte de virilité, acte de patriotisme, acte de courage.

Enfin, je veux vous dire les noms de celles des gardes nationales que jusque-là nous avons vues arriver; je veux vous dire les noms de celles de ces gardes nationales auxquelles votre président est allé successivement dire merci, en votre nom, pour le dévouement et le zèle avec lequel à toute heure elles arrivaient.

Je ne sais pourquoi je trouve sur cette liste Rouen en tête; je vous avoue qu'il y a quelque chose en moi de doux à vous dire le bonheur avec lequel le président de l'Assemblée nationale était pressé dans les bras de ses compatriotes (Très-bien!); puis la belle garde nationale d'Amiens, dont la tenue est admirable; Orléans et Beauvais, également d'une tenue magnifique; Clermont, Poissy, Versailles, Saint-Germain, Etampes, Mantes, Vernon, Pontoise, l'Ile-Adam, Rambouillet, Corbeil, Bonnières, Saint-Cloud, Sèvres, Bougival, Chatou, Carrière, Rueil, Nanterre, Meudon, Montfort-l'Amaury, Montmorency, enfin tout le département de Seine-et-Oise arrivé pendant la nuit et ce matin au nombre d'à-peu-près 10,000 hommes, et d'autres encore dont les noms me sont échappés, car c'est de souvenir que j'ai fait cette liste, après avoir reçu ces braves gardes nationales qui venaient se réunir à nous. (Marques de satisfaction.)

M. ABRAHAM DUBOIS. — Nous désirons savoir si les malles ont pu partir.

M. LE PRÉSIDENT. — Je donne la parole tout de suite au citoyen directeur des postes pour qu'il vienne dire lui-même les explications qui sont démandées sur l'état de nos relations et sur le départ des courriers.

M. ARAGO (ÉTIENNE). — Citoyens, je n'avais pas attendu ce soir pour donner des renseignements qui devaient vous rassurer, ou du moins à peu près, tous. Dès une heure j'avais écrit à M. le président de l'Assemblée. Je regrette qu'il n'ait pu vous faire part de la lettre que je lui avais envoyée. Cette lettre était très-explicite, elle entrait dans beaucoup de détails, je ne me les rappellerai pas tous peut-être en ce moment-ci ; mais je puis vous dire que toutes les malles ce soir sont parties. (Très-bien.) Toutes sont parties; il m'a fallu improviser des relais, car sur plusieurs points les malles ne pouvaient suivre leur direction habituelle.

Un malheur a eu lieu hier; ce malheur, je l'avais fait pressentir. Sur le chemin de fer du Nord, quelques rails avaient été enlevés. Le *Journal des Débats* aujourd'hui se trompe quand il dit que les dépêches de Boulogne ne sont pas parties. Les dépêches de Boulogne sont toutes parties. Les dépêches de Quiévrain seules ne sont pas parties; voici pourquoi. En arrivant au chemin de fer, l'employé qui avait accompagné les malles a vu qu'il n'était pas possible d'atteindre le point où les rails n'avaient pas été enlevés. Qu'a-t-il fait alors? Il a fait ce que je lui avais commandé de faire et ce que j'avais déjà fait dans deux circonstances, c'est-à-dire qu'il a fait partir à dos d'homme toutes les dépêches jusqu'au point où le chemin de fer n'avait pas été touché.

Lorsque toutes les dépêches de Boulogne ont été parties de cette sorte, les insurgés avertis se sont présentés et ont empêché, le fusil au poing, les hommes qui avaient ainsi sur leur dos les dépêches de Quiévrain de partir. L'employé craignait beaucoup qu'on ne s'emparât des dépêches, qu'on ne les *éventrât*, c'est le mot technique. Pas du tout! On s'est contenté de lui demander de faire repartir les dépêches sur Paris. Ces dépêches sont restées au chemin de fer de Paris, à la gare, et aujourd'hui elles sont reparties avec celles de ce jour.

Un autre malheur est arrivé encore; je vais vous le dire: c'est que ce matin la malle de Lyon est arrivée jusqu'à Bercy. A Bercy, j'avais donné l'ordre qu'on prît un chemin de traverse, s'il était possible. Malheureusement les insurgés étaient sur les lieux que devait suivre cette malle, et le courrier a cru pouvoir prendre la direction ordinaire.

Depuis ce temps je n'ai plus entendu parler de la malle de Lyon; je ne sais ce qu'elle est devenue, je ne sais si elle a été surprise par les insurgés; remarquez que ce n'est plus une malle partant de Paris, c'est la malle arrivant de Lyon, par conséquent ce n'est plus de mon fait.

Mais, je le répète, quant à toutes celles d'aujourd'hui, elles sont parties par des chemins et des relais improvisés, et je crois qu'elles n'auront rencontré aucun obstacle. (Très bien!)

M. POUGEARD. — La malle de Lyon a été arrêtée à Charenton.

M. ETIENNE ARAGO. — Vous en êtes sûr?

M. POUGEARD. — Je vais donner l'explication.

J'ai vu ce soir un voyageur qui arrivait de Lyon; il était à cinq heures du matin à Charenton: là on a trouvé la route barricadée; il a fallu descendre de voiture. Le voyageur dont je parle a essayé d'arriver à Paris et ne l'a pu qu'à l'aide d'un déguisement et à force de détours. Il n'est arrivé à Paris qu'à dix heures; il m'a dit que plusieurs barricades avaient été faites à Charenton, qu'elles étaient occupées par un petit nombre d'insurgés, que la garde nationale les tenait en échec, qu'il n'y avait pas de conflit, mais que la population était inquiète;

que les insurgés répandaient les bruits les plus alarmants, disant que l'insurrection de Paris avait le plus grand succès.

J'ai eu l'honneur d'en informer M. le président, car j'aurais désiré qu'on pût rassurer à cet égard l'esprit de la population dans une partie si voisine de la capitale. (Rumeurs et mouvements divers).

M. GIRERD. — Citoyens représentants, aux faits si graves qui ont déjà saisi votre attention, permettez-moi d'ajouter un fait bien digne de votre sollicitude.

Un de nos excellents collègues, le brave général Lafontaine, a été chargé hier d'un commandement. Ce matin, alors qu'il arrivait à la dernière barricade élevée dans le faubourg Saint-Denis, il a été atteint d'un coup de feu qui l'a mis hors d'état de continuer son service.

Sa blessure n'est pas assez grave pour que, son courage aidant, il ne puisse bientôt reprendre son commandement et sa place parmi vous. (Bravo! bravo! — Marques de satisfaction.)

J'ajoute ceci comme fait symptomatique, caractéristique des troubles qui nous désolent.

Près du lit de notre collègue, de mon ami, j'ai rencontré un garde national témoin oculaire du fait suivant : Un enfant de quatorze ans a été arrêté parmi les insurgés de Saint-Séverin ; il était porteur d'une somme de 10,000 fr. en or. (Mouvement.)

M. FLOCON, *ministre de l'agriculture et du commerce*. — Ce fait n'est pas isolé, il y en a beaucoup d'autres. (Bruits divers.)

M. LE PRÉSIDENT. — Messieurs, quel que soit l'intérêt avec lequel nous avons tous accueilli la communication qui vient de vous être faite, je pense que l'Assemblée trouvera bon que nous nous abstenions de tous détails de ce genre (Oui! oui!); j'en aurais pour mon compte considérablement à lui communiquer ; seulement j'invite ceux de nos collègues, à la connaissance de qui des faits de cette nature pourraient être venus, à vouloir bien les consigner par écrit et à vouloir bien les adresser soit au général Cavaignac, soit à moi-même, afin que nous avisions aux mesures que les connaissances de ces faits-là pourront nécessiter. (Très-bien!)

Je veux encore dire un mot à l'Assemblée.

Je n'ai pas besoin de lui parler de l'accord parfait de pensées, de volontés, d'intentions qui existe sur tous les points entre le président auquel elle a bien voulu confier l'honneur de la représenter et le brave général qu'elle a chargé de la délégation de tout le pouvoir exécutif. (Très-bien! très-bien!)

Je dois lui dire seulement que, d'accord avec le général Cavaignac, nous nous sommes occupés déjà de plusieurs des mesures que peut nécessiter l'état de siége, proclamé par votre décret; et que nous avons le projet, si quelques-unes de ces mesures pouvaient et devaient nécessiter l'intervention législative, comme cela est probable, de soumettre à l'Assemblée directement et initiativement les résolutions, les projets de décrets que les circonstances nous paraîtraient devoir nécessiter. (Très-bien !)

L'Assemblée comprend que je lui donne cet avis, afin de rassurer ceux de nos collègues qui m'ont entretenu des diverses mesures qu'ils jugeraient convenables, et afin, en même temps, de provoquer de leur part toutes les communications qu'ils voudront bien faire, soit au général, soit à moi même, sur tout ce qui pourrait leur paraître utile, pour que nous n'apportions à cette tribune que des projets, ou déjà élaborés, ou nous étant indiqués par nos collègues avec ce que la nécessité du moment et nos propres observations pourront nous suggérer à nous-mêmes. (Très-bien !)

Voici un rapport du préfet de police que je reçois à l'instant même.

J'avais tout à l'heure, en vous parlant des succès obtenus par les défenseurs de la République, fait des réserves pour quelques points qui étaient encore occupés, entre autres la barricade Saint-Méry. Voici à ce sujet la nouvelle que je reçois à l'instant du citoyen préfet de police :

« La barricade Saint-Méry a été prise, il y a environ une heure. Les insurgés y ont perdu beaucoup de monde, et la garde républicaine a beaucoup souffert pour l'enlever. (Sensation.)

« Toutes les issues sont gardées dans le faubourg Saint-Martin et près de la barrière. L'artillerie est braquée sur la chaussée, mais on se bat toujours vers le chemin de fer du Nord, etc. »

Je n'ai rien autre chose à vous faire connaître en ce moment. Je ne pense donc pas qu'il y ait aucun inconvénient à suspendre la séance, sauf à la reprendre demain matin, d'aussi bonne heure que vous le jugerez convenable.

Voix diverses. — A huit heures ! — A sept heures !

M. LE PRÉSIDENT. — Dans l'état de permanence où nous sommes, il n'y a pas à fixer d'heure précise ; ce sera à sept ou huit heures, suivant les circonstances. En tout état de choses, votre président sera ici à huit heures.

(La séance est suspendue à neuf heures et demie.)

Actes officiels.

Le procureur général de la République près la Cour d'appel de Paris a adressé à M. Trouvé-Chauvel, préfet de police, les trois dépêches dont voici la teneur :

PREMIÈRE DÉPÊCHE.

Paris, le 24 juin 1848.

Monsieur le Préfet de police,

La loi du 10 décembre 1830, art. 1er, porte : « Aucun écrit, soit à la main, soit imprimé, gravé ou lithographié, contenant des nouvelles politiques ou traitant d'objets politiques, ne pourra être affiché ou placardé dans les rues, places ou autres lieux publics. Sont exceptés de la présente disposition les actes de l'autorité publique. »

Cette loi, dont l'exécution a pu être négligée à cause de la liberté laissée aux citoyens au moment des élections générales à l'Assemblée nationale, n'a pas cessé d'être en vigueur. Vous voudrez bien tenir la main à sa stricte exécution et faire constater exactement toutes les infractions, dont je poursuivrai la répression devant les tribunaux compétents.

Recevez, monsieur le préfet, l'assurance de ma haute considération.

Le procureur-général,
H. CORNE.

DEUXIÈME DÉPÊCHE.

Paris, 24 juin 1848.

Monsieur le Préfet de police,

L'art. 1er de la loi du 16 février 1834 porte :

« Nul ne pourra exercer, même temporairement, la profession de crieur, de vendeur ou de distributeur, sur la voie publique, d'écrits, dessins, ou emblèmes imprimés, lithographiés, autographiés, moulés, gravés ou à la main, sans autorisation préalable de l'autorité municipale.

« Cette autorisation pourra être retirée.

« Les dispositions ci-dessus sont applicables aux chanteurs sur la voie publique. »

Cette loi n'a pas cessé d'être en vigueur, et vous voudrez bien immédiatement veiller à sa stricte exécution et faire constater exactement toutes les infractions dont je poursuivrai la répression devant les tribunaux compétents.

Recevez, etc.

Le procureur-général,
H. CORNE.

TROISIÈME DÉPÊCHE.

Paris, 24 juin 1848.

Monsieur le Préfet de police,

La législation sur la police de l'imprimerie et des journaux, dont l'exécution a pu être négligée à cause de la liberté laissée aux citoyens aux époques voisines des élections générales à l'Assemblée nationale, n'a pas cessé d'être en vigueur. Vous voudrez bien faire connaître aux imprimeurs de la ville de Paris et du ressort de la Préfecture de police que je veillerai très-exactement à l'exécution de toutes les dispositions de ces lois d'ordre public. Je vous invite, monsieur le préfet, à faire exercer une active surveillance sur les imprimeries.

Les imprimeurs auront donc à se conformer exactement aux prescriptions de la loi du 21 octobre 1814, dont les art. 11 à 21 règlent ce qui concerne leur industrie en général.

Aucun imprimeur n'ignore quels devoirs et quelle responsabilité lui sont imposés relativement aux affiches, quant au timbre et à la couleur du papier.

En ce qui concerne la presse périodique, les imprimeurs connaissent les formalités auxquelles la loi du 18 juillet 1828 notamment soumet les gérants des journaux, et j'ai la confiance qu'ils ne voudront pas, en s'associant aux infractions à ces lois, assumer sur eux une responsabilité que mon devoir de magistrat m'obligerait à invoquer contre eux. Il savent spécialement qu'aucun exemplaire de journal ne peut sortir de leurs presses sans porter imprimée la signature d'un gérant réunissant les conditions prescrites par la loi du 18 juillet 1828.

Enfin les imprimeurs savent que, dans des jours difficiles, l'intérêt public leur impose encore plus strictement le devoir de prendre connaissance des écrits qu'ils impriment et de s'abstenir d'imprimer des écrits contenant des provocations à des crimes ou à des délits, à la désobéissance aux lois ou à toute autre infraction.

Contre ceux des imprimeurs qui méconnaîtront ces dernières prescriptions légales, et se rendront ainsi complices de crimes ou délits réprimés par la loi, je n'hésiterai pas à requérir l'application de l'art. 26 de la loi du 17 mai 1819 et de toutes autres dispositions répressives encore en vigueur.

Recevez, monsieur le préfet, l'assurance de ma haute considération.

Le procureur-général.

H. CORNE.

RÉPUBLIQUE FRANÇAISE.
Liberté, Égalité, Fraternité.

ASSEMBLÉE NATIONALE.

L'Assemblée nationale a adopté le décret dont la teneur suit :

Art. 1er. L'Assemblée nationale se déclare en permanence.

Art. 2. Paris est mis en état de siége.

Art. 3. Tous les pouvoirs exécutifs sont délégués au général Cavaignac.

Délibéré en séance publique, à Paris, le 24 juin 1848.

Les président et secrétaires,
SENARD, PEUPIN, LÉON ROBERT, ÉMILE PÉAN,
EDMOND LAFAYETTE, LANDRIN, BÉRARD.

Pour expédition :
Le président de l'Assemblée nationale,
SENARD.

RÉPUBLIQUE FRANÇAISE.
Liberté, Égalité, Fraternité.

ASSEMBLÉE NATIONALE.

L'Assemblée nationale a adopté à l'unanimité le décret dont la teneur suit :

Article unique. La République adopte les enfants et les veuves des citoyens qui ont succombé dans la journée du 23 juin, et de ceux qui pourraient périr encore en combattant pour la défense de l'ordre, de la liberté et des institutions républicaines.

Délibéré en séance publique, à Paris, le 24 juin 1848.

Les président et secrétaires,
SENARD, PEUPIN, LÉON ROBERT, ÉMILE PÉAN,
EDMOND LAFAYETTE, LANDRIN, BÉRARD.

Pour expédition :
Le président de l'Assemblée nationale.
SENARD.

RÉPUBLIQUE FRANÇAISE.
Liberté, Égalité, Fraternité.

ASSEMBLÉE NATIONALE.

Gardes nationaux,

Vous avez donné hier, vous ne cessez de donner des preuves éclatantes de votre dévouement à la République.

Si l'on a pu se demander un moment qu'elle est la cause de l'émeute qui ensanglante nos rues, et qui, tant de fois depuis huit jours, a changé de prétexte et de drapeaux, aucun doute ne peut plus rester aujourd'hui, quand déjà l'incendie désole la cité, quand les formules du communisme et les excitations au pillage se produisent audacieusement sur les barricades.

Sans doute la faim, la misère, le manque de travail, sont venus en aide à l'émeute.

Mais, s'il y a dans les insurgés beaucoup de malheureux qu'on égare, le crime de ceux qui les entraînent et le but qu'ils se proposent sont aujourd'hui mis à découvert.

Ils ne demandent pas la République. — Elle est proclamée.

Le suffrage universel! — Il a été pleinement admis et pratiqué.

Que veulent-ils donc? — On le sait maintenant: ils veulent l'anarchie, l'incendie, le pillage.

Gardes nationaux! unissons nous tous pour défendre et sauver notre admirable capitale!

L'Assemblée nationale s'est déclarée en permanence. Elle a concentré dans la main du brave général Cavaignac tous les pouvoirs nécessaires pour la défense de la République.

De nombreux représentants revêtent leurs insignes pour aller se mêler dans vos rangs et combattre avec vous.

L'Assemblée n'a reculé, elle ne reculera devant aucun effort pour remplir la grande mission qui lui a été confiée. Elle fera son devoir comme vous faites le vôtre.

Gardes nationaux, comptez sur elle comme elle compte sur vous.

Vive la République!

Le président de l'Assemblée nationale,
SENARD.

Le 24 juin 1848.

RÉPUBLIQUE FRANÇAISE.
Liberté, Égalité, Fraternité.

ASSEMBLÉE NATIONALE.

Ouvriers!

On vous trompe, on vous égare!...

Regardez quels sont les fauteurs de l'émeute. Hier, ils promenaient le drapeau des prétendants; aujourd'hui, ils exploitent la question des ateliers nationaux, ils dénaturent les actes et la pensée de l'Assemblée nationale.

Jamais, quelque cruelle que soit la crise sociale, jamais personne dans l'Assemblée n'a pensé que cette crise dût se résoudre par le fer ou par la faim.

Il ne s'agit ni de vous enlever à vos familles, ni de vous priver des faibles ressources que vous trouviez dans une situation que vous étiez les premiers à déplorer.

Il ne s'agit pas d'empirer votre sort, mais de le rendre meilleur, dans le présent, par des travaux dignes de vous; meilleur dans l'avenir, par des institutions vraiment démocratiques et fraternelles.

Le pain est suffisant pour tous, il est assuré pour tous, et la constitution garantira à jamais l'existence de tous.

Déposez donc vos armes, ne donnez pas à notre chère France, à l'Europe jalouse et attentive, le triste spectacle de ces luttes fratricides.

C'est la honte, c'est le désespoir, ce pourrait être la perte de la République.

Le temps est toujours long pour les souffrances qui attendent, mais il est court quand il s'agit de fonder de grandes choses sur un terrain nouveau.

Encore une fois, plus de discussions, plus de haines dans le cœur!

Défiez-vous de ceux qui exploitent ce qu'il y a de plus respectable parmi les hommes: la souffrance et le malheur.

Ecoutez la voix de l'Assemblée nationale; comptez sur elle, car elle est le peuple tout entier, et elle ne comprend sa mission que pour l'intérêt du peuple.

Fermez l'oreille à d'odieuses calomnies!... De la paix, de l'ordre, et la République remplira sa noble devise: elle s'attachera à réparer toutes les injustices du sort et de nos vieilles institutions.

Paris, 24 juin.

Le président de l'Assemblée nationale,

SENARD.

RÉPUBLIQUE FRANÇAISE.
Liberté, Égalité, Fraternité.

POUVOIR EXÉCUTIF.

Le général Cavaignac, chef du pouvoir exécutif, à la garde nationale.

Citoyens,

Votre sang n'aura pas été versé en vain; redoublez d'efforts, répondez à mon appel, et l'ordre, grâce à vous, grâce au concours de vos frères de l'armée, sera rétabli.

Citoyens, ce n'est pas seulement le présent, c'est l'avenir de la France et de la République que votre héroïque conduite va assurer.

Rien ne se fonde, rien ne s'établit sans douleurs et sans sacrifices; soldats volontaires de la nation intelligente, vous avez dû le comprendre.

Ayez confiance dans le chef qui vous commande, comptez sur lui comme il peut compter sur vous.

La force, unie à la raison, à la sagesse, au bon sens, à l'amour de la patrie, triomphera des ennemis de la République et de l'ordre social.

Ce que vous voulez, ce que nous voulons tous, c'est un gouvernement ferme, sage, honnête, assurant tous les droits, garantissant toutes les libertés, assez fort pour refouler toutes les ambitions personnelles, assez calme pour déjouer toutes les intrigues des ennemis de la France.

Ce Gouvernement, vous l'aurez ; car avec vous, car avec votre concours entier, loyal, sympathique, un gouvernement peut tout faire.

Général CAVAIGNAC.

Paris, le 24 juin 1848.

RÉPUBLIQUE FRANÇAISE.
Liberté, Égalité, Fraternité.

POUVOIR EXÉCUTIF.

Soldats,

Le salut de la patrie vous réclame ! C'est une terrible, une cruelle guerre que celle que vous faites aujourd'hui. Rassurez-vous, vous n'êtes point agresseurs ; cette fois, du moins, vous n'aurez pas été de tristes instruments de despotisme et de trahison. Courage, soldats, imitez l'exemple intelligent et dévoué de vos concitoyens ; soyez fidèles aux lois de l'honneur, de l'humanité ; soyez fidèles à la République ; à vous, à moi, un jour ou l'autre, peut-être aujourd'hui, il nous sera donné de mourir pour elle. Que ce soit à l'instant même si nous devons survivre à la République !

Paris, 24 juin 1848.   *Le chef du pouvoir exécutif,*

CAVAIGNAC.

RÉPUBLIQUE FRANÇAISE.
Liberté, Egalité, Fraternité.

POUVOIR EXÉCUTIF.

AUX INSURGÉS.

Au nom de l'Assemblée Nationale.

Citoyens,

Vous croyez vous battre dans l'intérêt des ouvriers, c'est contre eux que vous combattez, c'est sur eux seuls que retombera tant de sang versé. Si une pareille lutte pouvait se prolonger, il faudrait désespérer de l'avenir de la République, dont vous voulez tous assurer le triomphe irrévocable.

Au nom de la patrie ensanglantée,

Au nom de la République que vous allez perdre,

Au nom du travail que vous demandez et qu'on ne vous a jamais refusé, trompez les espérances de vos ennemis communs, mettez bas vos armes fratricides, et comptez que le Gouvernement, s'il n'ignore pas que dans vos rangs il y a des instigateurs criminels, sait aussi qu'il s'y trouve des frères qui ne sont qu'égarés, et qu'il rappelle dans les bras de la patrie.

Général Cavaignac.

Paris, le 24 juin 1848.

RÉPUBLIQUE FRANÇAISE.
Liberté, Égalité, Fraternité.

POUVOIR EXÉCUTIF.

Vu le décret de l'Assemblée nationale, en date de ce jour, déclarant que la ville de Paris est mise en état de siége.

Nous, commandant supérieur de toutes les forces militaires de la capitale, en vertu des pouvoirs qui nous sont conférés par le même décret,

Arrêtons ce qui suit :

Art. 1er. Toutes affiches traitant de matières politiques, et n'émanant pas de l'autorité, sont défendues jusqu'au rétablissement de la tranquillité publique.

Art. 2. Toutes les autorités civiles et militaires tiendront la main à l'exécution du présent arrêté.

Paris, 24 juin 1848.

Le chef du pouvoir exécutif,
E. Cavaignac.

Journée du dimanche 25 juin.

Sommaire. — Reprise des hostilités. — Points occupés par l'insurrection. — Dispositions militaires et moyens d'attaque. — Convois de morts et de blessés. — Ligne défensive du faubourg Saint-Antoine. — Le général Lamoricière a la Douane. — Attaque du faubourg Saint-Antoine. — Mort du général Négrier. — Faits divers. — Assemblée nationale. — Actes officiels.

La nuit qui vient de s'écouler a semblé assez calme. Cependant des fusillades très-vives se sont fait entendre par intervalles. La ville est partagée en deux camps. La partie de la ville qui n'est pas tombée au pouvoir des insurgés est occupée par des forces militaires fort imposantes; on y circule, mais ce n'est qu'avec un laissez-passer et accompagné d'un garde national. *Fermez vos fenêtres!* tel est le cri que les sentinelles font entendre de toutes parts. Dans les quartiers où la rébellion s'est concentrée règnent l'agitation et l'activité la plus énergique. Tous les abords en sont protégés par des barricades qui sont de véritables citadelles, et qui exigeront l'emploi du canon pour pouvoir être détruites.

Dès le matin, la fusillade recommence sur tous les points occupés par l'insurrection. Le bruit avait circulé que les munitions commençaient à manquer dans les rangs des rebelles; mais le fait donne un démenti formel à cette supposition, ou bien, il faut que des approvisionnements nouveaux aient pu leur parvenir.

L'insurrection occupe encore avec des forces importantes les faubourgs qui conduisent à Charenton, les boulevards extérieurs des faubourgs Saint-Antoine et du Temple, la Chapelle Saint-Denis, la barrière Rochechouard, la barrière des Martyrs. Ces barrières sont barricadées. Les murs ont été crénelés par les insurgés, dans les rangs desquels se trouve des gardes nationaux de ces faubourgs. C'est encore particulièrement dans le clos Saint-Lazare et dans les bâtiments en construction de l'hôpital que l'insurrection est retranchée, malgré les engagements sanglants qui ont déjà eu lieu.

Les dispositions militaires et les moyens d'attaque reçoivent une direction régulière qui permet de ménager le sang de la garde nationale et de l'armée. Hier, la rébellion était dans sa période d'accroissement. Chaque nouvelle barricade devenait un point d'appui pour en établir d'autres, et la sédition rayonnant sans cesse autour des quartiers dont elle s'était emparée pouvait finir par embrasser la ville tout entière et cerner les défenseurs de l'Assemblée nationale.

A ce moment, il était indispensable de refouler l'insurrection et de la concentrer sur des points fixes. Ce qui était à craindre en effet, c'étaient moins les forces dont elle disposait pour défendre les barricades que le développement qu'elle cherchait à prendre, ce qui lui permettait d'occuper et de tenir en échec des forces bien supérieures aux siennes.

L'insurrection ne reparait pas sur les points dont elle a été expulsée. Toute communication est coupée entre le clos Saint-Lazare et le faubourg Saint-Antoine, de même qu'entre ce faubourg et le quartier Latin.

Dans les quartiers du Marais et Saint-Martin, où la lutte a été terrible, les blessés et les morts se comptent par centaines. Des voitures dites tapissières passent sans cesse chargées de cadavres ou transportent les blessés dans les pharmacies qui se sont transformées en ambulances.

Pour attaquer l'insurrection dans les points où elle s'est retranchée, il faut prendre les dispositions militaires d'un véritable siège.

Au faubourg Saint-Antoine, les insurgés pendant deux jours avaient eu le temps de s'organiser et de se fortifier. Toutes les barricades avaient été consolidées. Des passages croisés d'une barricade à l'autre leur permettaient de circuler librement et plus tard de se retrancher avec sécurité lorsque les premières barricades auraient été enlevées. Les munitions étaient placées dans des endroits garantis. Une partie des combattants devait nourrir le feu tandis que d'autres s'employaient à charger les armes, à les mettre en état et même à laver les canons de fusil lorsque la crasse de la poudre et la chaleur des canons ne permettaient plus de les employer.

Pour première ligne de défense, le faubourg Saint-Antoine a le canal et la rivière. Il ne peut donc être attaqué que par un petit nombre de points. Le premier rang des maisons est occupé par les insurgés, les ouvertures de toutes les rues sont barricadées. Le faubourg est ainsi transformé en une place de guerre ; il est heureux que le voisinage de Vincennes et l'absence de toute localité très-peuplée empêchent l'insurrection d'étendre ses ramifications au-dehors.

De plusieurs quartiers qui dominent ce faubourg, on prétend que l'on a pu voir des individus qui, après avoir étudié le terrain, donnaient des ordres qui étaient immédiatement exécutés par des escouades d'insurgés partant dans telle ou telle direction. Les dispositions stratégiques de cette défense sembleraient démontrer que les insurgés étaient embrigadés et n'agissaient pas isolément les uns des autres.

Pour détruire toutes ces forteresses improvisées il a fallu employer le canon, la sape et la mine. Tandis que le canon ébranlait les barricades, la sape ouvrait un chemin à travers les maisons et permettait aux troupes, en arrivant jusque sur les insurgés, de les prendre à revers et souvent d'employer contre eux leurs propres barricades. Si cette marche devait ralentir le succès elle avait l'avantage de le rendre moins sanglant.

Les opérations de cette journée peuvent se résumer de la manière suivante : l'église Saint-Paul a été prise dans la matinée. A une heure, le général Lamoricière est entré le premier dans les bâtiments de la Douane, dont le canon venait d'enfoncer les portes. Des obus ont balayé le clos Saint-Lazare; et les troupes, dans leur marche toujours progressive, ont coupé l'émeute en deux, la rejetant d'un côté vers Montmartre, de l'autre, vers La Villette et le faubourg du Temple. Bientôt les barrières ont été atteintes, et les communications rouvertes entre Saint-Denis et Montmartre, dont les gardes nationales, arrachées à d'affreuses angoisses, ont pu venir enfin offrir leurs services à la République. La Chapelle, Montmartre et La Villette sont entièrement dégagés.

Des pertes cruelles ont été éprouvées sur les bords de la Seine, parce qu'il a fallu enlever pied à pied le 9ᵉ arrondissement. Les insurgés avaient occupé à peu près toutes les maisons, les rues étaient barricadées, et des communications ouvertes entre les cours leur permettaient de se porter à couvert sur un point quelconque du triangle que présentait leur camp. Les fenêtres, garnies de planches et de matelas, étaient devenues des meurtrières, et il fallut enlever les maisons les unes après les autres, avant d'arriver à la caserne des Célestins, qui n'a été emportée qu'à la suite d'un engagement très-vif.

On se trouvait enfin en face du faubourg Saint-Antoine, cerné depuis le matin et battu par le canon. Une partie des troupes est descendue jusqu'au pont d'Austerlitz qu'elle a enlevé; puis de là, remontant, sous les ordres du général Négrier, jusqu'à la place de la Bastille, par le boulevard Bourdon, elles se sont trouvées entre les barricades de la rue Saint-Antoine et du faubourg Saint-Antoine. Bientôt la rue Saint-Antoine a été complètement dégagée, mais le brave général Négrier y a trouvé la mort. Peu de temps après, comme on le verra dans le compte-rendu de la séance, le général Lamoricière, ayant enfin complètement occupé le faubourg du Temple et la ligne du boulevart, où se sont livrés toute la journée des combats acharnés, a fait sur la place de la Bastille sa jonction avec la colonne du général Négrier.

Tous ceux qui ont été acteurs ou spectateurs dans ces luttes effroyables, tous les chefs de corps, tous les représentants qui ont parcouru le théâtre de cette guerre acharnée ne tarissent pas dans les éloges qu'ils doivent à la garde nationale, à la garde mobile et à l'armée.

Faits divers.

—Une charrette de laitier se dirigeait, au galop de son cheval, vers le canal St-Martin, et allait traverser le pont de la rue Grange-aux-Belles, lorsque les gardes nationaux de service qui stationnaient à cet endroit eurent l'idée de visiter la voiture et les pots au lait. Dans ces pots on a trouvé des paquets de cartouches. Charretier et voiture ont été arrêtés et conduits à la mairie du 5e arrondissement.

— Dans ce même quartier, à une heure après midi, la maison située en face le poste de la Douane est fouillée de fond en comble; douze individus, dont quatre seulement sont porteurs de sabres et de pistolets, y sont trouvés et conduits à la mairie du 5° arrondissement. Lorsque ces individus, animés évidemment de mauvaises intentions, passent devant la troupe de ligne et la garde nationale stationnées aux coins des rues du Marais et de Lancry, on arrête le peloton qui les conduit et ces cris se font entendre : « Qu'on les fusille! qu'on les fusille! » Mais bientôt l'exaspération se calme, et ces malheureux, qui un instant ont pu se croire perdus, sont emmenés sans plus de démonstration de vengeance.

—Une circonstance mérite d'être mentionnée, c'est que, sur beaucoup de prisonniers, on continue à trouver des sommes assez importantes et même souvent des pièces d'or. Le *Moniteur* fait à cette occasion la réflexion suivante :
« C'est une nouvelle preuve que les déplorables événements
« qui ensanglantent la capitale sont l'œuvre de machina-
« tions dont les traces sont déjà manifestes et dont il est
« permis d'espérer que l'ensemble n'échappera pas à la
« justice. »

—Dans cette journée, les gardes nationaux de la banlieue et de la province unissent puissamment leur concours à la garde nationale de Paris. Des bataillons de tous les départements continuent à affluer de toutes parts.

—Les deux traits suivant prouveront toute la différence qui existe entre le caractère français et le caractère anglais :

Premier trait. Au premier bruit du combat, un jeune homme, garde général des forêts de l'Etat, est impatient de se trouver en face de l'émeute. Il s'arme d'un fusil et demande à un peloton de gardes mobiles la permission de marcher avec eux. Ce peloton, avec la plus grande intrépidité, au milieu d'une vive fusillade, franchit successivement plusieurs barricades rue de la Montagne-Sainte-Geneviève. Le jeune volontaire s'est élancé au premier rang, et il enlève le drapeau placé sur une des barricades les plus élevées. Après cette expédition, il continue à combattre avec ses nouveaux camarades, qui, pour le conserver parmi eux, lui promettent un grade. Et depuis, par modestie, il a consenti provisoirement à quitter sa position de garde général, qui lui donnait le grade de lieutenant, pour endosser l'uniforme de simple garde mobile.

Second trait. Un Anglais se présente à la mairie du 2ᵉ arrondissement pour obtenir un fusil et combattre dans les rangs de la garde nationale. On lui remet un fusil et des cartouches qu'il n'accepte qu'avec indifférence. Au milieu de la milice civique il assiste l'arme au bras à la prise du clos St-Lazare; et, lorsqu'au retour de cette expédition périlleuse, on lui demande pourquoi il a couru tant de dangers n'ayant pas lui-même l'intention d'être un des combattants, il répond froidement qu'il voulait voir comment se battaient les Français. Il quitte ensuite ses compagnons d'armes, en leur témoignant *son admiration et sa bonne opinion*, qu'il promet de reporter dans son pays.

— Une circonstance qui favorisa l'attaque du clos St-Lazare et de la barrière Poissonnière, c'est que le général Lebreton, qui commandait cette colonne d'attaque, avait reconnu une position excellente dans les abattoirs Montmartre, d'où l'on dominait les barricades élevées à la barrière Rochechouard. Vers 10 heures du matin il détacha sur ce point une partie de la 6ᵉ compagnie du 2ᵉ bataillon, 3ᵉ légion, et 25 hommes du 21ᵉ de ligne. Cette petite colonne, dirigée par M. Treitt capitaine de la garde nationale, parvint dans les abattoirs. Les soldats furent postés à onze croisées. A un signal donné une décharge générale eut lieu des fenêtres de l'abattoir, qui mit un grand nombre de révoltés hors de combat.

— A l'attaque de la barricade Poissonnière un insurgé taillé en hercule tire sur un mobile à peine adolescent et le manque. Celui-ci s'élance à la baïonnette sur son colossal adversaire et manque son coup. Le Goliath le saisit par les deux mains et s'en fait un bouclier qui empêche les soldats de tirer sur lui ; mais à l'instant même le petit mobile, en vrai enfant de Paris, lui passe la jambe, le renverse sous lui, se dégage, et une grêle de balles fait justice du rebelle.

— Le général Bréa fut tué dans cette journée. Le *Siècle* raconte en ces termes ce touchant épisode : « C'est à la barrière Fontainebleau qu'a été tué le général Bréa et un aide de camp du général Damesme. Ces deux officiers étaient allés en parlementaires vers les insurgés qui étaient retranchés de l'autre côté de la barrière ; à leur approche la grille s'est ouverte et refermée aussitôt sur eux. Ils ont alors été saisis, entourés et menacés de mort si un seul coup de feu était tiré. Le lieutenant-colonel Thomas, du 16e léger, chargé du commandement d'une partie des bataillons de la garde mobile, s'est avancé aussitôt pour les réclamer et a menacé les insurgés de les faire fusiller tous s'ils s'y refusaient. Après de longs pourparlers, le colonel Thomas a consenti à leur accorder, selon leur demande, une demi-heure pour réfléchir, et il est allé faire part de cette circonstance au général Cavaignac.

« C'est pendant cette demi-heure que le massacre du général Bréa et du capitaine Mangin a eu lieu. A son retour, le brave colonel Thomas s'est de nouveau approché seul de la barrière, mais il a été reçu à coups de fusil. Il a fait aussitôt avancer des bataillons, a enlevé la position des insurgés ; mais hélas ! il n'a trouvé que les cadavres défigurés des deux malheureux officiers. Rien ne saurait peindre la fureur des soldats de la garde mobile en voyant le corps du général Bréa, celui du capitaine Mangin, surtout, qu'ils connaissaient depuis longtemps. Les représailles ont été terribles... La plume hésite à retracer les sanglants épisodes de cette lutte fratricide qui fait reculer la civilisation de plus d'un siècle ; car il faut remonter à la bataille de Saint-Denis, au temps de la Ligue, pour retrouver une pareille fureur. »

ASSEMBLÉE NATIONALE.

SÉANCE PERMANENTE DU 25 JUIN 1848.

Présidence de M. Sénard.

A huit heures trente-cinq minutes du matin, la séance est reprise sous la présidence de M. Sénard.

M. LE PRÉSIDENT. — Citoyens représentants, les communications que j'ai à vous faire ce matin sont de la nature la plus rassurante. Les rapports venus toute la nuit ont indiqué un état de calme complet. Au point du jour, et dans les premières heures, il y a eu mieux que du calme, il y a eu des certitudes d'ordre sur le plus grand nombre de points où hier le trouble et la lutte étaient le plus considérables.

La rive gauche de la Seine, à l'heure où je vous parle, est complétement libre et dégagée. Le faubourg Saint-Jacques, le faubourg Saint-Marceau sont parcourus par de nombreuses patrouilles qui partout passent sans rencontrer aucune résistance.

Les barrières de Fontainebleau et d'Italie, d'Arcueil, sont au pouvoir de la troupe et de la garde nationale.

En un mot, dans toutes les parties de la rive gauche de la Seine, le calme, l'ordre sont assurés, non-seulement par des patrouilles, mais par des pelotons composés de troupes de ligne et de garde nationale, et jusqu'ici rien ne vient nous donner la crainte de voir se renouveler là quelque chose qui puisse ressembler aux faits qui se sont passés hier.

De plus, nous avons reçu ce matin une députation de citoyens honorables du faubourg Saint-Marceau qui sont venus nous rendre compte de l'état des choses dans la 12e légion et dans la municipalité de l'arrondissement. Le général Cavaignac s'occupe de pourvoir aux mesures que réclame impérieusement un état de choses qui est tel, qu'en ce moment il n'y aurait pas de direction donnée, soit pour la municipalité, soit pour la garde nationale de cet arrondissement.

Le général a pris un arrêté que je vais vous faire connaître immédiatement, et qui invite trois des membres de l'Assemblée à vouloir bien accepter la mission de pourvoir aux mesures d'urgence, quant à l'administration du 12e arrondissement.

Le chef du pouvoir exécutif arrête :

Les citoyens Achille Vaulabelle, Froussard et de Ludre sont invités à prendre immédiatement la direction de la municipalité du 12e arrondissement de la ville de Paris.

Nous avons pensé qu'il était convenable, dans l'état où nous sommes, et dans l'impossibilité où s'est trouvée la députation du 12e arrondissement de nous désigner personne à qui nous puissions confier immédiatement les rênes de l'administration municipale ; nous avons pensé, dis-je, que trois de nos collègues, pour un temps qui ne peut être que très-court, voudraient bien se charger de cette mission. (Assentiment.)

Maintenant, messieurs, quant à l'organisation de la garde nationale, le général Cavaignac s'en occupe en ce moment même.

Voilà donc toute une partie de Paris, toute la rive gauche sur laquelle vous pouvez être pleinement rassurés.

Quant à la rive droite, les nouvelles sont bonnes. Le général Duvivier, non-seulement n'est plus resserré aux abords de l'Hôtel-de-Ville, mais il va agir, et il agit en ce moment dans des conditions telles, que nous avons l'espérance qu'avant une heure avancée de la journée, toutes les traces de l'insurrection auront disparu aux abords de l'Hôtel-de-Ville.

En même temps, à l'heure où je vous parle, le général Lamoricière a pris les mesures les plus énergiques, et elles s'exécutent en ce moment pour en finir avec l'insurrection dans les parties où elle était jusque-là restée, au clos Saint-Lazare, dans une partie du faubourg du Temple et dans le faubourg Saint-Antoine; et j'ai bien l'espérance encore qu'avant une heure très-peu avancée de la journée nous pourrons venir vous rendre un compte définitif des résultats obtenus. (Marques générales de satisfaction.)

Voilà la situation générale.

Quant à l'état matériel, quant à l'état moral, il se remarque dans toute la partie de la population qui avait été entraînée hier à prendre part à l'émeute un sentiment profond de découragement, et, en même temps, des regrets exprimés ou plutôt la déclaration par un très-grand nombre des insurgés qu'ils ne savaient, en vérité, ni ce qu'ils faisaient, ni ce qu'ils voulaient!... Vives rumeurs.)

Est-ce qu'il y aurait eu équivoque dans mes paroles? (Non! non!)

Plusieurs représentants. — Au contraire, nous les approuvons.

M. GOUDCHAUX. — C'est très-vrai! Nous rappellerons les faits! (Bruit.)

M. LE PRÉSIDENT. — Je dis à l'Assemblée comme quoi les rapports que nous avons sur l'état dans lequel se trouvent non pas seulement une portion de la population qui avait été entraînée, mais même un grand nombre d'individus qui ont été arrêtés, et qui sont aujourd'hui détenus, nous donnent la ferme espérance que je puise dans l'état moral de ces hommes, dans le langage qui nous est rapporté de leur part, de l'impossibilité où l'on se trouverait ultérieurement de recommencer à leur égard des menées et des manœuvres dont ceux mêmes qui ont été entraînés à y prendre part aperçoivent aujourd'hui tout le danger pour eux-mêmes. (Très-bien! très-bien!)

J'ajoute, comme état moral encore, que tous les rapports que nous avons reçus nous font connaître l'excellent effet produit dans toute la ville de Paris par les mesures et les résolutions qui ont été prises par l'Assemblée nationale et la confiance qui de toutes parts s'exprime dans les résolutions que l'Assemblée ne peut pas cesser de prendre.

Voilà ce qui, sous toutes les formes, nous est exprimé; voilà ce qui fait le fond de tous les rapports que nous avons reçus depuis hier soir.

Vos décrets, vos résolutions ont été tardivement portés à la connaissance de la ville de Paris. Des circonstances matérielles, qui tiennent à l'état de l'imprimerie même, n'ont permis à vos proclamations, à vos décrets, de n'arriver que fort tard à la population. Mais à mesure que tout a été lu, que tout a été connu, tout a été accepté avec un sentiment de confiance qui partout se manifeste en des termes que je suis heureux de vous transmettre.

D'un autre côté, les nouvelles que nous recevons partout des départements sont on ne peut plus rassurantes; l'Assemblée sait que son président doit se tenir dans des formules générales, et s'abstenir de détails qui nous entraîneraient à l'infini. (Oui! oui! — Très-bien!)

Pourtant, je ne peux pas m'empêcher de mettre sous vos yeux une dépêche qu'on m'a remise à l'instant même où j'entrais dans la salle, une dépêche télégraphique d'Angoulême, qui fait suite à dix, vingt, trente dépêches reçues, mais que je suis bien aise de vous faire connaître.

La voici :

Angoulême, le 24 juin 1848, à neuf heures du soir.

Le préfet de la Charente à M. le ministre de l'intérieur.

« On s'inscrit avec enthousiasme pour aller combattre l'anarchie. L'indignation est à son comble; elle a éclaté aux cris de *Vive la République!* parmi les officiers de la garde nationale et les représentants de la cité réunis autour de moi. »

Le même sentiment partout, la même pensée dans toutes les dépêches que nous recevons, la même volonté de venir en aide à l'Assemblée nationale et partout, remarquez-le bien, aux cris de *Vive la République!* (Bravos prolongés.)

(Les représentants se lèvent et font entendre les cris de *Vive la République!*)

M. LE PRÉSIDENT. — Voilà l'ensemble des communications que j'avais à vous faire sur l'état de Paris et des départements.

J'y ajoute un remerciment à ceux de nos collègues qui ont bien voulu nous faire parvenir hier soir et encore ce matin, au général Cavaignac et à moi, d'excellentes idées, desquelles ils ont compris qu'il y avait utilité à nous donner communication, afin que le général Cavaignac, de son côté, et moi, dans les limites de ce que je puis avoir à faire, ayons à profiter de toutes ces idées, qui, dans le moment où nous sommes, sont mieux dans la forme que nos collègues ont bien voulu adopter, que dans d'autres formes, ainsi que l'Assemblée l'a compris. (Oui! oui!)

Enfin, messieurs, je viens vous proposer un décret en vous

demandant la permission de passer, ou plutôt en vous demandant, comme cela est nécessaire, un vote d'urgence, afin de ne pas, même dans les circonstances où nous sommes, nous écarter du règlement.

Voici le projet de décret, je vais le lire ; il s'explique de lui-même :

« L'Assemblée nationale,

« Considérant que les agitations qui, depuis plusieurs jours, existent dans Paris, et les collisions sanglantes qui les ont suivies, ont eu pour résultat de suspendre et d'arrêter les derniers travaux, et de porter à leur comble la souffrance et la misère, et de rendre impossible l'action de la charité privée et des établissements de bienfaisance ;

« Qu'il importe de pourvoir à l'urgence de cette situation, en assurant sans délai, à la partie de la population qui ne vit que de son travail journalier, les moyens de subsistance qui manquent en ce moment ;

« Décrète :

« Art. 1er. Un crédit de trois millions pour secours extraordinaire est ouvert au ministre de l'intérieur.

« Art. 2. Le ministre de l'intérieur et le maire de Paris se concerteront pour faire répartir immédiatement cette somme entre les quatorze arrondissements de la Seine, dans la proportion des besoins respectifs de chacun d'eux.

« Art. 3. Des mesures seront prises sans délai dans chaque municipalité pour distribuer à domicile des secours, soit en argent, soit en nature, aux indigents. »

De toutes parts. — Très-bien ! très-bien ! — Aux voix ! aux voix !

M. LE PRÉSIDENT. — Conformément au règlement, je propose à l'Assemblée de voter l'urgence. (Oui ! oui !)

Je consulte l'Assemblée sur l'urgence.

(L'Assemblée prononce l'urgence à l'unanimité.)

M. LE PRÉSIDENT. — Je consulte maintenant l'Assemblée pour savoir si elle entend passer à la discussion des articles.

Plusieurs membres. — Aux voix ! aux voix l'emsemble du décret !

M. LE PRÉSIDENT. — Messieurs, suivons le règlement. (Oui, oui !)

Que ceux qui sont d'avis de passer à la discussion des articles veuillent bien se lever.

(L'Assemblée se lève tout entière.)

M. LE PRÉSIDENT. — Il n'y a pas de contre-épreuve possible puisque tout le monde est debout.

L'Assemblée veut-elle voter le préambule ?

De toutes parts. — Non! non! tout le monde l'adopte!

M. LE PRÉSIDENT. — Alors, je vais mettre les articles aux voix.

(L'art. 1 et 2 sont successivement mis aux voix et adoptés à l'unanimité, sans qu'il y ait lieu à procéder à la contre-épreuve.

M. LE PRÉSIDENT. — « Art. 3. Des mesures seront prises sans délai dans chaque municipalité pour distribuer à domicile des secours, soit en argent, soit en nature, aux indigents. »

M. DE FALLOUX — Il faut supprimer le mot *indigent*.

Voix diverses. — Il faut mettre *aux familles malheureuses, aux citoyens dans le besoin!* (Oui! oui!)

M. LE PRÉSIDENT. — On peut mettre : « Aux citoyens qui sont dans le besoin. » (C'est cela! c'est cela!)

Alors, je mets aux voix l'article ainsi modifié.

(L'article est adopté. — L'ensemble du décret est ensuite mis aux voix et adopté à l'unanimité.)

M. LE PRÉSIDENT. — Je constate de nouveau qu'il n'y a pas de contre-épreuve possible, et que l'Assemblée a voté à l'unanimité la plus complète.

(Un représentant s'approche de M. le Président, et lui adresse quelques observations que nous ne pouvons entendre.)

M. LE PRÉSIDENT, *lui répondant.* — Non, non; rien de pareil en ce moment; ce qui nous occupe, c'est de donner du pain à ceux qui n'en ont pas! (Oui, oui! — Très-bien!)

Un représentant. — Je demande la publication immédiate du décret.

M. LE PRÉSIDENT. — Il va être imprimé, distribué et affiché immédiatement, et surtout exécuté. (Bravo!)

(La séance est suspendue.)

UNE HEURE DIX MINUTES DE RELEVÉE.

M. LE PRÉSIDENT — Quelques mots, citoyens, sur l'état général de Paris.

Les nouvelles rassurantes que je vous avais données ce matin se sont heureusement confirmées. Sur la rive gauche de la Seine, soit aux barrières, soit le long des boulevards, et sur d'autres points intérieurs, on a encore tenté quelques mouvements, quelque agitation; à l'heure qu'il est, tranquillité, circulation libre des patrouilles; ce qu'on avait voulu commencer de barricades, est effacé : en un mot, plénitude de possession, de liberté, par la force publique, sur toute la rive gauche.

Quant à la rive droite, les mouvements qui ont été opérés, s'ils n'ont pas encore réalisé les espérances que nous concevons d'un rétablissement complet de l'ordre, au moins ils ont atteint le but, autant qu'il était possible de l'atteindre, dans le court espace de temps écoulé. Plusieurs barricades ont été enlevées dans la rue Saint-Antoine et dans les quartiers adjacents.

Sur tout le reste des points qui étaient occupés par les insurgés, les opérations continuent; il y a résistance; il y a lutte; mais il y a de plus que ce matin succès commencé. L'insurrection perd du terrain. La défense de la République est gagnée, et, conséquemment, les espérances que je vous avais annoncées se confirment pleinement. Au moment même où j'arrive, je reçois des rapports du préfet de police, dont je lis les trois dernières lignes seulement :

« La barricade du bas de la rue Saint-Antoine vient d'être enlevée; la position semble s'être améliorée, et la confiance gagne les esprits. »

D'heure en heure nouvelles arrivées de troupes demandées par le ministre de la guerre aux garnisons voisines; d'heure en heure arrivées nouvelles de gardes nationales des départements, qui, à mesure qu'elles apprennent les événements de Paris, s'empressent de venir, animées du meilleur esprit.

Maintenant je vais donner la parole au directeur général des postes pour qu'il vous donne quelques renseignemets sur l'état des communications.

M. ARAGO.—Citoyens représentants, toutes les malles des départements sont arrivées ce matin, avant huit heures. A huit heures il n'en manquait aucune à l'administration. Toutes les malles sont parties hier, comme je vous l'avais dit, rien ne les a arrêtées.

Celle qui était égarée a été retrouvée; elle vient de rentrer à l'administration. Ainsi, Paris pourra envoyer aujourd'hui comme il a envoyé hier, dans tous les départements, les nouvelles de la capitale.

La province est parfaitement tranquille; les deux expéditions se font : celle du midi par Versailles, Rambouillet et Dourdan (vous voyez quelles difficultés il y a eu); celle du nord se fait par la Chaussée-d'Antin, Clichy... (Assez! assez!)

Je dois vous dire maintenant que vous pourrez écrire jusqu'à cinq heures, quoique ce soit un dimanche. (Très-bien!)

M. LE PRÉSIDENT. — Je n'ai plus qu'un mot à ajouter, et j'aurais tort de ne pas le faire, quoique je m'abstienne, par un sentiment que l'Assemblée comprend parfaitement, de l'entretenir de ses propres actes.

Cependant je ne puis pas taire ce que j'ai trouvé, dans tous les rapports reçus depuis ce matin, de l'excellent effet que produit partout l'action individuelle des membres de l'Assemblée. Leur action, dans toutes les parties où ils se sont trouvés en contact avec la garde nationale, avec l'armée, est excellente; leur action dans toutes les visites que plusieurs d'eux ont faite, et que je ne puis que les engager à continuer partout où il y a des blessés, partout où il y a des hommes auxquels ils aient à transmettre l'expression des sentiments qui animent l'Assemblée, cette action est du meilleur effet, et je trouve cela tant de fois répété dans les rapports, que je veux le dire un instant à l'Assemblée, sans ajouter un mot de plus par des convenances qu'elle apprécie. (Approbation.)

M. FLOCON, *ministre de l'agriculture et du commerce*.—Citoyens, au milieu des maux trop réels et trop affreux qui nous affligent, on répand encore, on s'étudie à répandre les bruits les plus alarmants. Il n'est pas une des natures de service de l'administration ou des ressources du pays qui, si l'on en croit certains hommes, ne soit dans la désorganisation la plus complète. Ainsi, on fait courir depuis ce matin, dans Paris, le bruit que la ville manque de subsistances. (Réclamations.)

M. LA ROCHEJACQUELEIN. — Oh! oh!

M. LE PRÉSIDENT. — Pensez au retentissement de cette tribune.

M. FLOCON, *ministre de l'agriculture et du commerce*. — Lorsque j'apporte à cette tribune les bruits mensongers, calomnieux et perfides, c'est pour les y faire périr. (Très-bien! très-bien!)

Je vais vous donner communication, et je désire que cette communication ait du retentissement, de la situation réelle de la ville de Paris, sous le rapport des approvisionnements.

Il est certain qu'à la date du 23 juin, l'approvisionnement disponible en farines pour l'alimentation de Paris est de près de quinze millions de kilogrammes à la plus basse estimation.

Ce chiffre garantit tous les besoins pour trente jours au moins.

Jamais, dans aucune circonstance, Paris n'a eu un approvisionnement aussi considérable. Si, dans l'état actuel, la consommation s'accumule et s'exagère sur quelques points, elle diminue nécessairement sur d'autres, et, suivant toute probabilité, l'excédant et le déficit se balançant, les termes de la consommation habituelle se maintiennent.

En tout cas, j'ajoute que, quel que puisse être l'excédant de la consommation pendant deux ou trois jours, il n'y a rien que de très-rassurant dans la situation de l'approvisionnement de Paris.

Nous prenons, d'un autre côté, toutes les mesures nécessaires pour rappeler les arrivages, pour que les campagnes se rassurent, en sorte que cet approvisionnement ne puisse pas être diminué, même par les besoins extraordinaires qui pourraient se révéler d'un moment à l'autre.

Citoyens, j'ai à appeler votre attention sur un autre point : les effets de commerce payables, à Paris, à l'échéance du 23 de ce mois, éprouvent nécessairement une perturbation par suite des événements que vous connaissez tous.

exécutif le pouvoir législatif; cela est impossible. (Très-bien! très-bien!) L'Assemblée est en permanence, l'Assemblée est la source de toutes les dispositions législatives. On a parlé de la prorogation de loi accordée par le Gouvernement provisoire; il y a une différence énorme entre la position où se trouvait le Gouvernement provisoire et la position où se trouve aujourd'hui le chef du pouvoir exécutif. Le Gouvernement provisoire réunissait dans ses mains tout-à-la-fois le pouvoir exécutif et le pouvoir législatif, parce qu'il n'y avait pas d'Assemblée réunie; aujourd'hui, il y a l'Assemblée, qui a donné des pouvoirs au chef du pouvoir exécutif, et qui peut les lui retirer à volonté; mais la loi sort et doit sortir de l'Assemblée.

Or une prorogation de délai pour les échéances de billets ne peut être... (Assez! assez! — Interruption.) L'Assemblée est sage, assurément... (Nouvelle interruption.) Rien au monde n'est plus facile à l'Assemblée que de rendre un décret qui donne au pouvoir exécutif... (Assez! assez!)

M. DUCLERC, *ministre des finances.* — Dans les circonstances où nous nous trouvons, tout le monde comprend que je n'ai pas voulu élever une question de prérogative. (Marques d'adhésion.) Si pourtant la question soulève le moindre doute, je ne demande pas mieux que de soumettre à l'Assemblée nationale un projet de décret. J'avais fait préparer un arrêté du pouvoir exécutif; c'était dans le but d'aller plus vite. Si l'Assemblée désire que je le transforme en un projet de décret, je ne demande pas mieux. (Oui! oui!)

Seulement, si l'Assemblée décide la question elle-même, je lui demanderai de vouloir bien voter un décret d'urgence. (Oui! oui! Tout de suite!)

M. NACHET. — Je demande à faire cette observation : L'état de siége a pour effet... (Assez! assez!)

M. DUCLERC, *ministre des finances.* — Je change simplement l'intitulé.

« Au nom du peuple français,

« L'Assemblée nationale,

« Attendu que, par suite des événements, la circulation des correspondances et effets de commerce se trouve suspendue dans le département de la Seine;

« Attendu que tous les citoyens, occupés de la défense commune, ont dû suspendre le cours de leurs affaires et de leurs paiements;

« Considérant l'urgence, décrète :

« Art. 1er. Les échéances des effets de commerce payables dans le département de la Seine, depuis le 23 jusqu'au 27 juin courant inclusivement, seront prorogées de cinq jours, de ma-

Je viens demander si l'Assemblée ne jugera pas à propos de proroger le délai de ces effets de quelques jours, par exemple au 5 juillet. (Oui! oui!)

M. DUCLERC, *ministre des finances.* — Je demande la parole.

M. FLOCON, *ministre de l'agriculture et du commerce.* — J'ai fini la communication que je voulais faire à l'Assemblée.

M. DUCLERC, *ministre des finances.* — Veuillez me permettre un mot.

Il n'est pas besoin d'un décret de l'Assemblée pour cette prorogation; une décision du pouvoir exécutif suffit. D'ailleurs la banque de France ne demande pas un si long délai; elle pense que cinq jours suffiront. Il suffira de proroger l'échéance du 23 au 27 juin.

Voix diverses. — Très-bien!

D'autres voix. — Ce n'est pas assez! Jusqu'au 5 juillet!

M. FLOCON, *ministre des finances.* — On me demande si la même prorogation sera étendue aux provinces : suivant la demande qui en sera faite, le chef du pouvoir exécutif délibérera et décidera.

Quelques personnes ont ajouté que le délai du 23 au 27 n'était pas suffisant; mais tous les hommes compétents trouvent, au contraire, ce délai parfaitement suffisant. Il ne s'agit pas d'accorder une faveur aux débiteurs, mais seulement de donner au commerce une facilité qui lui est nécessaire.

M. DIDIER. — Je viens soumettre à l'Assemblée une simple observation sur ce qui vient d'être dit à cette tribune.

Il est question de proroger l'échéance des effets de commerce à un délai quelconque, au 5 juillet...

Plusieurs voix. — Non! au 27 juin!

M. DIDIER. — Ce n'est pas là-dessus que porte mon observation.

Je prie l'Assemblée de vouloir bien m'écouter un seul instant.

On demandait que le ministre des finances voulût bien proposer à l'adoption de l'Assemblée un décret, et il a été répondu que le chef du pouvoir exécutif avait le droit d'établir, par un arrêté qui lui serait propre, cette prorogation de délai. Je pense, moi, que cela n'est pas possible. On parle de ce qui s'est fait par le Gouvernement provisoire; assurément, quand le Gouvernement provisoire a prorogé... (Interruption.)

Une voix. — L'état de siége!

M. DIDIER. — Peu importe l'état de siége.

Je supplie l'Assemblée de vouloir bien m'écouter un instant. L'état de siége n'a pas pour effet et ne peut pas avoir pour effet de transporter de l'Assemblée qui siége ici aux mains du pouvoir nière à ce que les effets échus le 23 juin ne soient payables que le 28 juin, et ainsi de suite.

« Art. 2. Tous protêts, recours en garantie ou prescription mentionnés en l'art. 1er sont également suspendus et prorogés pendant le même délai.

« Art. 3. Sont valables tous protêts, recours en garantie et actes conservatoires qui étaient faits antérieurement à la promulgation du présent décret, conformément aux lois existantes.

« Art. 4. Le ministre des finances est chargé de l'exécution du présent décret. »

Je demanderai la permission de faire une observation en réponse à une demande portée à la tribune. On avait demandé de proroger l'échéance de tous les effets de commerce jusqu'au 5 juillet.

En vertu du décret, les effets au 28 juin se trouveront prorogés jusqu'au 2 juillet.

M. LE PRÉSIDENT. — Je mets aux voix l'urgence. (Adopté.)

L'Assemblée nationale déclare qu'il y a urgence.

Je consulte l'Assemblée pour savoir si elle entend passer à la discussion des articles.

(L'Assemblée passe à la discussion des articles.)

M. LE PRÉSIDENT. — Je consulte l'Assemblée sur l'art. 1er.

M. DESLONGRAIS. — Citoyens représentants, je dois faire observer qu'il me paraît indispensable d'étendre à la province le délai qui est accordé pour la Seine.

En effet, beaucoup de commerçants des départements peuvent avoir à recevoir ces jours-là dans le département de la Seine, et il faut qu'ils reçoivent pour pouvoir payer. Si vous n'étendiez pas aux départements le bénéfice de cette disposition, vous entraveriez le commerce dans tout le pays.

Je propose, en conséquence, de mettre « dans le département de la Seine et dans les autres départements. »

M. STOURM. — Il suffirait de supprimer ces mots : « dans le département de la Seine. »

M. DUCLERC, *ministre des finances*. — Nous n'avons pas proposé une disposition générale, parce qu'il nous a semblé, dans le premier moment, que le délai ne devait être étendu qu'aux effets de commerce payables à Paris, aux effets qui ont été créés sur Paris.

Pour les villes qui correspondent entre elles, pour les correspondances, par exemple, de Bayonne avec Toulouse, ou de Toulouse avec Marseille, il est très-certain que le commerce ne sera pas le moins du monde touché par les événements qui viennent de s'accomplir. Il nous avait paru superflu d'étendre le délai hors du département de la Seine. Cependant, si l'Assemblée veut adopter cette mesure d'une manière générale, le Gouvernement ne s'y opposera pas.

M. LE PRÉSIDENT. — Je vais mettre aux voix le paragraphe amendé par la suppression des mots *dans le département de la Seine*.

« Les échéances des effets de commerce, payables depuis le 23 jusqu'au 27 juin... »

M. DUCLERC, *ministre des finances*. — « A Paris et dans les départements. »

M. LE PRÉSIDENT. — La suppression a le même but, mais l'expression est encore plus claire :

« Les échéances des effets de commerce, payables à Paris et dans les départements, depuis le 23 jusqu'au 27 juin courant inclusivement, sont prorogées de cinq jours, de manière à ce que les effets échus le 23 juin ne soient payables que le 28, et ainsi de suite. »

M. ODILON BARROT. — Je demanderai la division.

C'est une chose très-grave que de suspendre les engagements dans toute la France; c'est une perturbation que vous apporteriez dans toutes les relations commerciales et industrielles..... (Bruit.)

Je comprends la suspension des engagements là où elle est le résultat de la nécessité la plus rigoureuse et la plus absolue; je la comprends pour Paris, parce que ce ne sont pas seulement des cas individuels, mais parce que c'est aussi pour tous les engagements qui sont frappés par la même cause, par une cause locale immédiate.

Mais, aller suspendre les engagements dans toutes les parties de la France, parce que quelques cas individuels pourront se ressentir de la mesure que nous allons prendre, je crois que c'est là une mesure exorbitante, et je demanderai la division; car autre chose est la demande telle qu'on l'avait formulée pour Paris, autre chose est la suspension générale, pour tous les départements de la France, des engagements commerciaux individuels.

M. PÉAN. — Et les gardes nationaux qui ont quitté leur cité pour venir à Paris défendre l'ordre!

M. DESLONGRAIS. — Rappelez-vous qu'un grand nombre de gardes nationaux des départements se sont empressés d'abandonner leurs intérêts individuels pour venir ici. Qui peut vous dire que les citoyens de Rouen, arrivés hier... (Oui! oui! — Aux voix!)

M. STOURM. — Je ne sais ce qui se passe dans toutes les parties du territoire; mais je sais ce qui se passe dans plusieurs endroits voisins de Paris. Si le bénéfice du décret qu'on vous demande était appliqué à Paris seulement, il est évident que vous causeriez une grande souffrance dans les départements voisins de Paris. Il s'agit de savoir si vous voulez faire une distinction entre Paris, les départements voisins de Paris et le reste de la France. La chose serait-elle possible? Je ne le crois pas.

Voici ce qui se passe dans les départements voisins de Paris. D'abord, quant aux échéances, les négociants et les fabricants comptent sur les fonds qu'ils doivent toucher à Paris; ils ont des correspondants à Paris, et c'est au moyen des recouvrements qu'ils font à Paris qu'ils payent leurs engagements chez eux au jour indiqué.

De plus, dans les circonstances actuelles, un grand nombre de gardes nationaux ont abandonné leurs affaires et leurs foyers; ils ne se sont plus occupés de l'échéance de leurs billets, ils n'ont pensé qu'au salut de la patrie.

Certainement, si vous leur imposiez l'obligation de payer aujourd'hui, ils ne le pourraient pas, parce qu'ils sont absents et que les fonds n'ont pas été touchés à Paris.

Par cette double considération, le bénéfice du décret doit être étendu à un certain nombre de départements. Mais, comme il vous est impossible de faire le partage entre les départements qui se trouvent dans la situation dont on a parlé et les autres départements, je crois que le bénéfice du décret doit être étendu à toute la France.

C'est une perturbation, sans doute; mais ne sommes-nous pas victimes de perturbations plus considérables? Dès qu'il y a des souffrances, il faut chercher à apporter, le plus promptement possible, un remède efficace à ces souffrances; plus tard nous aviserons à régulariser la situation.

M. ODILON BARROT.—Je retire la proposition que j'avais faite, par cette considération principale que, dans les parties éloignées de la France auxquelles la mesure pourrait s'étendre, elle sera à peu près comme non avenue, puisqu'elle n'y recevra pas d'exécution, ou que cette exécution y sera à peu près insignifiante, et que, dans les départements les plus voisins de Paris, qui sont avec Paris en relations continuelles d'affaires, la mesure est absolument insdispensable.

M. LE PRÉSIDENT.—Je consulte l'Assemblée :

« Art. 1er. Les échéances des effets de commerce, payables à Paris et dans les départements, depuis le 23 jusqu'au 27 juin courant inclusivement, sont prorogées de cinq jours, de manière à ce que les effets échus le 23 juin ne soient payables que le 28, et ainsi de suite. »

(Cet article, mis aux voix, est adopté.)

« Art. 2. Tous protêts, recours en garantie et prescriptions mentionnés dans l'art. 1ᵉʳ sont également suspendus et prorogés pendant le même délai. » (Adopté.)

« Art. 3. Sont valables tous protêts, recours en garantie et actes conservatoires qui auraient été faits antérieurement à la promulgation du présent décret, conformément aux lois existantes. » (Adopté.)

« Art. 4. Le ministre des finances est chargé de l'exécution du présent décret. » (Adopté.)

(L'ensemble du décret est également mis aux voix et adopté.)

M. LE PRÉSIDENT.—Comme je ne vois rien d'immédiat à l'ordre du jour, si l'Assemblée le trouve bon, nous allons suspendre la séance.

La séance est suspendue.

TROIS HEURES ET UN QUART.

(Le citoyen Georges Lafayette, vice-président, occupe le fauteuil.)

M. LE PRÉSIDENT.—Le citoyen Ducoux a la parole pour donner à l'Assemblée des nouvelles qui sont très-satisfaisantes.

M. DUCOUX.—Citoyens représentants, en montant à cette tribune, je cède aux instances de plusieurs de nos collègues qui ont désiré que je portasse à votre connaissance les nouvelles que je viens de communiquer au général Cavaignac, et qui sont de nature à relever toutes les espérances de la République.

Sur tous les points, l'insurrection est refoulée. Une quantité considérable d'armes, cinq mille au moins, vient d'être enlevée aux insurgés.

La garde nationale, guidée par son admirable instinct, avait établi déjà, de maison en maison, des communications qui lui ont permis d'arriver jusque sur les barricades, et de diriger ainsi sur elles un feu plongeant qui a délogé les perturbateurs.

Plusieurs membres.—Où cela? où cela?

M. DUCOUX.—Dans le faubourg du Temple et aux environs du clos Saint-Lazare.

Le génie militaire et le corps des sapeurs-pompiers, qui sont arrivés, ont continué ces excellentes opérations.

La garde nationale de Saint-Denis, qui, jusqu'à présent, n'avait pas pu se mettre en communication avec l'armée et avec la garde nationale de Paris, est venue nous offrir ses services et déclarer qu'elle était parfaitement maîtresse de ses mouvements.

Une partie de la garde nationale de Montmartre, comprimée elle-même par les insurrectionnels, est venue nous faire la même déclaration.

Nous savons aussi qu'une foule de gens de la Villette et des endroits environnants, trompés par des bruits de toute façon, par des bruits surtout très malveillants contre la garde nationale de Paris, sont venus reconnaître leur erreur.

Enfin, la garde nationale de Paris, qui hier semblait frappée de stupeur... (Vives et universelles réclamations.)

M. DUCOUX.—Vous me comprenez mal!]

De toutes parts.—Au contraire! la garde nationale de Paris a été admirable. (Longue agitation.)

M. DUCOUX.—Je regrette, citoyens, la brusquerie de vos réclamations; on m'a empêché de continuer ma phrase.

Le mot *stupeur*, sorti de ma bouche, ne signifiait pas l'étonnement ni la défiance; mais il est certain que les bruits qui avaient couru hier avaient fait qu'une partie de la garde nationale, qui gardait ses maisons, semblait non pas frappée de cet abattement que semble indiquer le mot *stupeur*, mais hésiter à s'agglomérer, comme d'habitude, autour de ses chefs; aujourd'hui elle le fait avec un zèle et une ardeur admirables; elle répond avec le plus grand empressement à l'appel qui lui est fait.

Voix nombreuses.—Comme hier.

M. DUCOUX.—Partout se montrent l'enthousiasme, le dévouement pour la République et pour l'ordre; nous pouvons dire que, dans un avenir prochain, avenir que je ne puis préciser, la République et l'ordre triompheront de l'insurrection. (Très-bien!)

M. DUCLERC, *ministre des finances.*—Je demande la parole.

M. LE PRÉSIDENT.—Permettez! Comme président de l'Assemblée, en ce moment, je demande la permission de lui dire quelques mots relativement aux paroles qui viennent d'être prononcées.

J'ai eu l'honneur, hier, de faire partie d'une des commissions qui ont parcouru les différents postes de la garde nationale de Paris, et je puis affirmer à l'Assemblée que la garde nationale de Paris était dans les dispositions les plus courageuses et qu'elle était pleine d'espérance dans le triomphe de l'ordre. (Oui! oui!)

Je tiens à constater ce fait. (Très-bien! très-bien!)

Voix nombreuses.—Nous le savons tous!

M. LE PRÉSIDENT.—Maintenant la parole est à M. le ministre des finances.

M. DUCLERC, *ministre des finances.*—Ce que vient de dire M. le président me dispense d'entrer dans aucun développement; je crois que M. Ducoux retirera lui-même son mot, qui est malheureux.

La garde nationale (j'ai parcouru hier matin les cinq premières mairies) la garde nationale était partout déterminée, et, permettez-moi de vous le dire, de toutes parts, soit du côté de l'insurrection, soit du côté de la garde nationale, on a combattu avec trop d'acharnement et avec trop de courage. (Exclamation. — Cris : A l'ordre ! à l'ordre !)

Un représentant.—La garde nationale, c'était la bravoure luttant contre l'assassinat.

Un autre représentant.—C'est un blasphème !

L'Assemblée tout entière, se levant.—Vive la garde nationale vive la garde nationale !

M. AUGUSTE AVOND.—La garde nationale s'est fait tuer avec héroïsme partout.

Votre mot est encore plus malheureux que celui du citoyen Ducoux. (Vive et longue agitation.)

M. LE PRÉSIDENT.—Veuillez permettre au ministre des finances d'expliquer l'expression dont il s'est servi. C'est son droit. (Le tumulte continue.)

Un membre.—Il vaut mieux ne point parler.

M. LE PRÉSIDENT.—Je prie l'Assemblée de vouloir bien garder le silence.

M. LE MINISTRE.—Messieurs, le sentiment qui m'a fait monter à cette tribune était manifeste pour tout le monde. Il est bien évident ou que je me suis mal expliqué ou que j'ai été mal compris.

Je suis venu ici pour protester contre une assertion qui me paraissait fâcheuse pour la garde nationale. J'ai ajouté un mot qui exprimait ceci : c'est que je déplore profondément le sang versé…

De toutes parts.—Tous ! tous ! nous en gémissons !

M. LE MINISTRE DES FINANCES.—Maintenant permettez-moi d'ajouter ceci : La conduite que j'ai tenue depuis trois jours ne doit vous laisser aucun doute sur mes sentiments. (Non ! non !) ; mais, si j'ai marché contre l'insurrection, je n'oublie pas que ce sont des Français. Je regrette profondément la lutte qui vient de s'engager. (Mouvement divers).

M. DE LA ROCHEJAQUELEIN.—Messieurs, je ne veux pas prolonger le douloureux incident qui vient de nous occuper… (Interruption. Assez ! assez !)

Je viens demander… (Non ! non !) Permettez, je veux vous parler de toute autre chose…

M. LE PRÉSIDENT.—Je ferai observer à monsieur de la Rochejaquelein que la séance n'a été reprise que pour entendre les renseignements qu'avait à donner M. Ducoux. Je propose à la chambre de la suspendre de nouveau, maintenant que les renseignements ont été entendus.

M. DE LA ROCHEJAQUELEIN.—Vous ne pouvez pas m'empêcher de faire une proposition à l'Assemblée.

M. LE PRÉSIDENT.—Je répète que, les renseignements de M. Ducoux ayant été entendus, je suspens de nouveau la séance.

M. DE LA ROCHEJAQUELEIN.—Vous n'en avez pas le droit. Je demande la parole contre la clôture!

M. LE PRÉSIDENT.—Vous avez la parole contre la clôture.

M. DE LA ROCHEJAQUELEIN.—Je n'ai aucune communication à faire à l'Assemblée... (Interruption—Parlez! parlez!)

M. LE PRÉSIDENT.—M. de la Rochejaquelein a demandé la parole contre la clôture. Il ne peut parler que contre la clôture.

Un représentant.—Il faut communiquer au président ce que vous voulez dire.

M. DE LA ROCHEJAQUELEIN.—Comment! Si dans des événements pareils quelqu'un de nous avait une bonne pensée, il ne pourrait pas la communiquer à l'Assemblée sans en entretenir le président! Mais vous n'avez donc aucune notion du pouvoir de l'Assemblée nationale, de son autorité souveraine! (Vives réclamations.—Exclamations diverses.)

M. LE PRÉSIDENT.—Je fais observer à l'orateur qu'il n'a pas le droit d'adresser des paroles semblables à ses collègues.

M. DE LA ROCHEJAQUELEIN.—Vous n'avez pas le droit de m'empêcher de parler. (Bruit.) Lorsque, dans un moment pareil, nous devons nous communiquer les uns aux autres ce que nous croyons devoir dire dans l'intérêt de la patrie, vous ne voulez pas que les cœurs puissent parler à vos cœurs!... (Parlez! parlez!) Vous ne le voulez pas!... et alors je ne conçois pas ce que nous faisons ici. (Parlez! parlez!)

M. LE PRÉSIDENT.—Vous n'avez la parole que contre la clôture.

M. DE LA ROCHEJAQUELEIN.—Messieurs, je n'abuse pas de la tribune. Je vous demande de vouloir bien me permettre, dans ce moment si solennel, de vous communiquer une pensée, un sentiment tout cordial, tout fraternel, tout patriotique; tout le monde le reconnaîtra.

Je vous demande de vouloir bien permettre que la clôture ne soit pas prononcée, avant que vous ne m'ayez entendu.

M. LE PRÉSIDENT.—L'Assemblée insiste-t-elle sur la clôture? (Non! non!)

M. DE LA ROCHEJAQUELEIN.— Personne parmi nous ne peut vouloir revendiquer pour lui le monopole d'une douleur profonde de ce qui se passe. C'est le sentiment qui nous domine tous; c'est là notre pensée à tous, et je puis dire que, sous le poids des infortunes qui nous contristent en ce moment, nos préoccupations, nos agitations politiques disparaissent complétement devant les malheurs de la patrie. (Très-bien! très-bien!)

Messieurs, je suis un homme d'autorité et d'ordre, autant que qui que ce soit. Je ne voudrais pas demander à l'Assemblée nationale représentant la volonté souveraine du pays, je ne voudrais pas lui demander de faire un acte de faiblesse. Soyez convaincus que jamais je ne le lui demanderai; mais je voudrais que l'on fût éclairé sur ses véritables sentiments. Beaucoup de bruits détestables sont répandus, beaucoup de mauvaises passions cherchent à profiter des malheurs du pays pour tâcher de représenter l'Assemblée nationale autrement qu'elle n'est : car, pour moi qui la connais, et qui en fais partie, je sais tout ce qu'elle est, tout ce qu'elle a d'admirable et tout ce qu'elle a de cordial pour la patrie.

Eh bien, je demanderais que, pour faire taire toutes les mauvaises passions, que, pour ne laisser aucun prétexte aux détestables intentions qui se manifestent, et qui, malheureusement! se manifestent par des douleurs inexprimables pour le pays, je demanderais que le mot que l'on va répétant partout, dans les faubourgs armés et insurgés, comme conséquence de l'état de siége, que ce mot ne fût pas, et il ne l'est certes pas, celui de l'Assemblée nationale, aux yeux des hommes égarés; j'hésite à le dire, tant il est injuste et douloureux! on dit que la mise en état de siége peut se traduire par le mot : *Malheur aux vaincus!* (Réclamations énergiques.)

Un représentant.—Mais qui a pu dire un si déplorable mot?

M. DE LA ROCHEJAQUELEIN.—On le dit partout, pour tromper les insurgés.

Une voix.—Ne le répétez pas.

Plusieurs voix.—Lisez donc la proclamation du général Cavaignac!

M. DE LA ROCHEJAQUELEIN—Eh! messieurs, ne sais-je pas que le mot n'a pas été dit, qu'il a été inventé par les ennemis de la patrie? Je demande que nous fassions connaître à ceux qui peuvent être égarés par des misérables qui déchirent le sein de la patrie, et je le demande pour que cela soit bien entendu par tous, je demande que nous fassions connaître que ce n'est pas nous qui permettrons jamais qu'on nous prête une pareille interprétation de nos actes.

Je demanderais que, dans un moment où les nouvelles sont plus favorables pour l'ordre, comprenez-le... (Bruit), quelques mots de l'Assemblée nationale... (Nouvelle interruption.)

M RAYNAL.—Ceux qui vous interrompent n'ont pas le sentiment de la patrie et de l'humanité.

M. LE PRÉSIDENT.—Vous n'avez pas la parole.

M. DE LA ROCHEJAQUELEIN—Je demande à l'Assemblée nationale de combattre, par ses paroles, par sa voix, les hommes qui trompent le peuple. (Réclamations diverses.)

Comment! il me semble que c'est un beau rôle, un rôle paternel. (Bruit confus.—Exclamations diverses.)

Une voix.—L'Assemblée n'a pas besoin de faire de déclaration à cet égard.

Plusieurs membres.—C'est inutile! nulle part de pareils sentiments ne peuvent être professés; ils ne sont pas français.

M. DE LA ROCHEJAQUELEIN.—C'est ce que je dis, et c'est précisément parce que ces sentiments ne sont pas français qu'il faut que l'Assemblée nationale repousse avec indignation ces moyens infâmes dont on se sert pour égarer tant de malheureux.

M. DEMESMAY. L'Assemblée n'a pas besoin de déclarer qu'elle n'a jamais dit un pareil mot, jamais eu une pareille pensée.

M. DE LA ROCHEJAQUELEIN. Il paraît que, lorsqu'on a le cœur bien malade, on s'exprime bien mal sur ses sentiments. Ce qu'il y a de certain, c'est que mes intentions sont excellentes. Si mes paroles ne sont pas l'expression fidèle de mes pensées, c'est que ma douleur sait mal s'exprimer. (Agitation prolongée.)

(Le citoyen Didier monte à la tribune. Exclamations nombreuses.)

De toutes parts.—Assez! assez!—(La clôture!)

M. LE PRÉSIDENT.—La séance est suspendue.

CINQ HEURES MOINS UN QUART.

(Le citoyen Sénard, président, est au fauteuil.)

M. LE PRÉSIDENT.—Je m'empresse de porter à la connaissance de l'Assemblée les nouvelles que nous venons de recevoir des lieux dans lesquels la lutte se continue encore, mais, comme l'Assemblée va le remarquer, avec un avantage tel du côté des défenseurs de la République, que nous pouvons maintenant persister de plus en plus dans l'espérance d'une prompte et complète terminaison.

Je viens de recevoir une lettre du citoyen Armand Marrast, je vais vous la lire en entier. Vous y trouverez des détails douloureux. Toutes les fois que nous descendons dans le détail de ces faits, c'est la douleur que nous y rencontrons. Voici la lettre:

« Je m'empresse de vous annoncer que le mouvement d'offensive commencé hier, poursuivi ce matin avec une grande vigueur, est partout couronné de succès.

« Nos colonnes viennent de s'emparer du point le plus redoutable et le moins abordable de l'insurrection. La mairie du 9ᵉ arrondissement et les rues qui l'avoisinent ont été reconquises pied à pied; des barricades formidables ont été enlevées après de rudes combats et des pertes douloureuses; mais l'acharnement incroyable des insurgés a dû céder devant l'héroïque intrépidité de nos troupes.

« Je ne puis en ce moment vous donner de longs détails ; mais, pour que vous jugiez vous-mêmes des difficultés du combat, je vous dirai seulement que, dans la plupart des rues longues, étroites et couvertes de barricades, qui vont de l'Hôtel-de-Ville à la rue Saint-Antoine, les insurgés s'étaient emparés de presque toutes les maisons et en avaient matelassé les croisées, et ils tiraient de là presqu'à coup sûr. Aussi, nos pertes sont-elles considérables et cruelles.

« La mobile et la ligne ont dû faire le siége de chaque maison, et ce qui rendait l'œuvre plus périlleuse, c'est que les insurgés avaient établi entre les maisons occupées des communications intérieures ; en sorte qu'ils pouvaient se rendre, comme par des allées couvertes, d'un point extérieur jusqu'au centre, où une suite de barricades les partageaient. Ils avaient fait de tout le quartier une immense forteresse, qu'il a fallu démolir pierre à pierre, et cela peut vous expliquer le temps qu'on a dû y mettre et le prix que cela nous coûte ! Nos colonnes sont maintenant en marche vers la place des Vosges pour reprendre la mairie du 8e arrondissement, et attaquer le dernier asile de l'insurrection au faubourg Saint-Antoine. J'espère que la résistance ici sera faible, plus faible, du moins, que celles dont nous avons tant à gémir. J'ai la confiance que nous en finirons ce soir.

« Salut et fraternité.   MARRAST.

« *Post-scriptum.* — Un rapport reçu à l'instant m'annonce qu'on a forcé la barricade si forte qui nous arrétait depuis le matin. Nos troupes sont arrivées jusqu'au pont de Damiette, dont elles occupent les deux extrémités. Nous envoyons un renfort pour enlever les casernes. Tout marche vers une conclusion heureuse. Mais, hélas ! nos hôpitaux, nos ambulances sont encombrés, et jamais encore le pavé de Paris n'avait été rougi d'autant de sang. »

En même temps, messieurs, que ces nouvelles, à la fois consolantes, quant à l'avenir de la République, tristes, cruelles, quant au prix auquel il faut acheter cet avenir, en même temps qu'elles nous arrivaient, nous recevions des nouvelles, non moins rassurantes quant aux résultats, et, grâce à Dieu ! beaucoup moins douloureuses, de tous les autres points où l'insurrection jusqu'ici se concentrait.

Le clos Saint-Lazare et toutes les parties qui l'avoisinent, où, depuis hier, les insurgés s'étaient retranchés, sont maintenant complétement en la possession de nos troupes.

Les autres points sur lesquels ils avaient essayé de reformer çà et là quelques barricades n'ont pas tenu davantage.

Dans toutes les parties de la rive gauche, on a encore, çà et là, tiré quelques coups de fusil, on a, çà et là, essayé des groupes, une résistance, rassemblé quelques pavés; rien de sérieux! Partout la puissance publique est en possession des rues, des places, de tous les canaux de circulation.

Reste maintenant le dernier point que je viens de vous indiquer, sur lequel la lutte se prolonge encore, mais où il nous est permis non-seulement d'affirmer, mais de prévoir prochainement un résultat.

En même temps, messieurs, que le chef du pouvoir exécutif employait tous ses soins à diriger les forces militaires dont il dispose pour combattre et pour anéantir l'insurrection, je dois vous dire que tout ce qui pouvait être fait pour ramener ces malheureux insurgés qui se battent aujourd'hui avec un acharnement incroyable, et sans savoir le but auquel ils tendent, les insensés!... (Mouvement. — Oui! oui! C'est vrai!)

Laissez-moi redire ce que j'ai dit ce matin, et, ce qui est vrai, que derrière ces fauteurs d'anarchie, dont nous connaissons bien le but, sont des masses égarées auxquelles nous tendons les bras. (Oui! oui! — Marques d'approbation), et laissez-moi vous dire qu'en même temps que toutes les ressources que la force publique met dans les mains du chef du pouvoir exécutif sont et doivent être employées, tout ce que le cœur, tout ce que le sentiment qui est dans le sein de cette Assemblée, comme il est dans la pensée du chef du pouvoir exécutif et dans la mienne, a pu nous dicter, a été mis en œuvre pour arracher à ceux qui égarent ces masses de bon peuple ces pauvres malheureux qu'on traîne à ce combat insensé. (Très-bien!)

Des bruits affreux avaient été semés derrière les barricades; on disait à ceux qui y étaient: « Défendez-vous, défendez-vous jusqu'à la dernière minute, car si vous vous rendiez, vous seriez massacrés! » Et ces bruits-là ne nous venaient pas seulement par des rapports de police; nos collègues qui sont allés aussi sur ces barricades, nos collègues qui ont fait tout ce qui était humainement possible, dans le sein de la garde nationale et en même temps en se tournant vers ces malheureux qu'on avait égarés, nous avertissaient des bruits ainsi répandus et nous expliquaient par là un acharnement qui, sur plusieurs points, aurait été sans cela complétement inexplicable. Le général Cavaignac et moi nous avons, il y a déjà plusieurs heures, répondu aux sentiments et devancé les sentiments qui nous étaient exprimés par plusieurs lettres de nos collègues, auxquels nous avions répondu avant de les avoir reçues. Tout à l'heure (je vais vous dire les noms), je recevais une lettre écrite là, sur le lieu même, par le citoyen Waldeck-Rousseau, qui me disait : « On répand parmi les insurgés comme fait certain que, s'ils se rendent, on ne leur fera pas de quartier. N'y aurait-il pas moyen de combattre cette calomnie contre le sentiment français? » Nous avons reçu cette lettre, et nous avons le bonheur de vous dire que, à l'heure qu'il est, une proclamation est lancée derrière les barricades pour détruire cette calomnie; voilà ce que j'ai signé, moi, votre président, et le chef du pouvoir exécutif, ne craignant pas de nous engager tous deux dans une pensée qui est la vôtre à tous.

Voici la proclamation :

« Ouvriers, et vous tous qui tenez encore les armes levées contre la République, une dernière fois, au nom de tout ce qu'il y a de respectable, de saint, de sacré pour les hommes, déposez vos armes! L'Assemblée nationale, la nation tout entière, vous le demandent.

« On vous dit que de cruelles vengeances vous attendent! Ce sont vos ennemis, les nôtres, qui parlent ainsi!

« On vous dit que vous serez sacrifiés de sang-froid! Venez à nous, venez comme des frères repentants et soumis à la loi, et les bras de la République sont tout prêts à vous recevoir.

« *Le président de l'Assemblée nationale,*   *Le chef du pouvoir exécutif,*

« SÉNARD.   E. CAVAIGNAC. »

(Bravo! bravo!—Applaudissements.)

M. LOUIS BLANC.—Ah! très-bien! c'est excellent.

M. LE PRÉSIDENT.—Voilà ce que, il y a plusieurs heures déjà, on jette derrière les barricades. (Très-bien!—Bravo! bravo!)

Voilà, je le répète, ce que nous faisons répandre depuis plusieurs heures. Et si nous avons le malheur que, jusqu'à la dernière heure, il faille verser du sang français, au moins nous nous dirons que nous aurons fait tout ce qui était humainement possible pour en arrêter la douloureuse effusion. (Très-bien! très-bien!—Bravo!)

Rien n'étant à l'ordre du jour, l'Assemblée trouve-t-elle bien que je suspende de nouveau la séance? (Oui! oui!)

Nous reprendrons la séance à huit heures, à moins que, d'ici là, il n'y ait quelque communication importante à faire.

Je reçois à l'instant une lettre de M. le préfet de police; je m'en vais en donner lecture.

Quatre heures un quart.

« Les barricades du faubourg Saint-Antoine sont enlevées,

et les insurgés résistent encore au faubourg du Temple et dans le Marais.

« Les rues Saint-Jacques, des Noyers, place Cambrai, place Maubert, le quai Saint-Bernard étaient tranquilles à trois heures moins un quart; quelques minutes plus tard cependant, on apprenait qu'une décharge avait été faite par les insurgés en assez grand nombre rue Saint-Victor.

« Le général Lamoricière commande le feu au faubourg du Temple. »

M. F. BOUVET.—Vous ne voulez pas qu'on envoie des délégués aux blessés?

M. LE PRÉSIDENT.— Ah! monsieur Francisque Bouvet! Ecoutez votre président, messieurs.

Vous savez comment ce matin je vous ai dit qu'on avait remercié tous les membres de cette assemblée, non-seulement ceux qui étaient venus se mêler à la garde nationale, mais encore et surtout peut-être par l'espèce de tendresse des remerciements, ceux qui avaient été visiter les blessés. Vous savez comment je vous ai dit, en vous transmettant ces expressions de reconnaissance, combien il y avait d'effet dans cette action de l'Assemblée!

Je suis obligé de dire, par suite de l'interpellation que je reçois, que l'un de nos collègues avait voulu faire de cela l'objet d'une motion, pour qu'il fût nommé des commissaires pour visiter les blessés; il m'a écrit une lettre à ce sujet qui m'aurait affligé si je ne savais comment, dans ce moment-ci, les uns et les autres, en tendant vers le même but, nous pouvons différer sur les moyens. Eh bien, ce collègue vient de m'interrompre parce que je n'ai pas cru qu'il fût convenable d'avoir recours à une motion pour ordonner, pour régler ce qui est une action de cœur. (Marques générales d'assentiment.)

Voix nombreuses.—Nous y allons; mais nous n'avons pas besoin de le faire savoir par une motion.

M. DE BEAUMONT (de la Somme.) — Pendant six heures, nous avons visité les blessés dans les faubourgs Poissonnière et Saint-Denis.

M. FRANCISQUE BOUVET. — Ce n'est pas au nom de l'Assemblée.

M. DE BEAUMONT (de la Somme). — Au contraire, ce n'est pas individuellement, mais au nom de l'Assemblée.

M. LE PRÉSIDENT. — Quand je vous disais ce matin merci en leur nom, est-ce que je ne faisais pas la motion, et au-delà de la motion que vous demandez? (Oui! oui!)

M. PEUPIN. — L'Assemblée a dû être convaincue que le président n'avait en aucune façon dit une chose qui ne pût faire penser à qui que ce soit qu'il ne le voulait pas.

Un membre. — J'ai demandé à faire une proposition, on m'a refusé. (Exclamations nombreuses.)

M. LE PRÉSIDENT. — La séance est suspendue.

(Il est cinq heures dix minutes.)

NEUF HEURES MOINS DIX MINUTES DU SOIR.

Le président Senard occupe le fauteuil.

M. LE PRÉSIDENT. — Citoyens représentants, je vous disais ce matin et dans le milieu du jour, en vous rendant compte des opérations militaires, ce que la sûreté de Paris, le maintien de l'ordre et la défense de la République exigeaient, à quel prix nous étions réduits à acheter le maintien de l'ordre et la défense de la République.

Depuis lors, les événements ont marché; nos prévisions se sont réalisées. Sur les divers points où l'insurrection a été attaquée, la cause de l'ordre, de la liberté, de la République, a triomphé.

A l'instant même, et depuis que je suis au fauteuil, une nouvelle, que nous attendions avec impatience, nous est arrivée : le général Lamoricière a opéré le mouvement indiqué, le mouvement attendu, qu'il a fallu réaliser avec de grands efforts; il a opéré sa jonction avec les colonnes qui, partant de l'Hôtel-de-Ville, tendaient par la place de la Bastille, à se réunir avec lui.

Ce fait, qu'un rapport envoyé au général Cavaignac, et que le général Cavaignac vient de me faire parvenir au fauteuil, par suite de la convention que j'avais faite avec lui de différer encore d'un quart d'heure, d'une demi-heure, l'ouverture de la séance, afin d'obtenir la connaissance de ce résultat attendu, ce fait est décisif. L'insurrection maintenant n'existe plus que dans le faubourg Saint-Antoine. Là, elle existe, elle devra être combattue; sur tous les autres points, elle est vaincue. Elle s'en va hors de Paris; elle se relève à une barrière, elle se relève à une autre; elle tente des efforts désespérés à Montmartre; elle en a tenté à la barrière de Fontainebleau, sur des points enfin où les colonnes ne portent pas leur action immédiate. Elle revient, elle renaît un instant; mais bientôt Paris, qui déjà en est délivré dans sa plus grande partie, dans sa plus grande étendue, en sera complétement affranchi.

Mais en même temps, citoyens, en même temps que j'ai à vous dire les résultats ainsi obtenus, je me refuse presque à vous dire à quel prix nous les avons obtenus. (Profond silence.)

L'Assemblée nationale paye sa dette; elle la paye du plus pur de son sang. Les membres les plus honorés, les plus vénérés de cette assemblée ont été, l'un frappé à mort... Ai-je besoin de vous dire le nom de l'homme dont la main, ce matin, serrait la mienne, du général Négrier!.. Charbonnel a été atteint d'une blessure grave... Dornès..., dont l'état hier était satisfaisant, est aujourd'hui dans une position beaucoup plus sérieuse, ne disons pas au-delà du vrai, inquiétante. (Douloureuse et profonde sensation.)

D'autres encore ont reçu quelques blessures légères; mais je n'ai dû appeler votre attention, vos regrets que là où votre attention et vos regrets ne pouvaient pas ne pas être appelés.

Maintenant, messieurs, les opérations se continuent, et, aux impressions que j'ai éprouvées au récit de ces morts affreuses j'ai jugé vos impressions; et, quand des détails horribles sont venus nous montrer que les hommes qui ont égaré contre nous les masses en viennent maintenant, maintenant que toute espérance est perdue, à des actes de férocité dégradants pour l'humanité, j'en suis, avec ce que j'éprouve dans mon cœur, à demander à Dieu, pour moi d'abord, qui en ai plus besoin peut-être que d'autres plus forts, et j'oserai ajouter pour l'Assemblée entière, le calme, la dignité, l'absence d'entraînement: car si nous obéissions aux sentiments qui s'agitent dans nos cœurs, si nous pouvions un instant perdre de vue ce que nous sommes, des législateurs, les fondateurs d'une république, des hommes qui ne doivent jamais perdre de vue que toutes leurs mesures doivent avoir un cachet d'autant plus grand, d'autant plus sérieux, d'autant plus ferme, que ces mesures se prennent dans des circonstances plus graves et plus douloureuses, j'aurais peur, en descendant dans mon cœur, d'arriver à vous demander à vous-mêmes des résolutions au-delà peut-être de celles que nous prendrions après quelque temps écoulé.

Toutefois, messieurs, il est des nécessités auxquelles il serait téméraire de vouloir se soustraire, et je vais soumettre à l'Assemblée un projet de résolution dont je ne développerai pas plus les motifs que je ne l'ai fait pour les autres projets dont je vous ai saisis jusqu'ici, parce que, entre nous tous, il y a une entente telle, que les motifs sont dans le projet même qui vous est proposé.

Je vais donc vous dire seulement à quelle occasion je vous propose ce décret.

Les prisons sont pleines; les hommes qu'on prend les armes à la main ont besoin, il faut le dire, d'être défendus, d'être défendus par tout ce qu'il y a de raison et d'humanité dans le cœur de ceux qui les saisissent et dans la pensée du pouvoir sous les yeux duquel les prisonniers se font. Cependant il faut que le sort de ces prisonniers apparaisse, et de toutes parts on nous demande ce qui adviendra. On nous dit de toutes parts que l'Assemblée réunie ici ne peut pas laisser cette incertitude, qui étonne ceux-là même qui font les prisonniers. Je viens vous soumettre une résolution en harmonie, ce semble, avec le nombre de ces prisonniers, en harmonie avec la guerre acharnée qui nous est faite, en harmonie avec les pensées d'humanité qui doivent encore dominer ici.

Voici le projet de décret que je soumettrai à vos méditations ; je ne vous demanderai pas de voter d'urgence. Je dépose cette proposition ; je vous demanderai demain un vote.

« L'Assemblée nationale décrète :

« Art. 1er. Tout individu pris les armes à la main sera immédiatement déporté outre-mer.

« Art. 2. Le pouvoir exécutif est chargé de prendre les mesures nécessaires pour l'exécution du présent décret. »

Je le répète, je soumets ceci non pas à une discussion immédiate, mais aux méditations de l'Assemblée.

Demain, si l'Assemblée le trouve bien, nous examinerons, et nous discuterons, s'il y a lieu. Je ne vais pas plus loin.

Voilà une mesure que nous avons jugé convenable, utile, nécessaire, de proposer au pouvoir législatif.

Quant à toutes les mesures exécutives, elles sont prises avec une fermeté, avec une énergie qui n'a pas besoin d'être dite, quand je vous rappelle que vous avez confié le pouvoir exécutif au brave général Cavaignac. (Marques d'approbation.)

M. DE MORNAY. — Je demande la parole. (Vives réclamations.)

Plusieurs voix. — Monsieur le président, suspendez la séance !

M. LE PRÉSIDENT. — Si l'Assemblée le trouvait bon, nous suspendrions la séance. (Oui ! oui !)

Un membre. — Monsieur le président, et le général Bréa ?

M. LE PRÉSIDENT. — J'ai entendu la question... (Bruit.) Je ne peux pas vous donner de réponse positive. Des estafettes, envoyées à deux ou trois reprises pour avoir des détails exacts, sont revenues jusqu'alors sans pouvoir nous en apporter.

Voix nombreuses. — Suspendez la séance !

M. LE PRÉSIDENT. — Si l'Assemblée le désire, je suspendrai la séance. (Oui ! oui !)

La séance est suspendue ; elle sera reprise demain d'aussi bonne heure que l'Assemblée le voudra.

Plusieurs membres. — A huit heures. (Oui ! oui !)

(Il est neuf heures cinq minutes.)

L'Assemblée se sépare au milieu d'une profonde émotion.

Actes officiels.

RÉPUBLIQUE FRANÇAISE.
Liberté, Égalité, Fraternité.

Le chef du pouvoir exécutif.

Vu le décret du 24 juin 1848, qui met la ville de Paris en état de siége;

Vu le décret du 24 décembre 1811;

Ordonne que, par les officiers rapporteurs près les conseils de guerre de la 1re division militaire et par leurs substituts, il sera immédiatement procédé à l'information contre tous individus arrêtés à l'occasion des attentats commis le 23 juin et jours suivants, pour être ultérieurement statué à l'égard desdits individus, conformément aux lois pénales.

E. CAVAIGNAC.

RÉPUBLIQUE FRANÇAISE.
Liberté, Égalité, Fraternité.

POUVOIR EXÉCUTIF.

La cause de l'ordre et de la vraie République triomphe. L'insurrection s'apaise, des quantités considérables d'armes sont enlevées; partout la garde nationale et l'armée, toujours admirables dans leur unité, gagnent du terrain et enlèvent tous les obstacles. Nous pouvons l'affirmer sans crainte, la patrie et la société sont sauvées. De tous les départements arrivent des secours fraternels; la France entière bat d'un seul cœur et aspire au même but, la République et l'ordre.

Paris, le 25 juin 1848.

Le chef du pouvoir exécutif,
E. CAVAIGNAC.

RÉPUBLIQUE FRANÇAISE.
Liberté, Égalité, Fraternité.

LE CHEF DU POUVOIR EXÉCUTIF,

Aux citoyens gardes nationaux.

L'attaque dirigée contre la République a soulevé une indignation universelle. De toutes parts, les gardes nationales se lèvent spontanément, et viennent en aide à leurs frères de Paris. Dans la soirée d'hier, pendant toute la nuit, de nombreux bataillons sont arrivés ; les routes sont couvertes de citoyens armés pour la défense de la République. Tous veulent partager avec les légions de Paris et de la banlieue l'honneur de sauver la société menacée dans nos institutions démocratiques, et terminer enfin une lutte affligeante pour la patrie.

Que chacun soit à son poste, et aujourd'hui la rébellion aura disparu.

Des renforts de troupes nous arrivent de province; les hommes, les munitions, les vivres, rien ne manque.

Le général E. CAVAIGNAC.

Paris, le 25 juin 1848.

RÉPUBLIQUE FRANÇAISE.

Liberté, Égalité, Fraternité.

Le Chef du pouvoir exécutif

Arrête :

Les maires des divers arrondissements de Paris devront procéder au désarmement de tout garde national qui, sans motif légitime, manque aux appels qui lui sont faits pour concourir à la défense de la République.

Paris, le 25 juin 1848.

E. CAVAIGNAC.

RÉPUBLIQUE FRANÇAISE.

Liberté, Égalité, Fraternité.

POUVOIR EXÉCUTIF.

Le chef du pouvoir exécutif arrête ce qui suit :

« Tout individu travaillant à élever des barricades sera considéré comme s'il était pris les armes à la main.

Paris, le 25 juin 1848.

E. CAVAIGNAC.

RÉPUBLIQUE FRANÇAISE.

Liberté, Égalité, Fraternité.

ASSEMBLÉE NATIONALE.

L'Assemblée nationale a adopté, le chef du pouvoir exécutif promulgue le décret suivant:

L'Assemblée nationale,

Considérant que les agitations qui depuis plusieurs jours existent dans Paris et les collisions sanglantes qui les ont suivies ont eu pour résultat de suspendre et d'arrêter les derniers travaux, de porter à leur comble la souffrance et la misère, et de rendre impossible l'action de la charité privée et des établissements de bienfaisance;

Qu'il importe de pourvoir à l'urgence de cette situation, en assurant sans délai, à la partie de la population qui ne vit que de son travail journalier, les moyens de subsistance qui lui manquent en ce moment,

A adopté, à l'unanimité, le décret dont la teneur suit:

Art. 1er. Un crédit de 3 millions de francs pour secours extraordinaires est ouvert au ministre de l'intérieur.

Art. 2. Le ministre de l'intérieur et le maire de Paris se concerteront pour faire répartir immédiatement cette somme entre les quatorze arrondissements, dans la proportion des besoins respectifs de chacun deux.

Art. 3. Des mesures seront prises, sans délai, dans chaque municipalité, pour distribuer, à domicile, des secours, soit en argent, soit en nature, aux citoyens dans le besoin.

Art. 4. Le ministre de l'intérieur et le ministre des finances sont chargés de l'exécution du présent décret.

Délibéré en séance publique, à Paris, le 25 juin 1848.

Les président et secrétaires,

SENARD, PEUPIN, LÉON ROBERT, ÉMILE PÉAN, EDMOND LAFAYETTE, LANDRIN, BÉRARD.

Le chef du pouvoir exécutif,

E. CAVAIGNAC.

RÉPUBLIQUE FRANÇAISE.
Liberté, Égalité, Fraternité.

'ASSEMBLÉE NATIONALE.

L'Assemblée nationale a adopté.

Le chef du pouvoir exécutif promulgue le décret dont la teneur suit:

Art. 1er. Les échéances des effets de commerce payables à Paris et dans les départements depuis le 23 jusqu'au 27 juin courant inclusivement seront prorogées de cinq jours, de manière à ce que les effets échus le 23 juin ne soient payables que le 28 juin, et ainsi de suite.

Art. 2. Tous protêts, recours en garantie ou prescriptions

pour les effets de commerce, mentionnés dans l'art. 1er, sont également suspendus et prorogés pendant le même délai.

Art. 3. Sont valables tous protêts, recours en garantie et actes conservatoires, qui auraient été faits antérieurement à la promulgation du présent décret, conformément aux lois existantes.

Art. 4. Le ministre des finances est chargé de l'exécution du présent décret.

Délibéré en séance publique à Paris, le 25 juin 1848.

Les président et sécretaires,
SENARD, PEUPIN, LÉON ROBERT, ÉMILE PÉAN,
EDMOND LAFAYETTE, LANDRIN, BÉRARD.

Pour expédition:
Le président de l'Assemblée nationale,
SENARD.

AUX INSURGÉS.

Ouvriers, et vous tous qui tenez encore les armes levées contre la République, une dernière fois, au nom de tout ce qu'il y a de respectable, de saint, de sacré pour les hommes, déposez vos armes! L'Assemblée nationale, la nation toute entière vous le demandent. On vous dit que de cruelles vengeances vous attendent! Ce sont vos ennemis, les nôtres, qui parlent ainsi! On vous dit que vous serez sacrifiés de sang froid! Venez à nous, venez comme des frères repentants et soumis à la loi, et les bras de la République sont tout prêts à vous recevoir.

Paris, 25 juin 1848.

Le président de l'Assemblée nationale,   *Le chef du pouvoir exécutif,*
SENARD.   E. CAVAIGNAC.

RÉPUBLIQUE FRANÇAISE.
Liberté, Egalité, Fraternité.

POUVOIR EXÉCUTIF.

Le chef du pouvoir exécutif
Arrête:

Art. 1er. Les citoyens membres de l'Assemblée nationale,

Vaulabelle, représentant de l'Yonne,

Froussard, représentant de l'Isère,

De Ludre, représentant de la Meurthe,

Sont invités à prendre immédiatement l'administration et la direction de la municipalité du douzième arrondissement de la ville de Paris.

Art. 2. Le citoyen maire de Paris est chargé de l'exécution du présent arrêté.

Paris, le 25 juin 1848.

E. CAVAIGNAC.

Journée du lundi 26 juin.

SOMMAIRE. — L'insurrection est refoulée sur tous les points. — Prise du faubourg Saint-Antoine. — Récit de la mort de l'Archevêque de Paris. —Comment MM. Larabit, Galy-Cazalat et Drouet-Desvaux tombèrent au pouvoir des insurgés. — Destruction des barricades du quartier Popincourt. — Cessation des hostilités. — Faits divers. — Assemblée nationale. — Actes officiels et proclamations.

La lutte sanglante touche à son terme. Sur tous les points où elle a été attaquée, l'insurrection est refoulée, soumise ou vaincue.

A quatre heures du matin, l'attaque recommence sur les divers points qui restent au pouvoir des insurgés.

Dans la soirée du 25, les faubourgs Poissonnière, Saint-Martin et du Temple avaient été à peu près nettoyés. On avait prématurément annoncé la reddition du faubourg Saint-Antoine. La partie de ce quartier qui avoisine le pont d'Austerlitz et les bords de la Seine avaient tous été soumis. La rue du Faubourg-Saint-Antoine, dans toute sa longueur, appartient encore à l'insurrection.

A dix heures, comme la menace avait été faite, le feu recommença sur ce point. La place de la Bastille avait été prise la veille, et l'on avait employé la nuit à y élever une batterie de canons qui enfilait le faubourg. Des obus mettent en feu les premières maisons et le café Charamante qui avance sur la place. Une mine avait été creusée et s'avançait déjà assez loin pour pouvoir, s'il en était besoin, faire sauter quelques maisons.

Avant de quitter cette scène de désolation, racontons ce

qui à cette place s'était passé la veille, lors de la démarche de M⁰ʳ l'archevêque de Paris. Il était allé trouver le général Cavaignac, et lui avait fait connaître l'intention où il était de se rendre auprès des insurgés et de leur porter des paroles de consolation ; cette offre fut acceptée, et trois représentants du peuple, MM. Larabit, Galy-Cazalat et Drouet-Desvaux accompagnèrent le prélat. Ils arrivèrent ainsi dans le faubourg Saint-Antoine ; l'archevêque de Paris s'avança vers une barricade et l'escalada pour parler aux insurgés ; les trois représentants du pouvoir le suivirent; malheureusement, au moment où M. Affre allait parler, un roulement de tambour se fit entendre ; on crut à une attaque, et la fusillade s'engagea entre les troupes et les insurgés; M⁰ʳ l'archevêque reçut une balle dans le côté; il tomba, et fut porté, dit-on, à l'hospice des Quinze-Vingts; quant aux trois représentants, qui se trouvaient entre deux feux, ils se hâtèrent de descendre de la barricade et bientôt ils furent au pouvoir des insurgés.

Voici le récit qu'ils ont fait des dangers qu'ils ont courus. On les conduisit à un des chefs de l'insurrection, qui portait les insignes de capitaine dans la garde nationale. Cet homme leur promit de faire tous ses efforts pour les sauver et les conduisit dans sa maison.

A trois heures du matin, quelques-uns d'entre les insurgés sont venus solliciter le concours de leurs prisonniers pour faire parvenir au gouvernement de la République des paroles qu'ils jugeaient propres à amener la cessation des hostilités.

M. Larabit, d'accord avec ses collègues, a consenti à accompagner les délégués, en s'engageant, si leurs propositions étaient rejetées, à revenir se constituer prisonnier.

M. Larabit, comme autrefois Régulus, a été scrupuleusement fidèle à sa parole. Grâce au ciel, l'analogie s'est arrêtée là. Vers onze heures du matin, l'un de ceux qui avaient protégé la vie des trois représentants, les a engagés à s'esquiver, et leur a indiqué l'itinéraire à prendre pour sortir du faubourg sans courir le risque de tomber au milieu des troupes d'insurgés.

Revenons aux opérations militaires de la journée du 26. En même temps que les insurgés étaient vigoureusement refoulés dans le faubourg Saint-Antoine et abandonnaient successivement toutes leurs positions, le général Lamoricière attaqua le quartier Popincourt, abattit les barricades avec le canon, et descendit vers le faubourg pour le prendre en flanc.

Les insurgés, reconnaissant alors l'inutilité de continuer une lutte désespérée, n'ont pas tardé à envoyer un parlementaire, pour déclarer qu'ils se rendaient à discrétion. Les troupes ont commencé à descendre dans le faubourg, qui fut bientôt occupé par des forces considérables. A partir de ce moment la résistance a cessé : quelques tentatives ont été faites pour défendre des barricades isolées, des coups de fusils ont encore été tirés çà et là de quelques maisons par des désespérés; mais, à partir de midi, on avait déjà commencé la destruction des barricades, force restait à la loi et à la société.

Faits divers.

— Un teinturier d'une rue voisine de la place Saint-Michel, revêtu de l'uniforme de garde national, se tenait sur la porte de sa maison, et, de temps en temps, disparaissait pour monter à un étage supérieur. Là, il se mettait derrière une fenêtre et tirait sur la garde mobile stationnée dans la rue. Il descendait promptement pour se montrer et éloigner le soupçon ; ensuite il recommençait. Il avait tué, ainsi, quatre de ces braves enfants de Paris, lorsque la garde mobile fut remplacée dans cette position par un bataillon de la banlieue. Avant de se retirer, les gardes mobiles signalèrent à la troupe qui les relevait la maison de cet homme, sur lequel ils emportaient des soupçons qu'ils n'avaient pas encore éclaircis.

Les gardes nationaux de la banlieue, beaucoup plus défians que les mobiles, voulurent immédiatement savoir à quoi s'en tenir. Ils entrèrent chez cet homme, l'interrogèrent, remarquèrent chez lui du trouble, de l'hésitation, visitèrent la maison et découvrirent dans un coin le fusil encore chaud; alors ils emmenèrent le misérable, et après un aveu complet de sa part ils le fusillèrent.

— Après avoir été atteint si malheureusement, Mgr l'archevêque de Paris fut d'abord transporté dans une maison de la rue Saint-Antoine, ensuite aux Quinze-Vingts; puis, on l'a, vers trois heures, transféré à l'archevêché.

Pendant la route, il était escorté par des gardes mobiles. La physionomie d'un de ces courageux enfants l'avait frappé, l'ayant vu combattre et arracher un sabre à son ennemi, après avoir reçu des blessures à la tête.

Il l'a fait approcher, il avait encore la force de soulever ses bras, il a pris une petite croix de bois surmontée d'un crucifix et suspendue à un collier noir, et l'a remise au jeune héros en lui disant : « *Ne quitte pas cette croix... mets-« la sur ton cœur, cela te portera bonheur...* »

François Delavrignère, c'est le nom du garde, a fait serment, les mains jointes et dans une attitude de prière, de conserver à jamais ce précieux souvenir du vénérable prélat mourant.

Delavrignère appartient à la 7e compagnie du 4e bataillon.

— Un détachement de gardes mobiles, qui avait obtenu la permission de quitter le faubourg Saint-Denis pour pourvoir à leur subsistance, ont été recueillis par les gardes nationaux de la 5e légion. En un instant, des tables ont été dressées au milieu de la rue, et couvertes de mets et de bouteilles de vin, apportés par des dames des maisons voisines. Après avoir pris ce repas impromptu, ces braves jeunes gens sont retournés au combat.

— Un individu a été, dit-on, arrêté dans un cabriolet qui contenait plusieurs milliers de cartouches. Cet individu portait les insignes de représentant du peuple, et se disait chargé d'une mission pour l'état-major.

— On a arrêté plusieurs individus, notamment plusieurs femmes qui cachaient dans des paniers, sous des légumes, sous des fruits et dans des boites à lait, des paquets de cartouches, de la poudre et des balles. On a saisi notamment, entre les mains d'une femme, un pain dont l'intérieur était creusé et contenait de la poudre.

— M. Emile de Girardin, rédacteur en chef de *la Presse*, a été arrêté et son journal mis sous le scellé.

— Il y avait soixante-cinq barricades depuis la Bastille jusqu'à la barrière du Trône. Les rues où l'on avait élevé le plus grand nombre de barricades sont celles Saint-Jacques, Mouffetard, Sainte-Geneviève, Grange-aux-Belles et Charenton. Des barricades avaient également été construites barrière de Belleville, barrière de la Chopinette, impasse Saint-Laurent, boulevard extérieur de la Chopinette, barrière du Combat, boulevard de Strasbourg et barrière des buttes Chaumont.

— Le nombre des insurgés s'élève déjà à plusieurs milliers. Pendant toute la journée, on a amené à l'Abbaye ou à la caserne de la rue de Tournon de nombreux prisonniers. A l'Abbaye se trouvaient le tambour-major de la 12ᵉ légion, appelé le *professeur de barricades*; un lieutenant et un sous-officier de la même légion; il y avait là une femme déguisée en homme, qui avait mutilé des gardes mobiles. Puis, on avait amené un homme qui s'était vanté d'avoir tué 22 personnes dans le faubourg Saint-Jacques. Il était accompagné de sa femme qui, pendant qu'il se battait, lui portait les munitions. Ces deux individus, pour se soustraire, sans doute, en excitant quelque intérêt, à une mort presque imminente, s'étaient munis d'un enfant qu'ils emmenaient avec eux comme leur sauvegarde.

— Les arrestations ont continué les jours suivants. Plusieurs convois de ces prisonniers ont motivé des attaques dans la nuit du 27 au 28.

Une alerte qui a eu les plus cruelles conséquences a mis

en émoi le quartier des Tuileries et du Palais-National.

Vers minuit, on amenait environ trois cents prisonniers aux Tuileries. Les gardes nationaux qui les conduisaient appartenaient à sept ou huit des détachements de province, arrivés dans la journée. On avait négligé de lier les bras des insurgés, comme cela se pratique d'ordinaire. Le convoi était arrivé vers l'hôtel isolé, dit de Nantes, au milieu de la place du Carrousel. Un des insurgés, s'emparant brusquement du fusil d'un garde national, le tourna contre l'un des hommes de l'escorte, et, après l'avoir blessé, prit la fuite au cri de : *sauve qui peut!* et aussitôt les insurgés s'échappèrent dans toutes les directions. Les gardes nationaux les poursuivirent en appelant du secours; il arriva de la troupe de divers côtés, et les coups de fusil, partant de divers points, portèrent malheureusement sur des gardes nationaux.

Quelques-uns des prisonniers se jetèrent sur des fusils en faisceaux qui n'étaient pas gardés d'assez près par les compagnies à qui ils appartenaient, et firent de leur côté usage de ces armes.

La fusillade s'est étendue jusqu'à la place du Palais-National, dont le poste avait pris les armes. Le lendemain matin, on voyait les trous des balles sur plusieurs points de cette place. Plusieurs des prisonniers ont été repris; un d'eux, un homme colossal, a été trouvé porteur d'assez fortes sommes.

Des officiers de l'état-major de la garde nationale ont été blessés, l'un au bras, l'autre au pied; un adjudant du château a été blessé à la tête. D'autres blessures ont nécessité des amputations.

Parmi les gardes nationaux morts, se trouve le chef de bataillon de la garde nationale de la Cambrai, M. Durrieu, qui était déjà venu deux fois à Paris, et qui meurt à la fleur de l'âge; des gardes nationaux des départements ont été reconnus ce matin par leurs camarades.

Près de trente prisonniers ont été tués, plusieurs sont grièvement blessés et laissent peu d'espoir. Les cadavres ont été enlevés dans la matinée et emportés hors des Tuileries.

— Pendant que les troupes bivouaquaient sur toutes nos places publiques, d'autres camps, beaucoup plus pacifiques, se dressaient aux environs de Paris, et notamment dans le bois de Romainville, par des familles qui avaient été obligées d'abandonner leur domicile et d'aller chercher un refuge dans les champs.

— Depuis le 27, Paris est rentré dans le calme. Le désarmement s'opère avec beaucoup d'ordre, et chaque soir, des convois de 25 et 30,000 fusils sont dirigés sur Vincennes.

— A peu près en même temps que les barricades s'élevaient à Paris, de semblables tentatives avaient lieu à Marseille.

Le jeudi 22, à neuf heures, des colonnes d'ouvriers qui avaient abandonné les ateliers nationaux descendirent vers la Préfecture ; d'autres se dirigèrent vers quelques ateliers particuliers et au chemin de fer, et entraînèrent bon gré, mal gré, tout ce qui s'y trouvait. A la place Saint-Ferréol, ils furent repoussés par la garde nationale et la troupe de ligne. La place aux OEufs et une partie des vieux quartiers se couvrirent de barricades. Vers cinq heures, les barricades de la place aux OEufs furent enlevées par l'artillerie. Il a fallu non-seulement emporter les barricades, mais faire le siége des maisons, d'où pleuvaient toutes sortes de projectiles, et dont les fenêtres étaient autant de meurtrières.

Les sapeurs furent appelés pour enfoncer les portes des maisons, au milieu d'une grêle de tuiles et de briques qui tombaient de toute part. Chaque maison a donné lieu à une espèce de siége. Les insurgés s'étaient réfugiés dans les caves, dans les cheminées et jusque dans les puits.

C'est dans ce moment que la troupe de ligne a eu à déplorer la mort du brave capitaine Devillier, d'un commandant, d'un sergent et d'un fourrier du 29ᵉ de ligne.

Parmi ces victimes, s'est trouvée une jeune personne qui, par une imprudente curiosité, ayant entr'ouvert une fenêtre d'où venaient de partir quelques coups de feu, a été tuée sur le coup.

Plus de 50 prisonniers ont été faits à la suite du siége

des maisons dont nous venons de parler; un assez grand nombre d'insurgés tués pendant la fusillade y ont été trouvés.

En peu d'instants les barricades ont été enlevées; de forts piquets de garde nationale et de ligne ont occupé la place; les perquisitions ont continué jusqu'à la nuit dans les maisons voisines et ont amené la découverte d'un certain nombre d'insurgés qui n'avaient point été trouvés à la première visite.

Vers le soir, de fortes barricades existaient encore à la place Castellane et au bout de la rue Paradis. Pour s'emparer de cette position, on a dû employer l'artillerie. Un boulet ayant fait une énorme brèche, un bataillon du 32° de ligne, qui arrivait d'Afrique, s'est précipité sur la barricade, et les insurgés ont pris la fuite en déchargeant leurs armes sur le bataillon qui essuyait en même temps un feu très-vif parti des fenêtres. Deux militaires ont été tués, deux ont été blessés. Les insurgés ont perdu deux hommes, dont l'un était revêtu de l'uniforme de la compagnie du génie. Après s'être emparés de la barricade, la garde nationale et la ligne ont attaqué les maisons occupées par les émeutiers. Dans cette attaque, deux gardes nationaux ont été blessés. Il a fallu faire enfoncer les portes à coups de hache par les sapeurs du 32°; enfin, après une vive résistance, les insurgés ont été obligés de céder. On en a arrêté un grand nombre, ainsi que plusieurs femmes armées de poignards et de pistolets. Depuis ce moment, le calme a été rétabli.

ASSEMBLÉE NATIONALE.
SÉANCE PERMANENTE DU 26 JUIN 1848.
Présidence du citoyen Sénard.

HUIT HEURES ET DEMIE DU MATIN.

La séance est reprise à huit heures et demie du matin.

Le président Sénard est au fauteuil.

M. LE PRÉSIDENT. — Je demande à l'Assemblée nationale une plus bienveillante attention, si c'est possible. Les forces du président s'épuisent, vous le comprenez; mais votre bienveillance y suppléera.

Je suis heureux d'avoir à résumer en très-peu de mots la situation de Paris,

Sur la rive gauche, un mot suffit : plus rien, barrières libres, intérieur libre. Si un mouvement, une excitation, se produisent pendant quelques jours encore, cela est inévitable. Sans cela, je le répète, rive gauche, rien de sérieux.

Sur la rive droite, également résultat complet, sauf le point que je réserve. Je prends depuis les Champs-Elysées, et je regarde la ville : intérieur, boulevards, barrières, tout libre.

Le faubourg du Temple, où, vous le savez, hier encore, la lutte était acharnée, où elle a repris ce matin à l'aurore, je prends le mot du général Lamoricière, le faubourg du Temple est complétement dominé ; et non-seulement le faubourg du Temple est complétement soumis, mais la barrière du Temple est entièrement libre.

Je ne vous parle plus de l'Hôtel-de-Ville et de ses abords : il n'y a plus de trace d'agitation ou d'insurrection. Nous arrivons de tous points librement à l'Hôtel-de-Ville, et nous sommes en face du faubourg Saint-Antoine : voilà maintenant tout ce qui reste de l'insurrection.

Quant au faubourg Saint-Antoine, des faits très-sérieux, dont je dois compte, se sont passés cette nuit. Entre deux heures et trois heures du matin, j'ai eu la visite d'un de nos honorables collègues, le citoyen Larabit, venant avec quatre individus qui prenaient le titre de délégués du faubourg Saint-Antoine. Le citoyen Larabit m'a fait connaître les circonstances dans lesquelles il s'était trouvé engagé à l'occasion d'une mission de paix qu'il avait tenté de remplir avec l'archevêque de Paris, et bientôt après, deux autres de nos collègues avaient suivi la même voie (ce sont les citoyens Galy-Cazalat et Druet-Desvaux); le citoyen Larabit, dis-je, m'a fait connaître les circonstances dans lesquelles, pour accomplir cette mission de paix, il s'était trouvé en contact avec les insurgés, et entraîné même dans l'intérieur des barricades.

Les quatre délégués du faubourg Saint-Antoine, leurs discours ne pouvaient pas vous tromper, étaient des hommes sincères. J'ai eu par eux des détails qui ne conviennent pas au résumé que je veux vous soumettre, mais qui se ramènent à ceci : Gens ignorants des actes de l'Assemblée, et résumant tout dans ces mots que vous vous rappelerez quand il s'agira de beaucoup de choses à faire pour faire pénétrer dans le peuple non-seulement l'instruction, mais la connaissance des affaires publiques auxquelles il est appelé à participer; gens me disant : « Nous ne pouvons pas acheter *le Moniteur, le Constitutionnel, le Siècle, le National*, tous ces grands journaux sérieux; nous ne lisons et n'avons pu lire, nous, que les journaux qu'on nous vend un sou, et que souvent on nous donne. » Et ils me disaient ce qu'ils y avaient lu, et quelle idée ils s'étaient faite de l'Assemblée nationale, de ses intentions et de ses actes.

Je ne vous en dis pas plus : ce que je viens d'indiquer suffit à vos intelligences pour résumer une conversation de deux heures.

Cependant ils apportaient une déclaration, une adresse au président de l'Assemblée, signée de plusieurs d'entre eux. Ils demandaient un armistice; ils se faisaient fort d'amener le faubourg à renoncer à cette lutte acharnée, résolue, en quelque sorte, jusqu'à l'extermination, dans la pensée de ceux qui ont organisé tout cela, et devant arriver là, si j'en juge par les détails que le citoyen Larabit m'a donnés sur la manière dont, à l'intérieur, il avait vu la résistance.

Là, messieurs, a pesé pendant un moment sur la tête de votre président une responsabilité lourde... (Légère rumeur.) Heureux ceux qui la trouveraient légère !... entre les termes dans lesquels on le plaçait.

Le citoyen Larabit insistait pour vous rendre compte, comme il l'avait promis, me disait-il, pour rendre compte à l'Assemblée et pour rapporter une résolution de l'Assemblée. Le général Cavaignac et moi nous avons reconnu que les nécessités de la situation militaire, et particulièrement la position dans laquelle se trouvait le général Lamoricière, attaquant le faubourg du Temple, sur lequel le faubourg Saint-Antoine pouvait, par les derrières, refluer de manière à inquiéter la colonne qui attaquait le général Cavaignac, a reconnu l'impossibilité de jeter par les travers de cette action déjà commencée au moment où l'on voulait parlementer, de jeter, dis-je, le moindre obstacle à l'action complète de la force sous les ordres du général Lamoricière.

Vu la forme dans laquelle l'adresse était faite au nom des délégués, j'ai résolu de répondre, et j'ai fait comprendre à ceux qui étaient là, à tous, qu'il n'était pas possible de renvoyer à huit heures du matin pour une résolution de l'Assemblée, que je n'aurais pas pu convoquer à domicile; qu'après tout, la demande étant adressée au président de l'Assemblée, il appartenait au président d'y répondre, et d'y répondre immédiatement.

Voici maintenant les termes de la demande et les termes de la réponse :

« Monsieur le président de l'Assemblée nationale,

« Nous ne désirons pas l'effusion du sang de nos frères ; nous avons toujours combattu pour la République démocratique. Si nous adhérons à ne pas poursuivre les progrès de la sanglante révolution qui s'opère, nous désirons aussi conserver notre titre de citoyen en conservant tous nos droits et tous nos devoirs de citoyens français.

« Les délégués du faubourg Saint-Antoine. »

Suivent un certain nombre de signatures, qui vous seraient, je crois, parfaitement inconnues.

Sur cette adresse se trouvent les signatures de nos deux collègues Galy-Cazalat, représentant du peuple, et Druet-Desvaux, représentant du peuple; puis l'annotation que voici du citoyen Larabit :

« Les vœux ci-dessus sont si justes et si conformes à nos vœux à tous, que nous y adhérons complétement, et nous pensons que personne n'y verra percer un acte de faiblesse.

LARABIT, représentant du peuple. »

Votre président a donné la réponse que voici :

« Citoyens, si vous voulez vraiment conserver le titre et les droits, et remplir les devoirs de citoyens français, détruisez à l'instant les barricades, en présence desquelles nous ne pourrions voir en vous que des insurgés. Faites donc cesser toute résistance, soumettez-vous, et rentrez, en enfants un moment égarés, dans le sein de cette république démocratique que l'Assemblée nationale a la mission de fonder, et qu'à tout prix elle saura faire respecter. » (Très-bien! très-bien!)

Cette lettre a été remise en plusieurs copies aux délégués, et ils sont repartis.

Plusieurs voix. — A quelle heure?

M. LE PRÉSIDENT. — Entre cinq et six heures : le citoyen Larabit les a ramenés un moment chez lui, et ils sont partis à six heures et demie.

Depuis ce moment, de nouvelles tentatives ont été faites. Cette fois, elles n'avaient pas été revêtues de la forme à laquelle, sans doute, nos honorables collègues avaient contribué; ce n'étaient plus des gens qui demandent à conserver le titre de citoyen et tous leurs droits, en remplissant tous leurs devoirs; ces tentatives avaient pris une forme qui ne pouvait pas même permettre la réponse que je viens de faire; on est revenu dans diverses directions, et, par toutes sortes d'intermédiaires, on a fait parvenir au général Cavaignac et à moi je ne sais quelle demande qui se formulait en une condition d'amnistie pleine et entière.

Nous avons répondu que cette condition était une insulte. (Très-bien!) Le général Cavaignac a ajouté qu'il ne pouvait en entendre qu'un mot, celui que le président avait demandé : soumission absolue (Très-bien!); et, pour en finir, il a déclaré positivement et énergiquement qu'il n'entendait rien de pareil, et qu'il était inutile qu'on se dérangeât. (Très-bien! très-bien!)

En cet état, voici ce qui a pu se combiner, ce qui s'est combiné avec les résultats des opérations militaires, avec le but qu'elles doivent poursuivre, et en même temps avec la possibilité, qu'il faut espérer jusqu'à la fin, d'une soumission de ces malheureux. La colonne du général Lamoricière ayant terminé son mouvement et ses opérations par l'enlèvement du faubourg du Temple, tout est disposé de manière à ce que, à une heure déterminée, la colonne du général Lamoricière, ainsi devenue libre, puisse agir d'un côté du faubourg Saint-Antoine, en même temps que la colonne de l'Hôtel-de-Ville, que commandait le général Duvivier, et qui, par suite de la blessure qu'il a reçue, est commandée par le général Perrot, libre aussi de son côté, attaquera le même faubourg sur un autre point.

En conséquence, une heure a été fixée pour l'attaque simultanée sur ces deux points par deux colonnes qui prennent en ce moment même leurs dispositions. Cette heure satisfait à toutes les nécessités de l'opération militaire, et elle satisfait en même temps à toutes les possibilités de la soumission absolue que j'espère encore. Cette heure a été fixée à dix heures du matin. Tous savent, par les communications premières de la nuit, par les communications qui ont succédé à deux points du faubourg, et précisément aux deux points où l'attaque commencerait, qu'ils ont un seul moyen d'éviter l'attaque, c'est de détruire immédiatement leur barricades, de les détruire eux-mêmes, de rentrer pleinement dans le devoir. Ils le savent sur les deux points mêmes où l'attaque prendra; ils le savent, ils ont le temps, ils le peuvent, ils le doivent, je n'ai pas besoin de l'ajouter; mais, pour nous, une seule chose importe surtout, c'est qu'ils ont la possibilité pleine. Si à dix heures du matin les barricades ne sont pas tombées, si l'insurrection persiste, alors, sur les deux points que je viens d'indiquer, les deux colonnes de troupes disposées exécuteront simultanément leurs mouvements, et, quelque tristes que puissent être les moyens auxquels il faudra avoir recours, l'intérêt de la République, qui domine tout, nous fait dire avec confiance que le résultat ne peut pas être douteux. (Très-bien! très-bien!)

(Un représentant s'approche du président et lui adresse à voix basse quelques paroles.)

M. LE PRÉSIDENT. — On me fait l'observation, et je voulais le dire, que le citoyen Larabit est retourné, selon l'engagement qu'il avait pris. Il devait retourner avec les envoyés; il devait être prévenu; il n'a pas été prévenu à temps, parce qu'il comptait sur l'heure de la séance, mais il est retourné après eux.

Un membre, dans le fond de la salle. — On n'a pas entendu.

M. LE PRÉSIDENT. — Il est retourné un peu après les envoyés.

Le même membre. — Qui?

M. LE PRÉSIDENT. — Le citoyen Larabit. Si un détail échappait ainsi à l'un de nos collègues, je le supplierais de le demander, dans un instant, à ceux qui ont entendu, afin de ne pas ainsi interrompre. (Écoutez! écoutez!)

Vous connaissez maintenant, messieurs, sommairement et sans détails, de ces détails que vous jugez vous-mêmes tous comme moi complétement inutiles (Oui! oui!) dans la situation où nous sommes, l'état des choses.

Maintenant je dois vous dire un mot de quelques mesures administratives avant d'en venir aux mesures législatives, dont j'aurai ensuite à vous entretenir.

Dans les mesures d'exécution, je ne vous indiquerai que trois résolutions. Le reste se combine avec celles-là, et le chef du pouvoir exécutif agit à-la-fois sur tous les points où le pouvoir exécutif doit agir.

Trois mesures, nommément, ont été prises : le désarmement ordonné, qu'hier vous avez vu affiché, de tout garde national qui ne répond pas à l'appel; en second lieu, la fermeture de tous les clubs reconnus dangereux. (Très-bien! très-bien!) Notez bien le mot, *reconnus dangereux*...

Quelques membres. — Tous. (Bruit.)

M. LE PRÉSIDENT. — Quand l'Assemblée nationale a confié tous les pouvoirs au chef du pouvoir exécutif, je crois être en droit de dire qu'un ou plusieurs de ses membres ne peuvent, ne doivent pas, ce me semble, soit critiquer, soit indiquer quelque chose... (Réclamations sur quelques bancs.)

L'Assemblée nationale est ici toute-puissante dans son entier... (Mouvements divers.)

Le droit de chacun des membres de l'Assemblée sera par le président respecté et maintenu de toutes ses forces; mais ce droit ne doit s'exercer que de certaine manière, et la forme dans laquelle il s'exerce n'est ni un cri d'approbation ou d'improbation, ni une indication : c'est la forme tracée par le règlement. (Approbation.)

J'ai dit quelles étaient, sur ce premier point, les résolutions du pouvoir exécutif. Maintenir la liberté en même temps qu'on rétablit l'ordre, voilà sa pensée; je vous l'exprime, elle nous est commune, elle est commune à tous.

Fermeture, donc, des clubs reconnus dangereux.

Action également contre plusieurs journaux reconnus dangereux : excitation à la guerre civile, vérifiée, reconnue; mesures prises en conséquence à l'égard de tous ceux qui se seraient rendus coupables de ce crime, le plus grand de tous quand une république se fonde, et quand elle aurait tant besoin du concours surtout de ceux qui peuvent et qui doivent éclairer la population.

Voilà les principales mesures administratives qui ont été prises.

Quant aux mesures législatives, j'en ai deux à soumettre à votre attention : le projet dont j'ai eu l'honneur de vous donner lecture hier soir avec un amendement qui m'a été indiqué par quelques-uns de mes honorables collègues qui ont eu la bonté de me transmettre leurs idées et leurs observations, que j'ai recueillies; et ensuite une autre mesure dont je vous entretiendrai, dont je vais vous entretenir tout de suite, puisque c'est la première qui deviendra l'objet d'une discussion et d'un vote. Je parle ici en notre nom à tous : beaucoup d'adresses, de demandes, d'observations, m'arrivent ici de tous côtés; j'indique ici la pensée de beaucoup.

Voici l'objet de cette seconde mesure : une commission d'enquête, sans caractère judiciaire, mais néanmoins une commission d'enquête prise dans le sein de l'Assemblée pour arriver à reconnaître, à étudier les causes et tous les modes d'action non-seulement du *complot* (je ne sais quel mot employer pour indiquer ce qui a amené l'état déplorable que nous venons de franchir...), et en même temps pour reprendre, comme pouvant avoir des rapports intimes avec ce qui vient de se passer, l'étude du complot qui avait amené cette fois quelque chose de personnel à l'Assemblée (ce qui, mon Dieu! nous avait émus beaucoup moins), l'envahissement de l'Assemblée le 15 mai. (Très-bien!) Si l'Assemblée le désire, avant de revenir sur ce qui doit amener la discussion et le vote de la première proposition lue hier, je vais lui faire connaître les termes de la seconde. (Oui! oui!)

Les voici :

« L'Assemblée nationale décrète :

« Art. 1er. Une commission de quinze membres sera nommée dans les bureaux, à l'effet de rechercher, par voie d'enquête et par tous autres moyens qui lui paraîtront utiles et nécessaires, les causes de l'insurrection qui, depuis trois jours, ensanglante Paris, et de constater les faits qui se rattachent soit à sa préparation, soit à son exécution.

« Art. 2. La même commission sera autorisée à étendre ses investigations à tout ce qui est relatif à l'attentat du 15 mai.

« Art. 3. Tous les pouvoirs lui sont conférés pour ce double objet, soit pour mander ou faire comparaître auprès d'elle les personnes en état de donner des renseignements, soit pour se faire délivrer et communiquer toutes les pièces de nature à éclairer sa religion.

« Art. 4. Rapport sera fait à l'Assemblée du résultat de cette information. »

M. DE LAROCHEJAQUELEIN. Deux commissaires par bureau! Quinze, ce n'est pas assez!

De toutes parts. — Non! non!

M. LE PRÉSIDENT. — La proposition qui tendrait à porter le nombre des commissaires à trente, à raison de deux par bureau, est-elle appuyée?

Voix diverses. — Non! non! Quinze membres suffisent.

M. LE PRÉSIDENT. — Comme je viens de lire le dernier projet, et que l'ordre dans lequel nous procéderons à la discussion de l'un ou de l'autre des deux projets de décret, soit en premier, soit en second lieu, n'a aucune importance, et que l'Assemblée est préoccupée en ce moment du dernier, veut-elle que nous procédions tout de suite à sa discussion? (Oui! oui!)

Je consulte d'abord l'Assemblée sur l'urgence.

(L'Assemblée, consultée, déclare l'urgence.)

M. LE PRÉSIDENT. — Je consulte maintenant l'Assemblée sur la question de savoir si elle entend passer à la discussion des articles.

(L'Assemblée, consultée, décide qu'elle passe à la discussion des articles.)

M. LE PRÉSIDENT. — Je relis l'art. 1er.

« Une commission de quinze membres sera nommée dans les bureaux, à l'effet de rechercher, par voie d'enquête et par tous autres moyens qui lui paraîtront utiles et nécessaires, les causes de l'insurrection qui, depuis trois jours, ensanglante Paris, et de constater les faits qui se rattachent soit à sa préparation, soit à son exécution. »

On a demandé que la commission fût de trente membres au lieu de quinze. Je consulte l'Assemblée sur ce point.

(L'Assemblée, consultée, décide que la commission sera composée de quinze membres.)

L'art. 1er est ensuite mis aux voix et adopté.

« Art. 2. La même commission sera autorisée à étendre ses investigations à tout ce qui est relatif à l'attentat du 15 mai. » (Adopté.)

« Art. 3. Tous pouvoirs lui sont conférés pour ce double objet, soit pour mander ou faire comparaître auprès d'elle les personnes en état de donner des renseignements, soit pour se faire délivrer et communiquer toutes les pièces de nature à éclairer sa religion. » (Adopté.)

Un membre. — Et les commissions rogatoires!

M. LE PRÉSIDENT. — Je réponds à la question que les commissions rogatoires sont dix fois comprises dans la généralité de la formule. La commission rogatoire est le pouvoir de déléguer; elle est de droit. (Oui! oui!)

« Art. 4. Rapport sera fait à l'Assemblée des résultats de cette information. » (Adopté.)

(L'ensemble du décret est mis aux voix et adopté.)

M. MANUEL. — M. le président me permet-il une observation?

M. LE PRÉSIDENT. — Oui, certainement; seulement, ayez la bonté de la faire à la tribune, de peur que quelques personnes n'entendent pas.

M. MANUEL. — Je n'ai qu'un mot à dire. Je voulais prier M. le président de vouloir bien fixer, dès à présent, l'heure à laquelle les bureaux se réuniront, parce qu'il est important que cette commission soit nommée aujourd'hui... (Tout de suite!) Non, tout le monde n'est pas là.

M. LE PRÉSIDENT. — Moi, qui vois d'ici tous les bancs, je déclare que l'Assemblée est en ce moment très-nombreuse, au contraire. D'ailleurs, comme nous avons encore une autre question à examiner et à résoudre, s'il manque quelques membres, cela leur donnera le temps d'arriver; puis nous suspendrons la séance, et pendant la suspension nous nous rendrons dans les bureaux.

Une voix. — Et les perquisitions à domicile?

M. LE PRÉSIDENT. — Je déclare ceci de plein droit : la commission d'enquête pourra ordonner toutes les perquisitions possibles.

Il est parfaitement compris par tout le monde qu'il ne peut s'élever (et je le dis à l'avance pour la commission à venir), qu'il ne peut s'élever aucune difficulté dans la forme ni dans les pouvoirs ; elle reçoit ici la délégation de l'Assemblée souveraine.

Nous arrivons, messieurs, au décret que j'ai eu l'honneur de vous soumettre hier. Si l'Assemblée me le permet, je vais lui donner lecture de son texte, et je lui soumettrai ensuite en deux mots le résumé des diverses observations qui m'ont été transmises.

Projet de décret.

« Art. 1er. Tout individu pris les armes à la main sera immédiatement déporté outre mer. »

Cet article a été modifié, sur les observations de plusieurs de nos collègues. En voici la nouvelle rédaction :

« Tout individu pris les armes à la main sera immédiatement déporté dans une de nos possessions d'outre-mer autre que l'Algérie.

« Art. 2. Le pouvoir exécutif (j'appelle beaucoup votre attention sur ce point) est chargé de prendre les mesures nécessaires pour l'application et l'exécution du présent décret. »

Un mot maintenant, si vous le permettez, sur les observations que j'ai reçues..

J'ai fait droit à celles qui m'ont été adressées à l'occasion de l'art 1ᵉʳ sur l'exception de l'Algérie.

Je résume l'indication de la déportation dans une des possessions françaises. Sur le mot *outre-mer* il n'y a pas d'équivoque. L'Algérie est exceptée.

« Art. 2. Le pouvoir exécutif est chargé de prendre les mesures nécessaires pour l'application et l'exécution du présent décret. »

Sur cet article, j'ai reçu beaucoup d'observations déterminant certaines mesures, telle commission à nommer, tel mode de constatation, telle mesure à déterminer ou à indiquer.

Il m'a paru que, dans la circonstance où nous sommes, toutes ces nominations, toutes ces institutions, toute cette organisation, appartiennent au pouvoir exécutif, car c'est lui qui nomme, qui choisit, qui organise, qui fait tout ce qui est nécessaire pour arriver ou directement, ou par des intermédiaires, à l'application, aux constatations et à l'exécution, puisque le pouvoir exécutif lui a été délégué dans des termes même extraordinaires par l'Assemblée.

Il m'a donc paru que la délégation au pouvoir exécutif par ces termes, « chargé de prendre les mesures nécessaires pour l'application et l'exécution du présent décret », résumait tout ce que nous pourrions formuler. C'est toujours lui qui choisirait, qui organiserait, qui ferait apppliquer et exécuter.

Voilà les observations que j'ai reçues, voilà le résumé que je vous en soumets, et ce qui m'a amené à vous proposer la résolution dans les termes que vous venez d'entendre.

Une autre observation, qui m'est faite à la minute, à l'instant même, serait celle-ci :

« Cette disposition ne change rien au droit de la guerre contre ceux qui auraient commis des actes de trahison ou violé les lois de l'humanité. »

Il m'a paru que cette réserve était de plein droit, puisqu'ici nous punissons de la déportation un autre crime : « Tout individu pris les armes à la main. »

Que si maintenant il y a autre chose, un fait qui viole les lois de l'humanité, tel que l'assassinat, on peut le réserver explicitement. (Oui ! oui !)

Le sentiment de l'Assemblée paraît être la réserve explicite.

Une voix. — La réserve est de droit.

(Quelques membres montent au bureau pour s'entretenir avec le président.)

M. LE PRÉSIDENT. — J'ai dû vous faire connaître l'état des modifications qui ont été apportées au décret.

Maintenant, je vous propose de n'arriver à voter sur cette question qu'après la réunion des bureaux. (Oui ! oui !)

Si ceci est entendu, dans les bureaux on examinera, on révisera, en même temps qu'on nommera des commissaires pour la commission d'enquête.

Un membre. — On nommera des commissaires spéciaux.

M. LE PRÉSIDENT. — L'Assemblée est en permanence; elle peut donc aujourd'hui, à telle heure qu'elle voudra, prendre telle ou telle décision. Pour que l'examen des bureaux soit utile, pour que le résumé de leurs opinions se produise et se rencontre, il faut, de toute nécessité, que, chaque bureau ayant nommé un commissaire, ces commissaires examinent le projet de décret et viennent ensuite faire leur rapport à l'Assemblée.

En résumé, je prie donc l'Assemblée de vouloir bien nommer dans ses bureaux une commission d'enquête d'abord, puis des commissaires pour examiner immédiatement le projet de décret qui sera discuté à l'heure qu'il plaira à l'Assemblée, et aussitôt que le rapport sera prêt.

Si l'Assemblée veut bien admettre ce mode de procéder (oui! oui!), nous allons suspendre la séance, après les observations que désire présenter M. Portalis.

M. PORTALIS. — J'ai seulement deux observations à présenter : la première dans la forme.

Hier vous avez déclaré l'urgence, par conséquent il n'y a pas de commissaires à nommer.

Au fond, c'est au nom de l'humanité que je vous conjure, que je vous prie de mettre dans vos opérations la plus grande célérité. Il m'a été dit, et j'espère que ce bruit est faux... (assez, assez!—Interruption prolongée.)

M. LE PRÉSIDENT. — La séance est suspendue : elle sera reprise à midi, à moins de circonstances imprévues.

L'Assemblée se retire dans les bureaux.

A onze heures vingt minutes, le citoyen Sénard, président de l'Assemblée, se précipite au fauteuil et s'écrie avec la plus grande émotion :

Le faubourg Saint-Antoine s'est rendu à discrétion, sans condition. (Mouvement.)

Huissiers, allez chercher tous les députés, battez le palais, allez partout!

(Les représentants entrent peu à peu dans la salle.)

Oh! que je suis heureux, messieurs...; remerciez Dieu, messieurs!

M. LE PRÉSIDENT. — (Lorsque les représentants ont repris leurs places). Citoyens représentants, je me hâte de vous annoncer la fin de la crise que nous venons de traverser. Un aide de camp du ministre, arrivant aussi rapidement que son cheval a pu le lui permettre, vient de nous apporter les nouvelles que j'ai recueillies de sa bouche et que je vous transmets.

Dans l'intérieur du faubourg Saint-Antoine étaient revenus tous les individus avec lesquels on s'était trouvé en relation depuis le matin. Il y avait eu une grande agitation dans l'intérieur; cependant l'heure de l'attaque était arrivée, le général Lamoricière a commencé l'attaque d'une manière vigoureuse, en rencontrant une résistance considérable sur la partie à gauche du faubourg.

Lorsque déjà, depuis quelque temps, l'attaque était dirigée avec une très-grande vigueur, le général Perrot, de son côté, a fait attaquer par la face, par la Bastille ; et, après une lutte dans laquelle la colonne du général Lamoricière a été fortement engagée, à cause de l'attaque qu'il faisait par les rues et du terrain qu'il fallait gagner pied à pied, tandis qu'au contraire, la colonne, de l'autre côté, qui attaquait de face, a été très-peu engagée, un parlementaire est venu et a annoncé que le faubourg Saint-Antoine se rendait sans condition et dans les termes de la soumission demandée par le président de l'Assemblée nationale et par le chef du pouvoir exécutif. (Très-bien !)

Aussitôt on a mis en mouvement les troupes. Au moment où est parti l'aide de camp du ministre, qui lui était expédié par les généraux commandants, trois bataillons étaient déjà entrés dans le faubourg Saint-Antoine et en prenaient possession sans aucune résistance.

J'ai demandé à l'aide de camp s'il avait la certitude que, sur tous les points, la reddition fut complète; il m'a répondu : « J'ai vu entrer les trois bataillons, ils n'ont rencontré aucune résistance ; si, sur un point quelconque du faubourg, la résistance avait continué, nous aurions entendu la canonnade ou la fusillade, et tout heureusement était muet. »

Voilà, citoyens représentants, ce que je m'empresse de vous annoncer; les détails manquent encore, vous le comprenez; mais le fait, dans son heureuse gravité, nous appartient, et nous pouvons dire maintenant : l'insurrection est finie; et nous pouvons dire maintenant : elle est terminée sur ce point où nous craignions tant l'effusion du sang ; et je dis dans toute la joie de mon âme : Merci à Dieu ! Vive la République !

(Tous les représentants se lèvent et s'écrient avec enthousiasme : Vive la République !)

M. DE FALLOUX.—On demande des nouvelles de M. l'archevêque de Paris.

Un représentant. D'abord de nos collègues Larabit, Galy-Cazalat et Drouet-Desvaux.

M. LE PRÉSIDENT.— J'ai l'honneur de faire observer à l'Assemblée que les détails qui viennent de m'être transmis sont tout ce que je possède, l'aide de camp ayant été expédié aussitôt après la reddition.

Quant à l'archevêque de Paris, voici les nouvelles que nous en avions avant la reddition. Il avait été blessé à la jambe, gravement blessé; il est tombé auprès M. de Larabit.

M. PARISIS. — Je lirai simplement à l'Assemblée ce qui m'a été transmis par M. l'abbé Collin, prêtre de l'église Saint-Louis-en-l'Ile, qui paraissait très-bien informé.

« L'archevêque de Paris, après avoir conféré avec le général Cavaignac, s'est présenté comme un intermédiaire de paix. Dans ce moment, il y a eu un roulement de tambour, qui a fait faire deux décharges, une du côté des insurgés, et une de l'autre côté.

« Monseigneur l'archevêque a reçu alors une balle, non pas dans la jambe, comme on l'avait dit, mais malheureusement dans les reins. Cette balle a pénétré assez profondément; il en résulte une blessure très-grave, et l'on craint même beaucoup pour l'opération. Le prélat a demandé à être administré.

« Les insurgés protestent que le coup de feu qui a atteint l'archevêque n'est pas parti de leur côté. Ils ont, à ce qu'on m'assure, demandé pour cela un certificat, qui leur a été donné. » (Interruptions.)

Plusieurs membres. Assez! assez!

Voix diverses. — Restons-en là! — Le fait est connu! Laissez parler M. Beslay.

M. SUBERVIE. — Monsieur le président, je vous prie de nous dire si vous avez eu des nouvelles de nos collègues Larabit et Galy-Cazalat.

Plusieurs membres. — Laissez parler M. Beslay!

M. BESLAY. — J'ai beaucoup parlé ce matin avec les insurgés... (Interruption.)

Voix au fond de la salle. — On n'entend pas!

M. LE PRÉSIDENT. — J'invite MM. les représentants à se rapprocher de la tribune. Qu'ils jugent de la fatigue que presque tous nous éprouvons. On ne peut pas parler pour toute la salle; c'est impossible.

M. BESLAY. — Hier, messieurs, vers sept heures et demie, je me trouvais à la Bastille. Était présent notre collègue Larabit. Le général Négrier venait d'être tué, et le général Perrot n'était point encore investi du commandement.

Plusieurs voix. — Ce matin! ce matin!

M. LE PRÉSIDENT. — J'ai eu des nouvelles à huit et neuf heures du matin de notre collègue Larabit.

M. BESLAY. — A six heures, quand j'ai appris que notre collègue Larabit, mon ami, était dans les barricades au pouvoir des insurgés, j'ai cru pouvoir lui être de quelque utilité, parce que je connais beaucoup d'habitants du faubourg Saint-Antoine. J'ai tenté de parlementer avec les insurgés. Ils m'ont fait différentes conditions; ils m'ont expliqué tout ce qu'ils voulaient. Je leur ai dit le but de ma mission; je leur ai dit que je désirais aller auprès du citoyen Larabit.

Quand on a su qu'un représentant était dans le faubourg, est arrivé le vicaire des Quinze-Vingts, qui m'a donné des nouvelles de l'archevêque. Il m'a dit que l'archevêque était dangereusement blessé. Je sais où il a été blessé. Quand j'ai demandé aux insurgés de laisser venir M. Larabit, il m'ont dit : « Vous êtes prisonnier, vous resterez. » Ils ont ajouté que, dès l'attaque, leur tactique avait été de nous prendre tous les trois; que leur intention était de nous mettre tous les trois sur les barricades, en avant.

Je n'avais plus rien à dire; je leur ai demandé à descendre dans les barricades, à l'intérieur. « Je ne crains rien, leur ai-je dit un instant après; donnez-moi une paire de pistolets, je me brûlerai la cervelle sur la barricade, et j'espère que je serai vengé. »

Alors il s'est trouvé là un ouvrier qui m'a reconnu et qui a dit : « C'est M. Beslay, il est dans le cas de le faire. » Cela les a retournés dans un autre sens. Alors ils me dirent : « Retirez-vous, vous êtes un brave. » Je ne pus obtenir de revoir M. Larabit. Ils me laissèrent libre, et je me retirai.

J'ai vu M. Recurt, ministre de l'intérieur, qui arrivait; il était au pied de la colonne. Je leur avais donné la proclamation dans la soirée. Ils voulaient voir le manuscrit; s'ils avaient eu la proclamation manuscrite du général Cavaignac, ils se seraient peut-être déjà rendus.

Quant au fait d'hier soir, il y avait un parlementaire, et ce n'est pas nous qui sommes allés à eux, ce sont eux qui sont venus à nous et qui nous ont demandé à parlementer. Nous avions eu à nous entendre avec les parlementaires : ils ne nous demandaient pas autre chose que la proclamation du général Cavaignac, mais ils ne demandaient que la certitude que c'était bien sa signature. Je leur répondis que la proclamation était authentique, et que j'étais disposé à rester dans les barricades jusqu'à ce que la proclamation signée fût arrivée. (Assez! assez!) Dans ce moment, sans être militaire, j'étais presque le commandant; je donnai l'ordre de battre le tambour, il y eut là un malentendu.

On a cru que c'était un appel aux armes; on a tiré des deux côtés; il y a eu une dizaine d'hommes tués : Monseigneur était avancé un peu davantage dans le faubourg; je crois que c'est de notre côté qu'il a reçu une balle. (Assez! assez!)

Une voix. — Il faut être bien sûr de ces choses quand on les dit.

Une autre voix. — En fait, où est M. Larabit?

M. BESLAY. — Quand nous sommes entrés en pourparler avec eux, comme on cessait le feu au faubourg du Temple, je suis revenu avec le colonel Guinard le long des boulevards retrouver le général Lamoricière, en le priant d'arrêter le feu, puisqu'on était en voie de négociation. (Assez! assez!)

Une voix. — Où est Larabit?

M. BESLAY. — Je suis revenu avant que la soumission fût faite.

M. LE PRÉSIDENT. — Il résulte de tout cela ce que j'avais l'honneur de vous dire tout-à-l'heure : l'aide-de-camp venu au triple galop n'a pu donner des nouvelles que de la reddition et de l'entrée de trois bataillons. Il n'y a pas encore de nouvelles possibles de ce qui s'est passé à l'intérieur.

Un représentant. — On dit le contraire.

M. LE PRÉSIDENT. — Quand j'ai une nouvelle que je vous annonce, que je tiens de l'aide-de-camp du ministre de la guerre, qui a vu entrer trois bataillons; quand, en outre, je reçois un billet daté de la colonne de Juillet, à onze heures un quart, qui me dit :

« Citoyen président,

« Cinq barricades du faubourg Saint-Antoine sont enlevées; Recurt me charge de vous dire que nulle résistance ne peut durer nulle part. »

Vous voyez donc bien... (Interruption.)

Laissez de côté ces milliers de détails qui ne peuvent que vous tromper; n'écoutez que les nouvelles officielles.

Plusieurs voix. — Citoyen président, ne répondez pas.

Une voix. — On apporte un rapport de la Préfecture de police.

M. LE PRÉSIDENT. — Le préfet de police m'écrit ceci :

« J'apprends à l'instant que le faubourg Saint-Antoine a capitulé sans conditions. »

Plusieurs voix. — Ne répondez plus, citoyen président; suspendez la séance.

M. LE PRÉSIDENT. — Je prie l'Assemblée de rester en séance publique, à son impatience bien naturelle d'ailleurs, pour des détails qu'il faut satisfaire en dehors d'ici. En séance publique, ne recueillons que les nouvelles générales, certaines; laissons de côté les détails.

Vous l'avez voulu jusqu'ici, continuons jusqu'à la fin, c'est sagesse. (Très-bien!)

Quelques voix. — A quelle heure la réunion?

M. LE PRÉSIDENT. — Dans une heure, si vous voulez.

Je prie les membres de la commission du projet de déportation de vouloir bien se réunir dans le onzième bureau. Quelques-uns de ces messieurs m'ayant invité à me réunir à vous, je vais me rendre moi-même au onzième bureau; si vous le voulez, à moins de nouvelles nouvelles, nous reprendrons la séance à une heure. Au surplus, s'il y avait quelque chose de sérieux, nous sommes en permanence. Nous nous étions ajournés à midi; votre président est venu tout-à-l'heure et vous a appelés à onze heures et demie; aussitôt qu'il y aurait quelque chose de sérieux d'une manière générale, je vous convoquerais. Faisons ainsi, si vous le trouvez bien. (Oui! oui!)

La séance est suspendue à onze heures trois quarts.

UNE HEURE ET DEMIE.

M. le président monte précipitamment au fauteuil en s'écriant : *Messieurs, tout est fini!* Il agite avec force sa sonnette et annonce la reprise de la séance.

Les représentants entrent en foule et se rendent à leurs places.

M. LE PRÉSIDENT. — (Profond silence.) Citoyens représentants, un premier mot qui résume tout.... Tout est terminé.... (Des applaudissements se font entendre.)

Maintenant, quelques détails très-sommaires

Depuis le moment où l'aide de camp du ministre était venu nous apporter les nouvelles que je vous ai transmises, des bruits de nature toute différente, des nouvelles qui semblaient même tout à fait opposées avaient été répandues.

Voici la vérité : quand un faubourg envoie un parlementaire, il n'y a pas nécessairement dans la main de celui qui prétend représenter tout ce qu'il y a de collectif, de certain, d'absolu....

M. ANTONY THOURET. — J'arrive, j'arrive....

De toutes parts. — N'interrompez pas.... (A l'ordre! à l'ordre!)

M. LE PRÉSIDENT. — Messieurs, vous concevrez parfaitement l'importance toute naturelle qu'éprouvait notre honorable collègue le citoyen Thouret, lorsque vous saurez qu'il me disait ce que je savais, mais sans pouvoir l'affirmer, au point où il l'affirme à moi, que notre collègue, le citoyen Larabit, était délivré. (Bravos!)

Plusieurs voix. — Et les deux autres?

M. LE PRÉSIDENT. — Nous n'avons pas de nouvelles détaillées des personnes, comprenez bien cela; seulement j'ai besoin de dire que vous comprendrez tout le sentiment d'importance généreuse qui amenait le citoyen Thouret à interrompre le président.

Je reprends maintenant ce que je disais à l'Assemblée : cette reddition, par la voie d'un parlementaire, s'est trouvée n'être que partielle en ce sens que quelques-uns peut-être l'ignoraient, et que d'autres ne la voulaient pas.

Somme toute, il y a eu combat encore après. (Rumeurs) Oui, combat après la première déclaration de reddition; je dis même la première : car, peu de temps après, il nous est venu un second exprès qui nous a annoncé qu'on avait passé une seconde déclaration de capitulation.

Mais laissons de côté tous ces détails. Voici l'état des choses définitif.]

Plusieurs exprès se sont succédé. Un capitaine d'état-major, notre honorable collègue M. d'Adelswærdt; et enfin, une dernière nouvelle qui m'arrive par un maréchal-des-logis des guides, envoyé au général Cavaignac, par son aide de camp qui est sur les lieux. Voici maintenant ce qu'a fait ce maréchal-des-logis des guides.

Il est parti par la rue du faubourg Saint-Antoine; il l'a parcourue dans toute son étendue jusqu'à la barrière du Trône; il s'est rabattu ensuite dans toute la partie droite du faubourg; il a parcouru de nombreuses rues à droite; il a retraversé la rue du faubourg, et il a parcouru des rues à gauches; il est revenu enfin à la place de la Bastille.

Maintenant, dans tout ce trajet, en même temps qu'il le parcourait, des patrouilles circulaient sans obstacle, sans résistance; elles enveloppaient toute cette partie du faubourg Saint-Antoine qui a vue depuis la place jusqu'à la barrière du Trône, et toutes les parties que je viens d'indiquer.

Quand il a commencé son trajet, il a entendu encore un ou deux coups de canon dans la partie à gauche du faubourg qui se rapproche du faubourg du Temple, où était le général Lamoricière.

Puis, quand il est revenu dans la dernière partie du trajet, il n'entendait plus rien, d'où nous devons conclure, ou que tout est terminé dans cet endroit, ou du moins qu'il faut nous arrêter à ce qui a un caractère de certitude, à raison de l'état dans lequel se trouve le faubourg de la prise de possession que je viens de vous signaler. S'il y avait encore de la résistance dans la partie gauche où se trouvait le général Lamoricière, cette résistance ne pourrait être que partielle et ne pourrait pas se prolonger longtemps. Voilà le dernier état des choses, avec les détails qui sont de nature, je crois, à vous le faire complètement apprécier.

Voix diverses. — Et le ministre de l'intérieur Recurt.... que sont devenus les insurgés?

M. LE PRÉSIDENT. — Je demande la permission à l'Assemblée de lui dire que je ne pourrai répondre à aucune interpellation de plus, parce que je viens de lui transmettre tout ce qui m'a été dit. On ajoutait, de plus, comme un on dit, ce que notre honorable collègue, le citoyen Thouret, est venu affirmer, lui, comme une certitude, qu'on avait vu le citoyen Larabit dans le parcours dont il s'agit.

M. ANTONY THOURET. — J'ai vu moi-même Larabit. Son autre collègue est en lieu de sûreté. Ils sont délivrés tous les deux.

En effet, le faubourg Saint-Antoine n'offre qu'une très-minime résistance. Le feu a été mis dans une maison de la place de la Bastille, au coin de la rue de la Roquette, et elle s'est écroulée.

Tout est terminé sur ce point.

M. LE PRÉSIDENT. — La parole est au citoyen d'Adelswærdt, qui vient, il y a quelques moments, du lieu même.

M. D'ADELSWÆRDT. — Citoyens représentants, j'ai quitté le général Lamoricière à une heure un quart; je suis revenu le plus promptement possible, à cheval, en suivant la ligne des boulevards, la rue de la Paix et la place de la Concorde.

Lorsque j'ai quitté le général Lamoricière, il m'a autorisé à vous dire que le faubourg Saint-Antoine n'avait pas capitulé; que le bruit qui avait été répandu que l'on avait engagé, à la suite de la capitulation, trois bataillons dans une rue, et que ces trois bataillons avaient été fort maltraités, était complétement dénué de fondement. (Sensation.)

Seulement le général Lamoricière se plaignait des rapports qui avaient été établis entre certains représentants et les insurgés. (Mouvements en sens divers. — Parlez! parlez!) Ses combinaisons se trouvaient par là compromises, et les efforts des insurgés, au lieu de se porter, comme il l'avait prévu, vers la place de la Bastille, s'étaient rabattus vers le canal Saint-Martin, par le côté duquel il devait attaquer le faubourg Saint-Antoine.

Il m'a même cité, à l'appui de cette assertion, ce fait que, pour attaquer la première barricade, le long de la rue Saint-Sébastien, il avait éprouvé des pertes assez nombreuses, un chef de bataillon de la ligne et un chef de bataillon de la garde nationale, cent vingt hommes et six officiers. (Vive émotion.... — Interruption.)

De toutes parts. — Laissez parler!

M. D'ADELSWÆRDT. — Pendant que le général Lamoricière opérait le long du canal Saint-Martin, le général Perrot attaquait de front la position, c'est-à-dire par la rue Saint-Antoine, et était arrivé à la hauteur de la rue Saint-Nicolas.

Maintenant le général Lamoricière m'a autorisé à citer trois noms de gardes mobiles qui se sont particulièrement distingués. (Interruption. Non! non! — Si!) Si vous le jugez convenable....

M. LE PRÉSIDENT. — Avant de citer ces trois noms de gardes mobiles, je demanderai la parole à l'Assemblée, pour lui citer non pas trois noms, mais un grand nombre de noms. (Très-bien!)

L'Assemblée connaît-elle les trois noms de gardes mobiles qui ont pris les drapeaux hier? (Exclamations diverses.)

Messieurs, le président ne voudrait pas, pour rien au monde, que sa pensée personnelle parût même peser sur une délibération; je vous demande seulement une chose, c'est d'avoir la bonté, l'Assemblée consultée, de dire si vous voulez que nous entrions dans quelques détails de ces dévouements..... (Non! non); car si l'Assemblée entend qu'on cite quelques noms il faudra qu'il y ait justice pour tous. (Marques d'approbations.)

Un membre. — Il ne faut entretenir la Chambre que de nouvelles officielles, et celles-là ne sont pas officielles.

M. D'ADELSWÆRT. — Je ne citerai pas d'autres noms.... (Assez! assez! — Plus de communications particulières.)

M. LE PRÉSIDENT. — J'ajouterai encore un mot. Je prie l'Assemblée de me permettre de lui dire que le général Lamoricière, qui opère sur un point et sur les renseignements qu'il a reçus, regretterait peut-être demain le jugement qu'il porte sur l'action d'un honorable collègue qui n'est pas là. (Oui! oui! — C'est vrai!)

Comment pouvez-vous attendre qu'un général qui écrit au milieu du feu de l'action, et qui ne connaît que la partie du terrain où il opère, fasse l'appréciation exacte de ce qui se passe ailleurs? (C'est juste!)

Je consulte l'Assemblée sur la question de savoir si elle veut qu'on entre dans de pareils détails. (Non! non! — Assez! assez!)

M. D'ADELSWÆRT. — J'aurais encore quelques communications à faire. (Non! non!)

M. DE MALEVILLE. — Je demande seulement la conclusion du récit du citoyen d'Adelswært. Je demande si l'on se bat encore? (Non? non! — Assez!)

M. D'ADELSWÆRT. — Oui, on se bat encore!

M. SAUTEYRA. — J'arrive, on ne se bat plus.

M. D'ADELSWÆRT. — J'ai quitté à une heure un quart le général Lamoricière.

M. SAUTEYRA. — J'arrive au galop, et j'ai parcouru le faubourg. On ne se bat plus.

M. D'ADELSWÆRT. — J'en arrive aussi, et je crois pouvoir dire.... (Interruption. — Assez ! — A l'ordre !)

M. LE PRÉSIDENT. — Le maréchal-des-logis des guides dont j'ai parlé est parti après vous, et le citoyen Lacrosse, vice-président, arrive à l'instant de la barrière du Trône. On ne peut mettre en lutte des détails pareils à cette tribune. (C'est vrai ! c'est vrai ! — Assez ! Assez !)

Un débat s'élève entre le président et le citoyen d'Adelswært. (A l'ordre ! à l'ordre !)

Le citoyen d'Adelswært descend de la tribune.

M. LE PRÉSIDENT. — Citoyens représentants, je reçois à l'instant une confirmation pure et simple.

« Une heure et demie.

« Le faubourg Saint-Antoine est au pouvoir des troupes ; les insurgés travaillent eux-mêmes à détruire les barricades. (Marques générales de satisfaction.)

« TROUVÉ-CHAUVEL. »

Le reste va de soi, nous le saurons de çà et de là.

La séance est provisoirement suspendue.

Cinq minutes environ après cette nouvelle suspension de la séance, le citoyen Corbon, vice-président, monte au fauteuil et donne à l'Assemblée lecture de la lettre suivante :

« Citoyen président,

« Grâce à l'attitude de l'Assemblée nationale, grâce au dévouement des gardes nationales et de l'armée, la révolte est réduite ; il n'y a plus de lutte dans Paris.

« Aussitôt que je serai certain que les pouvoirs qui m'ont été donnés ne sont plus nécessaires au salut de la République, j'irai les remettre respectueusement entre les mains de l'Assemblée nationale.

« Général CAVAIGNAC. »

(Acclamations unanimes et prolongées. — Cris répétés de : Vive Cavaignac ! vive la République !)

La séance est suspendue.

Actes officiels.

Paris, 26 juin 1848 au matin.

Citoyens, soldats,

Grâce à vous, l'insurrection va s'éteindre. Cette guerre sociale, cette guerre impie qui vous est faite, tire à sa fin. Depuis hier, nous n'avons rien négligé pour éclairer les débris de cette population égarée, conduite, animée par des pervers. Un dernier effort, et la patrie est sauvée !

Partout il faut rétablir l'ordre, la surveillance; les mesures sont prises pour que la justice soit assurée dans son cours. Vous frapperez de votre réprobation tout acte qui aurait pour but de la désarmer. Vous ne souffrirez pas que le triomphe de l'ordre, de la liberté, de la République, en un mot, soit le signal de représailles que vos cœurs repoussent.

Le chef du pouvoir exécutif,
E. CAVAIGNAC.

Le chef du pouvoir exécutif,
Vu le décret du 24 juin 1848,
Et attendu que tout citoyen légalement requis pour un service public doit obéissance à l'autorité;
Ordonne que tous les afficheurs qui en seront requis par les organes et dépositaires de l'autorité publique seront tenus d'apposer immédiatement les affiches signées du chef du pouvoir exécutif ou du président de l'Assemblée nationale.
Fait à Paris, ce 26 juin 1848.

E. CAVAIGNAC.

Le chef du pouvoir exécutif,
En vertu des droits que lui confère le décret qui met la ville de Paris en état de siége,
Arrête :
Le pouvoir de constater tous crimes ou délits dans l'étendue de la ville de Paris, d'en rechercher et d'en faire punir les auteurs conformément aux lois, est délégué aux officiers de police judiciaire. Ce pouvoir sera exercé sous la direction de l'autorité militaire.
Fait à Paris, le 26 juin 1848.

E. CAVAIGNAC.

Paris, 26 juin 1848 (1 heure 40 minutes).

Le faubourg Saint-Antoine, dernier point de la résistance, est pris. Les insurgés sont rendus, la lutte est terminée, l'ordre a triomphé de l'anarchie.

Le chef du pouvoir exécutif,
E. CAVAIGNAC.

A LA GARDE NATIONALE ET A L'ARMÉE.

Citoyens, soldats,

La cause sacrée de la République a triomphé ; votre dévouement, votre courage inébranlable ont déjoué de coupables projets, fait justice de funestes erreurs. Au nom de la patrie, au nom de l'humanité tout entière, soyez remerciés de vos efforts, soyez bénis pour ce triomphe nécessaire.

Ce matin encore, l'émotion de la lutte était légitime, inévitable; maintenant, soyez aussi grands dans le calme que vous venez de l'être dans le combat. Dans Paris, je vois des vainqueurs, des vaincus; que mon nom reste maudit, si je consentais à y voir des victimes. La justice aura son cours : qu'elle agisse ; c'est votre pensée, c'est la mienne.

Prêt à rentrer au rang de simple citoyen, je reporterai au milieu de vous ce souvenir civique, de n'avoir, dans ces graves épreuves, repris à la liberté que ce que le salut de la République lui demandait lui-même, et de léguer un exemple à quiconque pourra être à son tour appelé à remplir d'aussi grands devoirs.

Le chef du pouvoir exécutif,
E. CAVAIGNAC.

Lettre adressée aux maires de Paris.

« Citoyen maire,

« Des insurgés en grand nombre ont été désarmés; d'autres le seront sans doute. Je vous invite à prendre toutes les mesures nécessaires pour que ces armes soient réunies à votre mairie. Dès que vous en aurez rassemblé quelques centaines, je vous prie aussi de les diriger sur le dépôt central de l'artillerie (place Saint-Thomas-d'Aquin), où des ordres sont donnés pour les recevoir.

« *Le chef du pouvoir exécutif,*
« E. CAVAIGNAC. »

Paris, le 28 juin 1848.

« Monsieur le grand-vicaire,

« J'apprends avec douleur la perte que nous venons de faire dans la personne de notre digne archevêque.

« Depuis trois mois, le clergé s'était associé à toutes les joies de la République; il vient de s'associer à ses douleurs.

« L'archevêque à la double gloire d'être mort en bon citoyen et en martyr de la religion. Demandez à Dieu que, selon les dernières paroles de son digne ministre, « ce sang soit le dernier versé.

« Signé E. Cavaignac. »

RÉPUBLIQUE FRANÇAISE.
Liberté, Égalité, Fraternité.

ASSEMBLÉE NATIONALE.

Au Peuple français.

Français,

L'anarchie est vaincue, Paris est debout et justice sera faite.

Honneur au courage et au patriotisme de la garde nationale de Paris et des départements.

Honneur à notre brave et toujours glorieuse armée, à notre jeune et intrépide garde mobile, à nos écoles, à la garde républicaine et à tant de généreux volontaires qui sont venus se jeter sur la brèche pour la défense de l'ordre et de la liberté.

Tous, au mépris de leur vie et avec un courage surhumain, ont refoulé de barricades en barricades et poursuivi jusque dans leurs derniers repaires les forcenés qui sans principes, sans drapeaux, semblaient ne s'être armés que pour le massacre et le pillage.

Famille, institutions, liberté, patrie, tout était frappé au cœur, et sous les coups de ces nouveaux barbares la civilisation du dix-neuvième siècle était menacée de périr.

Mais non, la civilisation ne peut pas périr! Non, la République, œuvre de Dieu, loi vivante de l'humanité, la République ne périra pas.

Nous le jurons par la France tout entière, qui repousse avec horreur ces doctrines sauvages où la famille n'est qu'un nom et la propriété qu'un vol.

Nous le jurons par le sang de tant de nobles victimes tombées sous des balles fratricides.

Tous les ennemis de la République s'étaient ligués contre elle dans un effort violent et désespéré.

Ils sont vaincus, et désormais aucun d'eux ne peut tenter de nous rejeter dans de sanglantes collisions.

Le sublime élan qui de tous les points de la France a précipité vers Paris ces milliers de soldats-citoyens dont l'enthousiasme nous laisse encore tout émus, ne dit-il pas assez que sous le régime du suffrage universel et direct, le plus grand des crimes est de s'insurger contre la souveraineté du peuple.

Et les décrets de l'Assemblée nationale ne sont-ils pas là aussi pour confondre de misérables calomnies, pour proclamer que dans notre République il n'y a plus de classes, plus de priviléges possibles; que les ouvriers sont nos frères; que leur intérêt a toujours été pour nous l'intérêt le plus sacré, et qu'après avoir rétabli énergiquement l'ordre et assuré une libre justice, nous unirons nos bras et nos cœurs à tout ce qui travaille et qui souffre parmi nous?

Français, unissons-nous dans le saint amour de la patrie; effaçons les dernières traces de nos discordes civiles; maintenons fermement toutes les conquêtes de la liberté et de la démocratie; que rien ne nous fasse dévier des principes de notre Révolution. Mais n'oublions jamais que la société veut être dirigée; que l'égalité et la fraternité ne se développent que dans la concorde et dans la paix, et que la liberté a besoin de l'ordre pour s'affermir et pour se défendre de ses propres excès.

C'est ainsi que nous consoliderons notre jeune République, et que nous la verrons s'avancer vers l'avenir, de jour en jour plus grande, plus prospère, et puisant une nouvelle force et de nouvelles garanties de durée dans les épreuves mêmes qu'elle vient de traverser.

PUBLICATIONS NOUVELLES
de la librairie LOUIS JANET, 59, rue Saint-Jacques.

JOURNÉES DES RÉVOLUTIONS DE 1792 & DE 1830,

par *un Garde national*, auteur des JOURNÉES DE LA RÉVOLUTION DE FÉVRIER 1848.—Récit anecdotique de ces deux mémorables époques, suivi d'une conclusion contenant un parallèle des trois révolutions. Un volume in-8, prix.   1 fr. 50 c.

JOURNÉES DE L'INSURRECTION DE JUIN 1848,

par *un Garde national*, suivies du compte-rendu complet d'après le *Moniteur*, des séances de l'Assemblée nationale, restée en permanence, et de tous les actes officiels; précédées des MURS DE PARIS, *journal de la Rue*, collection des principales affiches politiques apposées depuis le 24 février jusqu'en juin 1848. Un volume in-8 de 314 pages. Prix.
3 fr. 50 c.

BIOGRAPHIE DES REPRÉSENTANTS DU PEUPLE

A L'ASSEMBLÉE NATIONALE, rédigée par une association d'hommes de lettres sous la direction littéraire de MAURICE ALHOY. L'ouvrage est classé par ordre alphabétique. Les notices biographiques sont signées du nom des auteurs. — A la suite de chaque notice se trouve le résumé des travaux parlementaires du représentant depuis l'ouverture de l'Assemblée nationale.— Un fort volume in-8, prix.   6 fr.

LE SIÈCLE A LAMARTINE, Poésie, par GABRIELLE

SOUMET, enrichi d'un portrait gravé sur acier, d'un FAC SIMILE, et suivi du Manifeste aux agents diplomatiques. —Brochure in-8, sur papier grand raisin. Prix : 1 fr.

JOURNÉES DE LA RÉVOLUTION DE FÉVRIER 1848,

PAR UN GARDE NATIONAL.

1 volume in-8° de 224 pages. — Prix : 3 fr. 50 c.

Ouvrage le plus complet jusqu'à ce jour.

TABLE DE L'OUVRAGE.

INTRODUCTION. But de cet ouvrage.
JOURNEE DU LUNDI 21 FEVRIER. Faits qui précédèrent la Révolution. — Le Banquet réformiste. — Manifestation réformiste. — Actes émanés de l'autorité à cette occasion. — Séance de la Chambre des députés. — Résolutions prises par les députés de l'Opposition. — Mise en accusation du Ministère.
JOURNEE DU MARDI 22 FEVRIER. Troubles sur la place de la Concorde et aux Champs-Elysées. — Barricades de la rue Saint-Honoré. — Séance de la Chambre des pairs et de la Chambre des députés. — Rassemblements sur divers points.
JOURNEE DU MERCREDI 23 FEVRIER. Physionomie de Paris. — Barricades. — Dispositions de la Garde nationale. — Changement de Ministère. — Illuminations. — Massacre du boulevard des Capucines.
JOURNEE DU JEUDI 24 FEVRIER. Barricades. — Changement de ministère. — Evénements de la matinée. — Abdication du Roi. — Attaque du poste du Château-d'Eau. — Prise des Tuileries. — Fuite du Roi. — La Duchesse d'Orléans à la Chambre des Députés. — Proclamation de la République.
JOURNEE DU VENDREDI 25 FEVRIER. Proclamations. — Actes officiels. — Arrêtés. — Décrets. — Circulaires, etc.
JOURNEE DU 26 FEVRIER. Allocution de M. de Lamartine. — Suite des Proclamations. — Décrets et arrêtés du Gouvernement provisoire. — Audiences des Cours de cassation et d'appel. — Ordre du jour de la Garde Nationale. — Lettre de l'Archevêque de Paris. — Adhésions.
JOURNEE DU 27 FEVRIER. Suite des Proclamations et des Adhésions. — Circulaire du Ministre de l'intérieur à MM. les Préfets. — Proclamation solennelle de la République à la colonne de Juillet. — Circulaires du Ministre de l'instruction publique à MM. les Recteurs des Académies. — Arrêté du Ministre des travaux publics.
JOURNEES DES 28 ET 29 FEVRIER. Suite et fin des arrêtés et proclamations. — Ordre du jour de l'Etat-Major de la Garde Nationale. — Nouvelle circulaire du ministre de l'Instruction publique à MM. les Recteurs des Académies. — Lettres de l'archevêque de Paris à MM. les curés.
EPISODES ET ANECDOTES. — FAITS DIVERS. Aspect de la place de l'Hôtel-de-Ville devenu les Tuileries de la révolution.
LES GAMINS DE PARIS. Leurs mots, leurs faits et gestes.
MOSAIQUE. Le duc de Bordeaux. — Lettre de la duchesse de Berry à la duchesse d'Orléans. — Le comte de Chambord à Louis-Philippe. — Le vol à la Révolution. — Pas de mots mais des choses. — Rapprochements curieux. — Dans un salon légitimiste. — Histoire Ancienne : la Popularité. — Louis-Napoléon Bonaparte. — Le coq gaulois. — Les ex-ministres. — La puissance de la musique. — Bons mots. — Variétés.
POESIES ET CHANSONS. Le Déluge, par Béranger. — République, par Mme Hermance Lesguillon. — République, par Jacques Arago. — Le Réveil du peuple en 1848, par Louis Festeau. — Chœur sur l'air des Girondins. — Le Chant du Départ. — Chant des Montagnards, ou Vive la République!!! — L'entré des Tuileries : dialogue entre un ouvrier et un soldat. — La Marseillaise, chant national. — Le Drapeau de la Démocratie, par Victor Drappier. — Réveil du peuple
CONCLUSION. Résumé et examen de la position présente, tant à l'intérieur qu'à l'extérieur.

NOUVELLES PUBLICATIONS
de la librairie **LOUIS JANET**, 59, rue Saint-Jacques.

JOURNÉES DE LA RÉVOLUTION DE FÉVRIER 1848, par *un Garde national*, contenant : comme préambule, le résumé des faits qui ont amené la Révolution;—Le détail de ce grand drame, emprunté aux journaux de toutes les nuances et à des notes communiquées par des témoins oculaires;—Toutes les pièces officielles;—Ensuite, des Anecdotes, Bons mots, et les Chansons publiées à cette occasion;—Enfin, une Conclusion. — Un volume de 224 pages. Ouvrage le plus complet jusqu'à ce jour.   3 fr. 50 c.

JOURNÉES DES RÉVOLUTIONS DE 1792 ET DE 1830, par *un Garde national* auteur des JOURNÉES DE LA RÉVOLUTION DE FÉVRIER 1848. Récit anecdotique de ces deux mémorables époques, suivi d'une conclusion contenant un parallèle des trois révolutions. Un volume in-8, prix.   1 fr. 50 c.

JOURNÉES DE L'INSURRECTION DE JUIN 1848, par *un Garde national*, suivies du compte-rendu complet, d'après le *Moniteur*, des séances de l'Assemblée nationale, restée en permanence, et de tous les actes officiels, précédées des MURS DE PARIS, *Journal de la Rue*, collection des principales affiches politiques apposées depuis le 24 février jusqu'en juin 1848. Un vol. in-8 de 312 pages, prix 3 fr. 50 c.

BIOGRAPHIE DES REPRÉSENTANTS DU PEUPLE A L'ASSEMBLÉE NATIONALE, rédigée par une association d'hommes de lettres sous la direction littéraire de MAURICE ALHOY. L'ouvrage est classé par ordre alphabétique. Les notices biographiques sont signées du nom des auteurs. — A la suite de chaque notice se trouve le résumé des travaux parlementaires du représentant depuis l'ouverture de l'Assemblée nationale. — Un fort volume in-8, prix.   6 fr.

LE SIÈCLE A LAMARTINE, *Poésie*, par GABRIELLE SOUMET, enrichi d'un portrait sur acier, d'un *fac simile*, et suivi du Manifeste aux agents diplomatiques. — Brochure in-8 sur papier grand raisin. Prix,   1 fr.

Paris. — Imprimerie Bonaventure et Ducessois, 55, quai des Gr.-Augustins.

www.ingramcontent.com/pod-product-compliance
Lightning Source LLC
Chambersburg PA
CBHW071259160426
43196CB00009B/1348